HERMES

HERMES

在古希腊神话中，赫耳墨斯是宙斯和迈亚的儿子，奥林波斯神们的信使，道路与边界之神，睡眠与梦想之神，亡灵的引导者，演说者、商人、小偷、旅者和牧人的保护神……

西方传统 经典与解释
Classici et commentarii
HERMES
阿尔法拉比集
程志敏●主编

亚里士多德的哲学
The Philosophy of Aristotle

法拉比●著

程志敏 王建鲁●译

华东师范大学出版社

华东师范大学出版社六点分社　策划

古典教育基金·"资龙"资助项目

出版说明

伊斯兰中古哲人阿尔法拉比(870—950)生活在伊斯兰文明大规模"改革开放"的时期,当时的伊斯兰帝国既有正统观念的要求,也有借鉴异教文明的紧迫性,既需要检讨本土的资源,又必须面对汹涌而至的异质思想。正是在狂热的保守与浅薄的新潮之中,阿尔法拉比清醒地知道自己的位置,并透过重重迷雾清楚地看到从雅典和亚历山大里亚传来的大量舶来品中,什么才是真正的珍宝——对我们来说,阿尔法拉比不单单只是被西方思想史长期遗忘或遮蔽的大师。输入学理,本属应当,但如果引进的是残缺不全的思想,则他山之石,便如"毒药",害人不浅,又替人顶罪。

西方思想进入"现代"以来,各种流派的"主义"便让整个历史变得支离破碎起来,而有意无意地忽视甚至埋葬颇为重要的阶段和思想家,无非是为了满足无限膨胀的自我意识——中古伊斯兰哲学便是"忘恩负义"的牺牲品。既然现代人"坏大以为小,削远以为近,是以道术破碎而难知也",加之"方今去圣久远,道术缺废,无所更索"(《汉书·艺文志》),那么,紧要的任务便在于补全西方思想史图景。

阿尔法拉比开创了伊斯兰哲学,并像希腊世界的苏格拉底和柏拉图一样,为伊斯兰世界建立起独特而融通的政治哲学,他的巨大成就首先便来自于"为往圣继绝学"——柏拉图最为核心的思想早已淹没在后来让人窒息的形而上学之中，而阿尔法拉比最终"使天下之人，知大圣人之所作为，出于寻常万万也，岂不盛哉！岂不快哉"（韩愈语）！倘使我们也能够由此而体会到大圣人的精义之所在，则阿尔法拉比的功绩便不仅仅是"继往"了，诚如是，则东方西方，真真岂不盛哉！岂不快哉！

古典文明研究工作坊
西方典籍编译部戊组
2010 年 7 月

目　　录

中译本编者导言(程志敏)/1
亚里士多德的哲学/19
问学录/81
哲学的兴起(残篇)/110
《修辞书》英译者导言/115
修辞书/131

亚里士多德《前分析篇》短注

英译者前言/169
英译者导言/170
阿布·纳撒尔·阿尔法拉比论三段论/208
附录一　阿尔法拉比对亚里士多德逻辑学的贡献/279
附录二　《亚里士多德〈前分析篇〉短注》术语对照表/290

中译本编者导言

伊斯兰哲学家阿尔法拉比被他的同胞称为"第二导师"(second teacher),而"第一导师"在阿拉伯人那里就是希腊人亚里士多德,可见阿尔法拉比的同胞把他和亚里士多德紧密联系了起来。一个异教哲学家的地位居然高于自己本土的哲学家,尽管这位本土哲学家在很多方面奠定了本民族哲学文化的根基,[1]开创了伊斯兰古典文明的辉煌时代——这对于一个"信主独一"而且正在飞速发展并大有成为人类文明正统传人之势也因而具有极为强烈自豪感的民族来说,的确显得不同寻常。但无论如何,阿拉伯人把自己哲学文化的开创者与希腊哲学的集大成者紧密连在了一起,不过,阿尔法拉比与亚里士多德之间真是一脉相承吗?

一

从阿尔法拉比的著述来看,情况似乎真是如此。在阿尔法拉比的传世作品中,大部分著作都与亚里士多德相关,甚至就是对后者著作的评注,而只有极少量的作品与柏拉图有关联,其余著作更具

---

[1] Majid Fakhry. *Alfarabi: Founder of Islamic Neoplatonism*. Oxford, 2002, p. 2.

有所谓"原创"色彩而看不出它们的直接师承。既然如此,阿尔法拉比作为"第一导师"的注疏者,并且在自己的"原创"作品中大量使用亚里士多德的——准确地说是亚里士多德主义的——术语,他当然就是"第二导师"了。不过,我们却需要对这个定论或毋宁"成见"小心地梳理,因为在后世的研究者看来,阿尔法拉比还有其他"身份",比如说,二十世纪大多数研究者大都把阿尔法拉比视为"新柏拉图主义"的传人。[1] 这种看法似乎不难理解,因为新柏拉图主义就是亚里士多德主义化了的柏拉图主义,也就是说,把阿尔法拉比看成是亚里士多德主义者,与把他视为新柏拉图主义者,本质上说,是一回事。

公元三世纪初,雅典四大传统中已经有三派奄奄一息,曾经辉煌无比的伊壁鸠鲁学园、芝诺的廊下学园和亚里士多德的逍遥学派,不说是已全然退出历史舞台,至少已日薄西山。在公元200年后的希腊世界,仅有亚历山大里亚和雅典的柏拉图学派还在维系着古典斯义,而在伊斯兰入侵的前夜,就只剩下亚历山大里亚学园了。然而,无论是在雅典还是亚历山大里亚,柏拉图学园的经师们都把注意力转向了亚里士多德,甚至在学园中主要讲授亚里士多德的思想!当希腊文明经亚历山大里亚和叙利亚传入阿拉伯世界后,阿拉伯人很自然地就被柏拉图学园中的这种悖论弄昏了头,无法准确地定位自己的哲学身位:纠缠不清的柏拉图主义和亚里士多德主义让阿拉伯人看不清这个舶来文明的实质。后来的事实证明,这两派思想的融合,即柏拉图主义的亚里士多德主义化以及亚里士多德主义的柏拉图主义化,[2]是相当危险的,最终对柏拉图主义来说,更是致

---

[1] 大名鼎鼎的伊斯兰哲学史家法赫里就认定阿尔法拉比是新柏拉图主义者(见上引书,各处)。

[2] Yegane Shayegan. The Transmission of Greek Philosophy to the Islamic World, in Seyyed Hossein Nasr and Oliver Leaman (ed.). History of Islamic Philosophy. London: Routledge, 1996, p. 94.

命的。①而作为希腊文明继承者的伊斯兰古典文明之所以迅速衰落,在某种程度上不过是复制了此前的思想历程。

柏拉图学园晚期为何十分注重亚里士多德的研究? 而在阿拉伯世界中,亚里士多德的地位为何如此显赫? 这两个问题有着内在的一致性:柏拉图的思想一变而为柏拉图主义、再变而为新柏拉图主义,最后以亚里士多德(主义)为自己的理论圭臬,当它传到阿拉伯人那里时,亚里士多德的哲学当然也是伊斯兰哲学的显学,仅仅从外在的继承关系来说,这也是顺理成章的事情。同时,柏拉图学园晚期对亚里士多德的深切关注,在内在的理路上与阿拉伯人对亚里士多德的青睐一脉相承,也与亚里士多德在中世纪神学一统天下的时代如此受重视异曲同工。简单地说,个中缘由便在于柏拉图有完整而系统的神学主张(尽管神学在他那个时代随自然哲学的兴起而逐渐式微,柏拉图正是为了把包括政治和哲学在内的文教思想体系重新引到坚实的基础上),以至于现代学者认为柏拉图晚年甚至用宗教来解释一切东西(比如《法义》910b1—6)。② 柏拉图的神学与基督教神学有很大的不同,所以,在基督教上升为国教后,皇帝才会下令关闭雅典学园,而此后的亚历山大里亚学园也才会遭到大规模的迫害。而亚里士多德尽管也在谈论作为第一动因的"神",但他的思想从根本上说已经没有多少神学的色彩:他的伦理学、政治学和形而上学都不是以神学为基础,也很难说是以神学为目标。不过,亚里士多德从自然科学的分类中所发展出来的"工具论",颇为"中性",倒是可以为神学提供有效的论证手段,于是亚里士多德自

---

① F.E. Peters. The Origins of Islamic Platonism: The School Tradition, in Parviz Morewedge (ed.). *Islamic Philosophical Theology*. Albany: State University of New York Press, 1979, p. 19.

② Robert Parker. Law and Religion. In M. Gagarin and D. Cohen (eds.). *The Cambridge Companion to Ancient Greek Law*. Cambridge University Press, 2005, p. 68.

然而然就成了"御用"工具,逐渐取代柏拉图而成为了学术领袖,一至于今。

哲学与神学、理性与启示以及雅典与耶路撒冷的永恒而不可调和的冲突,在巴格达同样存在。哲学因为对理性的诉求以及对事物穷根究底的精神而与宗教和政治形成了尖锐的对立,哲学的"彻底"即"极端",对于宗教来说,就是"异端"——尽管阿尔法拉比极力调和哲学与宗教的关系,但那不过是一种高明的隐微修辞而已:由此我们已不难看出他同新柏拉图主义者一样,大谈柏拉图和亚里士多德的和谐一致,不过是一种"高贵的谎言",其最切近也最实在的目的,无非就在于为一个濒临灭绝的高贵种子保留一线生机。在阿拉伯哲学家那里,普遍存在而且哲人们也极力表白的"隐微"(batin)和"显白"(zahir)的区分,以及如阿尔法拉比对"修辞"的强调和推荐,就表明了哲学与宗教的差异。[1]

亚里士多德的地位在希腊化晚期以及在阿拉伯世界迅速上升,就在于亚里士多德的哲学不仅对宗教无害——这是柏拉图学园在基督教当令的时代转而研究亚里士多德的原因(同样道理,柏拉图学园在同一时期转而对荷马史诗进行考据性的研究,似乎同清朝的乾嘉朴学一样,出于夷夏之防),而且亚里士多德对于教义的论证和理论化,大有用处。因此,亚里士多德著作在柏拉图主义者的研究中那里甚为流行,传到阿拉伯世界后,也最受欢迎。在新兴的伊斯兰古典文明中,亚里士多德的著作远比柏拉图的著作为多。阿尔法拉比等人大量注疏和阐释亚里士多德著作,无非时势使然,而阿尔法拉比因此获得"第二导师"的头衔,亦不过是时代的误会。

---

[1] Oliver Leaman. *An Introduction to Classical Islamic Philosophy*. Cambridge: Cambridge University Press, 2002, pp. 206-215.

二

　　阿拉伯人用"第二导师"头衔把阿尔法拉比划归为亚里士多德的后裔，二十世纪的研究者则因阿尔法拉比大量使用了新柏拉图主义诸如"流溢"和"太一"之类的概念而把他归宗于新柏拉图主义，这两种看法都有思想史和文献本身的依据。近年来，美国学者科尔莫（C. A. Colmo）提出了第三种全然不同的观点：阿尔法拉比既不是柏拉图主义者，也不是亚里士多德的传人，反而是古希腊先师的批评者，阿尔法拉比开创了现代思想模式。考虑到科尔莫是芝加哥大学社会思想委员会克罗波西教授的学生，而克罗波西又是施特劳斯的首代弟子，科尔莫提出的这种观点的确耐人寻味。

　　科尔莫在其名为《与雅典决裂：阿尔法拉比肇端》的书中，激烈地反对了施特劳斯认为阿尔法拉比是柏拉图再世传人的观点，因为"阿尔法拉比在其《柏拉图的哲学》第一句话开始就清楚地表明他不是一位柏拉图主义者"。① 科尔莫认识到阿尔法拉比把新柏拉图主义用作了自己政治修辞的一个组成部分，因为阿尔法拉比自己也承认，他从柏拉图的政治哲学学到了很多东西。但在科尔莫看来，"阿尔法拉比不得不在一个全新的基础上重建柏拉图的政治学。这个基础之所以新颖，就在于阿尔法拉比对哲学的意义提出了新的理解，与任何希腊人的观点都不同"。② 在这个基础中，最显著的证据就是阿尔法拉比把民主描绘成"让人羡慕的和幸福的制度"，这种制度并不以启示为基础。阿尔法拉比对民主的激赏，当然就跟柏拉图在《王制》第八卷中对民主的冷嘲热讽根本对立。而且，在科尔莫看来，哲学在柏拉图（以及亚里士多德）

---

① C. Colmo. *Breaking with Athens: Alfarabi as Founder*. Lanham：Rowman & Littlefield Publishing Group, Inc., 2005, p. 59.
② Ibid, p. 1.

那里具有至高无上的地位,是关于存在(物)的知识,而在阿尔法拉比这里,哲学本身不再是目的,而是一种促进人类幸福的手段——阿尔法拉比指出,柏拉图以此为基础就无法在哲学本身所追求的知识方面,解释哲学的生活方式,"阿尔法拉比由此暗示了对柏拉图的批评,这种批评容易受人忽略却强大无比"。① 柏拉图从来没有能力在哲学知识的水平上回答过"为什么要哲学"的问题,柏拉图靠自己的独立于哲学本身的实践经验来充当答案。而为了让他的实践知识来充当答案,柏拉图使用的不是从苏格拉底那里而是从诗人和智术师色拉叙马霍斯那里学来的东西!② 柏拉图分裂了理论与实践的关系,而阿尔法拉比则试图让两者统一起来,或者说柏拉图没有这个能力,才会乞求诗人和智术师的帮助!柏拉图思想近于乌托邦,阿尔法拉比则更注重现实,这种区别与发展就像从马基雅维利到马克思的现代思想家一样。而"施特劳斯之所以误解阿尔法拉比,仅仅因为施特劳斯的解读还不够施特劳斯",③也就是说,既然施特劳斯的解读还不够施特劳斯,阿尔法拉比比柏拉图更高明(准确地说更先进),而科尔莫似乎也比施特劳斯更了解施特劳斯。科尔莫在施特劳斯的著作中,找到了施特劳斯自相矛盾的地方,由此说明施特劳斯的错误,如果不是后者的无能的话。

在科尔莫眼中,阿尔法拉比既不是柏拉图的继承者,也没有追随亚里士多德的路线。因为,"首先,阿尔法拉比的观点不是以逻辑学和认识论为基础,因此不是形而上学或本体论。他所得出的原则是我们知识的原则,而不是形而上学的原则。阿尔法拉比根本没有主张过超越于我们之外的东西。其次,阿尔法拉比拒斥任

---

① C. Colmo. *Breaking with Athens: Alfarabi as Founder*. Lanham: Rowman & Littlefield Publishing Group, Inc., 2005, p. 88.
② Ibid, p. 57.
③ Ibid, p. 173. n. 42.

何一元论,不管是新柏拉图主义的还是别的"。① 在科尔莫看来,阿尔法拉比是多元论者,就在于数学、物理学、医学、政治学和其他科学都有着自己的原则,而且这些学科归根结底都不可通约。科尔莫以阿尔法拉比的《获得幸福》为据,认为阿尔法拉比在认识论基础上把本体论当作必然事物的科学而远远避开了后者,而且我们的知识是多元的。② 阿尔法拉比就从亚里士多德的形而上学转向了方法论,"阿尔法拉比在提出这样的假设,即,只有或主要通过方法,人们才可能获得确定性,这就是笛卡尔的先声"。③ 因此,在从形而上学转向方法论上,阿尔法拉比比笛卡尔和霍布斯早了500年。另一方面,古代的政治学建立在哲学之上,科尔莫据其"多元论"认为这是不合法的,因为政治学有着自己的原则,无论是用物理学还是用形而上学来作模型,都不合适。阿尔法拉比找到了一种可能性,不需要回到古代哲学而重新发现政治。④ 也就是说,阿尔法拉比为了政治学而抛弃了哲学,阿尔法拉比对哲学大为不满,就在于哲学追求不朽,而这种追求是"超政治的"(transpolitical)。⑤

那么,我们又该如何理解阿尔法拉比对柏拉图和亚里士多德著作的精深研究以至于看似十分向往的态度呢?科尔莫认为阿尔法拉比是要从古典思想的内部来攻破古典,"正因为阿尔法拉比的学说如此牢固地植根于往昔之中,他拒绝以往思想的原因才以无比的清晰性而变得显而易见"。⑥ 而如果现代性就是对传统的拒斥,在哲学上就是从形而上学转向方法论的话,或者除了与柏拉

---

① C. Colmo. *Breaking with Athens: Alfarabi as Founder*. Lanham: Rowman & Littlefield Publishing Group, Inc., 2005, p. 132.
② Ibid, p. 164.
③ Ibid, p. 131.
④ Ibid, p. 168.
⑤ Ibid, p. 117.
⑥ Ibid, p. 2.

图和亚里士多德相决裂外,找不出其他清楚的意义,那么,阿尔法拉比对柏拉图和亚里士多德的批判或扬弃,就已经开创了现代性。阿尔法拉比的思想本质上是现代的,而"现代"的目标和手段,就是"与雅典决裂"。

但是,如果柏拉图和亚里士多德的思想不一致,甚至完全对立,那么,科尔莫的"决裂"说不就破产了吗？用一个当前流行的术语,我们需要追问,即便阿尔法拉比真要同雅典决裂,那么,同谁的雅典(whose Athens)决裂,同哪一个雅典(which Athens)决裂？对此,科尔莫不得不认为柏拉图的哲学与亚里士多德的哲学没有什么不同,而且,他认为这种观点本身就来自于阿尔法拉比。据科尔莫自己说,他在1992年开始研究阿尔法拉比时,还没有发现阿尔法拉比与柏拉图的意图并不一致,①似乎是在他的恩师George Anastaplo的指导下,才逐渐认识到了柏拉图与亚里士多德的相似性,而他后来发现,这种相似性也是阿尔法拉比所强调的。② 阿尔法拉比的著作《两圣相契论》(*Book of the Harmonization of the Two Opinions of the Two Sages: Plato the Divine and Aristotle*),其标题本身似乎已足以说明阿尔法拉比把柏拉图和亚里士多德的思想视为完全一致,两位圣人在基本哲学问题上相互契合。阿尔法拉比在其《获得幸福》中,也以"他们(柏拉图和亚里士多德)的目标是同一的,并且他们打算奉献一个完全相同的哲学"作为全书的总结。③ 柏拉图与亚里士多德的这种"完全相同的哲学",其共同点就在于"从未把我们带到任何地方,也不可能实现其目标",也就是彻彻底底的乌托邦,它甚至是毫无意义的理论作业而已。即便

---

① C. Colmo. *Breaking with Athens: Alfarabi as Founder*. Lanham: Rowman & Littlefield Publishing Group, Inc., 2005, p. 173. n. 41.
② Ibid, p. ix.
③ 阿尔法拉比:《柏拉图的哲学》,程志敏译,上海:华东师大出版社2006年,第175页。

亚里士多德特别讲究"工具论",但"足够滑稽的是,亚里士多德的问题,就在于他缺乏一个中间物或一种手段来连接两极"。① 阿尔法拉比在《获得幸福》中的说法,完整地显示了这种悖论。因此,"《获得幸福》本身就表现了阿尔法拉比自己的哲学,这种哲学有别于柏拉图和亚里士多德的哲学。柏拉图和亚里士多德的哲学是一种哲学,而阿尔法拉比的哲学是这两种哲学之外的另一种。正是两种哲学中的第二种(按:指阿尔法拉比的哲学)向我们公开了为什么要与古代决裂原因的可能最深刻的理解"。②

从科尔莫上述"全新"的发现来看,他把现代性的源头从笛卡尔、霍布斯和马基雅维利那里前移到了阿尔法拉比这里,而且从其"决裂"说所蕴含的价值判断来看,他显然把这种从形而上学到方法的转渡,视为确定性的真正来源,也就认为这种现代性的转变是人类思想的进步——在施特劳斯所评论的"进步还是回头"(progress or return)这两个路向中,③坚定地站在了"进步"的一方。而且从他阅读经典的方式来看,尽管他坚持认为自己对阿尔法拉比的研究不是受任何"议程"(agenda)的引导,而是基于对阿尔法拉比本人的理解,④他的"非常异议可怪之论"远离了经典解释的基本工作伦理,也没有把握住阿尔法拉比的基本思想,他浮在表面的解读让我们无法不怀疑:他在芝加哥可能什么都没有学到,反而成了芝加哥的敌人。或者更准确地说,他成了经典的破坏者。

首先,科尔莫对思想史的发展似乎并不清楚。科尔莫承认阿尔法拉比的神学可以被正确地说成是新柏拉图主义,但阿尔法拉比的新柏拉图主义有着自己的特色,而不仅仅是新颖:"阿尔法拉

---

① C. Colmo. *Breaking with Athens: Alfarabi as Founder*, p. 69.
② Ibid, p. 3.
③ Leo Strauss. Progress or Return? In *The Rebirth of Classical Political Rationalism*. Chicago: The University of Chicago Press, 1989, pp. 227ff.
④ C. Colmo. *Breaking with Athens: Alfarabi as Founder*, p. 168.

比利用新柏拉图主义的传统来治疗在亚里士多德传统中有缺陷的东西"。① 但科尔莫大概不知道,新柏拉图主义从根本上说,其实就是柏拉图和亚里士多德思想合流的产物,也就是亚里士多德主义化了的柏拉图主义,阿尔法拉比又怎么可能从其内部找出一方来治疗另一方的缺陷呢？科尔莫似乎没有能够看到柏拉图、柏拉图主义和新柏拉图主义之间的区别,也不在意"柏拉图的政治哲学"和施特劳斯所总结出的"柏拉图式的政治哲学"之间的巨大差异。

其次,科尔莫没有看到新柏拉图主义者和阿尔法拉比所处的历史境遇对他们思想表述方式的影响,也就是说,他没有把自己所研究的对象放到具体的历史语境去考察。他在这本标新立异的著作中,很少谈到阿尔法拉比为什么要如此表达自己的思想。基督教和伊斯兰教的兴起,让哲学与宗教、理性与启示和雅典与耶路撒冷的冲突变得异常尖锐,在这样的情形下,哲人们不得不充分考虑到自己任务的特殊性:既要融合冲突双方的观点,又要保护大众的信念,更要维系哲学和哲人的安全。科尔莫没有看到写作本身的局限尤其是哲学撰述自身的特点,而阿尔法拉比在对柏拉图《法义》进行概述时,预先所讲的那个修道者的故事,②就已经有意识地讨论柏拉图的写作方法——科尔莫居然没有对这个故事作一些必要的研究。此外,阿尔法拉比在《相契论》中也明确地谈到了哲学写作的秘密,以及柏拉图与亚里士多德在这方面不一致之处。③柏拉图的方法,就是阿尔法拉比自己所采用的方法。没有看到这

---

① C. Colmo. *Breaking with Athens: Alfarabi as Founder*, p. 120.
② Ralph Lerner and Muhsin Mahdi (eds.). *Medieval Political Philosophy: A Sourcebook*, New York: Free Press, 1963, p. 84. 中译见阿尔法拉比:《柏拉图的哲学》,第175页。
③ Alfarabi. The Harmonization of the Two Opinions of the Two Sages: Plato the Divine and Aristotle. In *Alfarabi.The Political Writings: Selected Aphorisms and Other Texts*. Tran. by Charles E. Butterworth, Ithaca: Cornell University Press, 2001, p. 131.

一点,就无法做到像古人理解自己那样去理解他们。

再次,由于科尔莫在解读方法上的缺陷,他没有看到阿尔法拉比《相契论》的真实意图:以相契为幌子,实则揭露柏拉图和亚里士多德的巨大差异。柏拉图和亚里士多德的契合,本是新柏拉图主义的陈词滥调,当它传到阿拉伯世界后,亦不过是主流话语。① 阿尔法拉比正是要借用这种普遍的观点,暗中表达自己的真实想法。阿尔法拉比在《相契论》中或隐或现地揭示了柏拉图和亚里士多德在人品地位、写作手法、思想重点、内在理路、根本目标等方面的巨大差别。② 笔者对此已进行过详细的分析,此不赘述。③ 仅仅就科尔莫尤其看重的《获得幸福》来说,阿尔法拉比只是在最后一句中才提到了柏拉图和亚里士多德之间的一致,此前却丝毫没有提到亚里士多德,而只提到了柏拉图,尽管亚里士多德在《获得幸福》第一部分所讨论的逻辑学和自然科学方面是毫无疑问的权威,但阿尔法拉比却故意把亚里士多德隐藏了起来,因为在对于未来的哲人——君主的教育中,柏拉图的路子可能才是正道:阿尔法拉比有意把他的读者从亚里士多德那里引开,引导到柏拉图的哲学上去。④ 同样,阿尔法拉比的《各科举隅》所排列的各种科学门类的顺序,就已经表明了柏拉图和亚里士多德的关系:他们各有差异,而如果能够有所统一,则在于亚里士多德只不过为柏拉图提供了基础性的知识和方法而已。就恰当的哲学写作方式而言,阿尔法拉比关于那个安全逃离的修道者的故事暗示,"如果无能于柏拉图的风格,那么亚里士多德和他本人所欣赏的方法亦可作严肃

---

① Richard Walzer. *Greek into Arabic*. Oxford: Cassirer, 1962, p. 240.
② Alfarabi. *Alfarabi. The Political Writings: Selected Aphorisms and Other Texts*, secs. 23, 8-10, passim.
③ 程志敏:《阿尔法拉比与柏拉图》,华东师大出版社2008年,第178—217页。
④ Muhsin Mahdi. *Alfarabi and the Foundation of Islamic Political Philosophy*, Chicago: The University of Chicago Press, 2001, p. 195.

的考虑(grave et meditatum)"。① 如此看来,柏拉图与亚里士多德地位的高下已的然可判,阿尔法拉比对柏拉图的崇奉,更与"决裂"毫不沾边。

最后,科尔莫对古代与现代根本差异的定位似乎也不够准确。古代与现代最重要的不同之处,似乎不在于对形而上学与方法论、哲学与政治的突出强调上,因为在古代、尤其在亚里士多德那里,不仅仅有形而上学,也有方法论,他的《工具论》(Organon)即为明证;而在现代人的思想体系中,也并不是仅有"方法谈"(Discourse de la Methode),也有对第一哲学即形而上学的沉思,到了康德那里,形而上学乃是最高的科学。与科尔莫的理解恰好相反,古代并不特别看重哲学,反倒特别重视政治:希腊人更多是从政治的角度来看待哲学(philosophy)中的智慧(sophia),而且柏拉图也从未把哲学视为人类可能获得的最高目标,在他那里,哲学只是美好生活的一座重要的桥梁。科尔莫把古代的政治理念归结为乌托邦,也并未抓住古今之争的核心问题。古代和现代的根本不同,不是三言两语就能简单概括的,如果非要找出其中最深刻的差异,或许就在于麦金泰尔所说的对德性的追求,而现代思想,正如胡塞尔所指出的,"在'自然主义'与'客观主义'中作茧自缚"。②

无论从阿尔法拉比的著作内容,还是从他的思想归依来说,都谈不上与雅典决裂,他的"第二导师"头衔和现代学者所说的"新柏拉图主义"身份尽管不够准确,却也表明了他所处的思想位置:阿尔法拉比哲学的一个重要特点,就在于他把自己视为一个特定哲学传统中的一个独特学派的一员。这个学派就是公元五世纪和六世纪亚历山大里亚传统的余绪,③阿尔法拉比在自

---

① Oliver Leaman. *An Introduction to Classical Islamic Philosophy*, p. 233.
② 胡塞尔《欧洲科学的危机与先验现象学》,倪梁康编《胡塞尔选集》,上海三联书店 1997年,第991页。
③ Oliver Leaman. *An Introduction to Classical Islamic Philosophy*, p. 17.

己的著作中,比如《问学录》(Book of Letters),尤其是《哲学的兴起》(Rise of Philosophy),①明确地把自己放进一个代代相续的传承过程中。

三

阿尔法拉比处在新柏拉图主义者占统治地位的环境中,他的思想特色、哲学术语和运思方式无法不打上新柏拉图主义的烙印,其思想中自然就会同时混合着柏拉图与亚里士多德的学说。仅此而言,阿尔法拉比的"第二导师"头衔就有些不太稳妥了,更何况阿尔法拉比最主要的著作,比如说《政治箴言选》、《宗教书》和《高尚城邦公民意见诸法则》(Principles of the Opinions of the Citizens of the Virtuous City)等,与亚里士多德更远,而更接近于柏拉图,这三部著作在内容上与柏拉图的《政治家》、《法义》和《王制》遥相呼应。

受新柏拉图主义余波的影响,阿尔法拉比的身份由此也变得模糊起来,连最权威的《伊斯兰哲学史》似乎也只能看到外在的表现:

> 一般说来,阿尔法拉比哲学的其他方面本质上是亚里士多德式的,辅之以新柏拉图主义的要素,而阿尔法拉比的政治哲学却是柏拉图式的,反映了柏拉图把政治哲学建立在形而上学基础上的理想。②

也就是说,在现代研究者看来,阿尔法拉比的思想是柏拉图

---

① Majid Fakhry. *Al-Farabi*, *Founder of Islamic Neoplatonism*, pp. 156-160.
② Seyyed Hossein Nasr and Oliver Leaman (eds.). *History of Islamic philosophy*. London: Routledge, 1996, V.1. p. 190.

哲学和亚里士多德哲学的杂烩,总体而言,亚里士多德哲学的成分更多——这种倾向无疑是受了"第二导师"这个定论的影响。也不能说这种看法是完全错误的,它毕竟看到了政治哲学与形而上学的关系,只是没能进一步思考它所蕴含的深刻意义。法赫里在这方面走得更远,他认为,"柏拉图对阿尔法拉比的影响几乎仅仅局限于采纳了乌托邦的政治模式"。① 且不说法赫里和科尔莫把柏拉图政治哲学归为乌托邦是否准确,他甚至没有像上述观点那样强调亚里士多德的形而上学与柏拉图政治哲学之间的内在联系。科尔莫对古今分野的界定,其实更适合柏拉图和亚里士多德之间的区别,只不过其顺序刚好相反:作为古风时期最后一位思想家的柏拉图更看重政治,而亚里士多德更看重哲学和方法,因此,与其说阿尔法拉比开创了现代性,不如说亚里士多德通过对中世纪的重大影响而直接开启了现代性的思想面貌。

　　阿尔法拉比最直接的理论来源是亚历山大里亚传到叙利亚的安条克学派,该学派在为宗教进行注解和诠释时,正如此前的新柏拉图主义亚历山大里亚学园一样,发现逻辑学家和形而上学家亚里士多德的思想比神学家柏拉图的思想,不仅更安全,而且更为有用。亚里士多德由此就成为了希腊文明的代言人,在伊斯兰世界,他比其他任何希腊思想家所受到的评价都高得多。阿尔法拉比大谈特谈亚里士多德,无非因为亚里士多德哲学是当时意识形态的"主旋律",因为"人们在某种意义上可以说,亚里士多德诠释(Aristotelian exegesis)在伊斯兰哲学中的复兴,间接地在于国家正教(state Orthodox church)的严厉性"。② 而阿尔法拉比这位被奉承性地称为"第二导师"的阿拉伯哲人,在这样的环境中研究"第一

---

① Majid Fakhry. *Alfarabi: Founder of Islamic Neoplatonism*, p. 152.
② Yegane Shayegan. The Transmission of Greek Philosophy to the Islamic World, in Seyyed Hossein Nasr and Oliver Leaman (eds.). *History of Islamic Philosophy*, p.94.

导师"亚里士多德,实在有必然的甚至是不得已的原因。而他谈论亚里士多德,其实就是为了与他"决裂"(借用科尔莫的术语),"这位最重要的穆斯林柏拉图主义者,考究起来,不是反对柏拉图,而是反对亚里士多德。"①

或许阿尔法拉比看到了新柏拉图主义为了让自己能够得以延续而向宗教及其论证工具所作的妥协,正是这种妥协让自己存活了足够的时间,能够把自己的传统安全地传递给阿拉伯的 falasifah (哲人) 那里,而且亚历山大里亚的审慎也让新柏拉图主义者的思想能够顺利地打入亚里士多德学派的课程中。但无论如何,新柏拉图主义是对柏拉图思想的退化甚至败坏,柏拉图对城邦和人世间美好生活的追求,被新柏拉图主义宇宙、流溢之类更具有形而上学意味的学说所遮盖了,城邦与人的问题让位于玄学的思辨:苏格拉底辛辛苦苦从天上拉回到人间并放置在千家万户的哲学(西塞罗语),又被新柏拉图主义廉价地送回了天上,而它的始作俑者,便是亚里士多德。

希腊文明传入到阿拉伯世界后,从肯迪(al-Kindi)以下所有的哲学家,都在某种程度上和柏拉图传统沾边,大都具有浓厚的新柏拉图主义色彩。而在这个时期,阿尔法拉比与他们都有所不同,他在把哲学进行柏拉图化(Platonizing)方面,具有最强烈的自我意识,而他对柏拉图著作的理解,以及他独特的解释方法,都与新柏拉图主义大不相同。如果说肯迪走的是普罗克洛斯(Proclus)的新柏拉图主义路线,那么,阿尔法拉比则直接绕过了新柏拉图主义(甚至中期学园)而直接把自己的思想扎根于对柏拉图本人著作的阐释上:阿尔法拉比最直接的理论来源就是柏拉图的《王制》和

---

① F. E. Peters. The Origins of Islamic Platonism: The School Tradition, in Parviz Morewedge (ed.). *Islamic Philosophical Theology*, p. 16. cf. F. E. Peters. The Greek and Syriac Background. In Seyyed Hossein Nasr and Oliver Leaman (ed.). *History of Islamic Philosophy*, p. 43.

《法义》。尽管阿尔法拉比对《法义》的解读,由于身处伊斯兰世界的神学氛围和特定的历史背景下,而显得有些奇怪,比如阿尔法拉比没有解读《法义》第十卷以后的内容,而《法义》第十卷谈论的恰恰就是神法——我们无法不怀疑这是阿尔法拉比故意为之,但我们仅仅从一个简单的事实,就足以说明他与新柏拉图主义貌合神离:阿尔法拉比把《王制》和《法义》视为政治学著作,而不像新柏拉图主义者那样把它们看做是主要在讨论灵魂的不朽。他对柏拉图著作的研究明显地跟新柏拉图主义者对柏拉图的研究大相径庭,在阿尔法拉比那里,第一因不是新柏拉图主义的超验的太一,而是一个有理智的造物主(这与他的身份相关),阿尔法拉比也只字未提"法术"(theurgy)。阿尔法拉比虽然也谈到了形而上学,但那不是他的终极目标,他的目标是用形而上学来为他更看重的政治学奠基。而且阿尔法拉比的政治学也与亚里士多德传统中的政治学不相同,甚至有意背离了这个传统。如果说亚里士多德和新柏拉图主义是对柏拉图的修正,那么,阿尔法拉比就是对亚里士多德修正的反修正。阿尔法拉比如果与雅典决裂,也只是与亚里士多德以及混合了亚里士多德主义的新柏拉图主义决裂,而不是与整个雅典决裂,恰恰相反,他以一种解经的方式和护教的态度试图把思想重新引回到柏拉图那里,[1]柏拉图才是阿尔法拉比的"第一导师"。

阿尔法拉比最重要的著作是《高尚城邦公民意见诸法则》,以及《政治箴言选》、《政治制度》、《宗教书》等政治方面的著作(中文译本即将上市),但我们也不应该忽视他的逻辑学,他毕竟对柏拉图和亚里士多德都有精深的研究。本书主要收录了阿尔法拉比一些篇幅相对较小的逻辑学著作,以后还会组织翻译他的一些篇

---

[1] F. E. Peters. The Origins of Islamic Platonism: The School Tradition, in Parviz Morewedge (ed.). *Islamic Philosophical Theology*, pp. 26–31.

幅较大的解读亚里士多德的书(对阿尔法拉比逻辑学和语言哲学感兴趣的,可参看 Shukri B. Abed. *Aristotelian Logic and the Arabic Language in Alfarabi.* State University of New York Press, 1991)。只不过我们需要特别注意的是,他的解读与我们今天所习惯的解读方式有很大的不同,或者我们由于时过境迁不太熟悉他的路数,而更大的可能是阿尔法拉比故意如此漫无边际地解读,从而把自己的一些东西深深地隐藏在颇为繁琐、复杂甚至全然不相关的解读中,《问学录》(*Book of Letters*)就是一个很好的例证。《问学录》虽说是对亚里士多德《形而上学》的解读,但似乎跟《形而上学》没有什么联系,最多只是对亚里士多德《形而上学》中可能包含的语言哲学有所阐释(L.E. Goodman 对《问学录》的评论就是从语言哲学的角度来理解阿尔法拉比这部著作,见 *Philosophy East and West*, Vol. 21, No. 2, Apr., 1971, pp. 220-222)。但阿尔法拉比在一连串十分枯燥的论述中,逐渐引到对修辞的讨论,引导到哲学与宗教关系问题的讨论上,他注疏亚里士多德《形而上学》的目的就由此显露出来了。

本书的翻译涉及到很专业的逻辑学内容,幸而约请到黑龙江大学哲学学院王建鲁博士鼎力相助,他的翻译严肃认真,历时两载,数易其稿,几经推敲,其中也有他的一些朋友的功劳。本书的翻译分工如下,《亚里士多德的哲学》前 12 节、《问学录》、《哲学的兴起》、《修辞书》和附录《阿尔法拉比对亚里士多德逻辑学的贡献》(法赫里),由程志敏翻译,其余部分由王建鲁翻译,他还校译了《修辞书》。本书中必然存在的错误,主要应该由我负责。

程志敏
2009 年 5 月 22 日

亚里士多德的哲学①

一

1 亚里士多德如同柏拉图那样看待人的完满性,甚至更有过之②。然而,由于人的完美性不是自明的,或者不是某种导向确定性的论证所能轻易解释的,所以亚里士多德发现最好是从一个比柏拉图所开始的地方还更前面的地方开始③。 亚里士多德看到每

---

① 译自 Alfarabi: *philosophy of Plato and Aristotle* (Free Press of Glencoe, 1962), translated, with an introduction by Muhsin Mahdi。原文标题为:The Philosophy of Aristotle, the parts of his philosophy, the ranks of order of its parts, the position from which he started and the one he reached。

② *wa-akthar*("更多")这一表述同样也出现在阿尔法拉比的《政治体制》(*political regime*)中,如同, *polus*, *pleistos*, *pleiōn*,以及等等,它可以意指"更多","就绝大部分而言","很多","太多",同时还可以意指"超越界限","有(或者断言)太多","做太多的事情"(参见,阿尔法拉比解释作为亚里士多德的"自然动力"的"过量"的结果的亚里士多德与柏拉图之间的区别[*Harmonization of the opinions of Plato and Aristotle*,页5:10—21]的方式),可能是再一次地意指赞扬或批评。此种模棱两可的用法贯穿了阿尔法拉比评价亚里士多德的哲学的这一整本书。

③ 尽管阿尔法拉比没有提及亚里士多德任何一部"早期的"著作,但是很多这些著作的主题都在"亚里士多德开始的地方"有所提及。依据古典传统,阿尔法拉比在"外哲学"(external philosophy)之上称亚里士多德的这些著作为"公共"(public)或者"公民"(civic)著作。(阿尔法拉比《亚里士多德导论》 (转下页)

个人从一开始所追求的、并认为可取的和好的四种事物,这四种事物大体上是人的天性从一开始就渴望和追求的,并且没有其他哪种追求在时间上先于它们:(1)健康的身体,(2)明智的判断力,(3)健全的能力,以知道如何识别出那些能导向健康身体和明智判断力的事物,(4)充沛的力量,以胜任去追寻这四种"健全"事物的辛劳。第3种是有益的和必需的知识。而第4种则是有益的、必需的以及比其他任何事物都更为可取的辛劳,无论他单独为自己付出辛劳,或者他人为自己付出的辛劳,或者为他人付出的辛劳,并且无论他是在行动上还是在语言上付出了这种辛劳。付出辛劳的那种行动是有益的和必需的行动,并且它更具优先地位,而付出了辛劳的语言也是有益的和必需的语言。除此之外,人们还可以进一步认为,这四种事物以其健全性的最佳状态存在着①。

2 然后亚里士多德发现人们在渴求了这四种事物之后,灵魂也渴望能够理解可感知事物的原因,在天上和地上所观察到的事物的原因,以及人在自己的灵魂中所观察到的原因并理解自己所发现的灵魂的状态。他渴望获得逐渐渗进灵魂并进入头脑的那些事物的真相,无论那种事物逐渐渗进一个人自己的灵魂中,或者进入到告知他的其他人的灵魂中。不过这样一些事物不在那四种事物之列;有关它们的知识对这四种事物的任何一种之健全性而言都毫无用处,并且对其他任何事物或者为了其他任何事物而言,

---

(接上页注③)(*Introduction to Aristotle*)[*Fīmā yanbaghī an yuqaddam qabl ta'allum al-falsafah*])节录于 *Alfarabi's philosophische* Abhandlungen, ed. Fr. Dieterici [Leiden, 1890],页 50:16 ff.,《逻辑》,fol. 91v;前揭,Ⅰ,sec. 55.) 相应地,亚里士多德的"起始处"或许应该被看做是他的关于"人的完美性"的"公共的"、"公民的",或者"辩证"的论证。这也可能会解释为什么阿尔法拉比如同他利用"后期"著作的"辩证"部分一样使用"前期"著作,比如,《尼各马可伦理学》(*Nicomachean Ethics*)、《论灵魂》(*De Anima*),以及《形而上学》(*Metaphysics*)。导向性原则并不是复合之约([译按]即将前期著作与后期著作结合起来)。被解释者并非一种"发展",确切地也不是远离柏拉图的"渐进发展",而是一种旧式的论证。

① 也就是,除了"仅仅必然的"每种特性。如下,sec. 2 (60:20—21,64:18—65:9)。

也没有用处,除了知道那一事物并停留在关于它的知识之上而外。然而,人们懂得了那些事物的任何一点,都会觉得很愉悦,并乐在其中。他的知识越牢靠、越靠近确定性,那么在他所理解的事物中所获得的欣喜和愉悦就越强烈。他所领会和理解的存在物越完美,他的心领神会所带来的欣喜和愉悦也就越强烈。

人们随之就会认为,正是由于这种心领神会,他就具有某种优秀之处、高贵、显爵以及尊贵的地位,尽管其他人并不承认。不,他经过自己的反思,然后发现自己已经获得优越性和完满性,即便其他人认识不到这一点。他认为自己尊贵无比,并且属于上流社会,对自己以及对他所领会到的事物感到惊讶不已。然后他会形成这样的看法,也许这应该为人们所认可,或者他应该为此得到别人的尊敬、夸奖、赞美和颂扬,尤其是这样一些事物不可能为每个人所认识,也难以为所有人所理解。

尽管所有人都认为这样的知识和认识对那四种事物而言既非必需也无用处,但他们已经超越了需要和实用,而把知识和认识看作某种尊贵的并且属于上流社会的事物。因此,他们从一开始就把人们所欲求的知识分成为两类:一种知识的目的是为了那四种事物的健全性,或者为了其健全性的最佳状态,另一种知识则超越了仅仅有用的知识,渴求这种知识是为了知识本身而不是为了其他任何事物。这种知识划分的有效性来自于灵魂对这两种知识的渴求,其有效性甚至先于它们之中哪一个更可取,哪一个应舍弃的决断。因此,他把第一种叫作实践科学,而第二种则称作理论科学①。

此外,尽管人们或许会用自己的感觉来判断在那四种追求中哪些事物对他们有用,但同时他们也在用感觉来理解和认识在那些追求中对他们而言无用的事物。他们渴求可感事物,要用感性知觉来理解可感事物,这对于那四种事物而言毫无用处——比如,

---

① 后, secs. 3 (63,69: 8ff.),4, 91ff.。

雕像、优美的风景、悦耳沁脾的事物以及触摸起来令人快乐的事物——除了把它们当作感性知觉上令人快乐的事物而外,它们毫无用处可言。因为"快乐"一词无非意味着正在对一个最优秀的理解对象进行着最卓越的理解;因为不存在不与理解相分离的快乐;在能够用感觉来理解的[动物]那里就有快乐,不能用之理解的就没有。①。与之相似,在可感事物的知识之外,还有其他通过感性知觉获得的知识,人们或许会渴望获得这种知识,尽管人们仅限于认识和理解这种知识,并把自己限制在理解它们时所体会到的快乐中:比如,神话、故事、民族史和国家史,这些是人们所讲述的,并且倾听这些东西也仅仅是为了它们能带来愉悦(因为对某事的愉悦,无非意味着获得了舒服与快乐)。与此相似,审视摹仿者,倾听摹仿性的陈述,聆听诗歌朗诵,研究人们对所朗诵以及所阅读的诗歌与神话的理解,这些就是那种使他乐在其中、并仅仅为他所领会的事物而感到快乐与慰藉的人所使用的方法。他的理解越可靠,他的快乐也就越完美。领会者自身越优秀越完美,其理解中的快乐也就越完美越完整。因此这些认识和理解,也仅仅是为了寻求理解以及理解的快乐,而不是为了在那四种事物之上有所作为。并且尽管人们可以在对那四种事物也有用的意义上来使用它们,但志在快乐的人也只是偶然地把它们用在了那四种事物中的任何一种之上。

3 然后亚里士多德发现,除了感觉所理解的事物之外,还有某种必然的知识,这些知识好似是先天的,来自于人的天性。人们时常把感觉所获得的认识,使用在为那四种事物的健全性的辛劳之上;然后他发现由感觉所得来的认识是不充分的,于是他们转而使用他们与生俱来的先天认识。然而,如果人们若想满足于他所

---

① 参阅 *fīmā yudrik bi-al-ḥiss la fīmā* 行 9—10。参见亚里士多德《形而上学》Ⅰ,1.980a21-b25。

需要的一切,那么他们就会发现内在于自身的认识在绝大多数时间对于多数事物而言,都是不充分的,而后他们也会发现它们其实没有涵盖所需要的一切。结果他在自己的许多需要面前裹足不前,而且他在考虑、思索、研究和深思之前,也对它们无所作为。他经常试图从别人那里获得这种知识:向别人请教和咨询那些自认为无法完全依靠自己能推断和发现的事物。所有这一切即在于,他先天地就不具有这种知识。他通过考察、考虑、深思和推理,发现他先天不具有的知识。但他时常在两种事物之间徘徊不定,不知道也没有能力决断哪个有益、哪个有害;或许在经过考察之后,才发现他在许多推论中都犯了错,而最先却没有意识到。这也是他通过欲求、考察和深思所获得的那些科学的特性,也就是说有些要更为确定一些,有些则更成问题一些。然而,他一旦在考察的事物中获得了确定性,那么这就是有关于他所欲知事物的完美科学,在此之外,就无法指望获得更大的信心和可靠性。那么,这就是人们在实践科学中的情况。

随后,亚里士多德解释说,在实践科学中有三类理解:第一,依靠感觉的理解;第二,依靠原初知识的理解,此种理解是对依靠感觉所理解事物的超越;第三,依靠考察、思考和深思的理解。似乎在理论科学中也存在着这些相同的理解模式。因此所有的理解就变成为三种:(1)感性知觉;(2)通过超越由感觉所提供的知识而来的原初认识;(3)来自于考察和深思的认识。对于第3种认识而言,它们的知识原本就是通过原初认识——即那些并非从考察或深思中而来的事物——而获得的。人们在未知之前对它们进行考察,并且在探究之时称它们为感性知觉。用来解释人们欲知事物的原初认识,就是前提。人们所欲知的事物就是问题①(一旦人

---

① 或"问题"(*matlūbāt*)。甚至在讨论亚里士多德的逻辑学著作,并在这些著作阿拉伯语译文中区分 *matlūbāt*(problems)以及 *masāil*(questions)时,阿尔法拉比也是单独使用这一词项。参见,阿尔法拉比,《逻辑》,fol. 30v: 12-14。

们获得这种知识,则他们就称它为结论)。由此所有这些事物原本不过三种。

亚里士多德解释说,人们如果不知道自己为之辛劳的目标,也没有明确那个目标并把它摆在自己面前,那么他们就不可能发现有益的事物,也不会知道如何以及为何而操劳。我们知道,人们是为了前面所提及的那四种事物的健全性而操劳。但是如果人们进一步仔细思虑和考察,这四种事物中哪一种是其他几种的目标,追求哪些事物才是为了这个目标——比如想一想身体的健康是不是为了感觉的健全,或者人们追求感觉的健全,是不是仅仅为了身体的健康(据此,感觉在那里就会是仅仅为了分辨出人们据之可获得身体之健康的那些事物),或者所有四种事物的目的是否仅仅为了获得每一种有益的事物——就会有让人困惑的地方。因为,如果感觉本身就是目的,人们就不应该容许感觉去侍奉那些有助于身体健康的事物;而且身体也就甚至会是感觉的工具,或屈从于感觉,或成为感觉的物质成分。因此恰当地识别出什么事物能导向身体健康的那种能力,操劳能力的健全性以及操劳能力本身——所有这一切都是为了感觉的健全性。因此感觉的活动,以及人们依靠感觉而获得的事物,本身就会成为目的。

然而,人们可能会反驳所有这一切。因为我们发现自己是在用感觉来理解有益于身体健康的事物(以及为其余[……]的健全性),或者我们是在让它们相互有所助益。那么,每一种事物都循环着为了另一个事物而存在。因此,每一个都应该成为另一个的目的——而这又如何可能!——或者每一个的某一部分应成为目的!人们必需懂得这些事物的真相,以使自己的辛劳朝向某个明确的目的,而不是漫无目的,或者仅仅为了一种本身不应该是目的的事物。进一步而言,人们为什么应该把身体的安康和感觉的美妙归结为目的呢?这同样需要证据。因为人是一种一开始就没有被赋予完美性的存在物。人毋宁是那种被赋予了最少完美性的存在物,甚至是给予了最少原则以通过辛劳获得完美性(要么出于天性,要么出于意志和选择)的存在物。因此,给予他身体的安康和感觉的美妙,也许就相似于孩童时期和青年时代所给予他的事物。把自己限制在身体的安康和感觉的美妙上,也许就相当于把自己限制在孩童时期和青年时代。身体的健康也许是另一个目的的准备阶段。而感觉的美妙也许就是应用于那个目的的操劳原则,而身体的健康相对于那个目的而言,不过是一种准备。此外,假设那个人把自己限制于健康的身体,限制于美妙的感觉,限制于健全的能力以判断何者能达到这两方面(按即身体和感觉)的健全,限制于过硬的操劳能力,那么他是否应该进而去考虑什么是健康身体最优秀的状态,什么是健全感觉的最优秀状态(由于感觉据说要多优秀就多优秀),什么是最优秀的洞察力,什么是最优秀的操劳,什么是最优秀的实践能力? 这里也会有让人困惑或不同意见的地方。

然后,再假设他再次回过头来仔细思虑和考察,是否应该把自己仅仅限制在这四种导向每一种必要的健全性之内,还是应该继续寻求每一种的最优秀状态。那么,如此一来,灵魂对最优秀状态的渴求,是不是胃口太大,是不是对于人所不能获得和办到的事物有非分之想,或者,追求这四种事物的每一种是不是最完美地属于人并且是人最恰当的事情?

然后,假如他又开始探究和考虑,人的灵魂如何召引他去理解渗入其灵魂中那些事物的真相,以及人渴望理解可见事物的原因:这是对属人知识的渴求吗,还是对不适宜的知识和根本就不是属于人的知识的过大胃口和非分之想,还是对真正属人事物的渴求,即在于它比那四种事物都更明确地属于人类? 人和其他动物都领有那四种事物。因为每一种动物都有身体和感觉,以及在某种程度上看出那些由之就能通过操劳而达到健全的身体和感觉的手段的能力。但动物没有欲望要去理解它在天地间所看到事物的原因,更不用说还有什么感觉去了解它所想要理解其原因的那些事物。

然后,如果他考虑了以上这些问题,那么,也会产生如下这些问题:人为什么有一种自然的欲望想要知道这些事物,而且如果这种知识不是属人的话,人为什么对它有一种天生的欲求,并且为什么还有原初的认识以引导他追求自己想理解的事物的真相?这样一来,这些事物也许就是属人的了。或者人们如果知道了这些事物,要么在其本质上,要么在某种属性①中,或许就会变得更为完美、更具有人性。它们的知识也许本身就是人的本质,或其本质的一方面。如果这是他本质中的一方面,而且这方面所属的本质在做出这种行动时,已经达到了终极的完美,那么他一定知道产生这种行动的事物究竟是什么,还知道那个事物本身是否就是前面的一切努力所追求的那个目的。

除此而外,灵魂也渴望知道对必然所需者无用的那些事物(当"过量地"知道一些事物时,知识对于必需的事物来说是过量而无用的;当对有益的和必需事物的知识,在质上超过必要事物必要而有益的限度时,情况尤为之甚)。那么,灵魂对这些事物的欲求,究竟是人的非分之想、不节的胃口,是人天性上必须清除和抑制的缺点,还是应该达到的灵魂的圆满状态? 于是,在所有这些问题中就有了困惑和纷纷意见的余地,也有了思考的题目。如果没有一些证据来说服自己和其他人,那么人们不会在这些选择中厚此薄彼,——而且也为研究它们的那些人之间留下了极大的争论空间。否则,把自己限制在也许不是目的的事物上,也就宣告了此人把自己限制在一种低于其适当等级的存在状态。

此外,如果人们考虑他天生就被赋予的事物——即,身体和感觉的健全、识别的能力、以及自然的认识能力,也探究他依靠意志

---

① 或者"偶性"(accidents)。

和选择能力而被给予的事物,然后再考察:他天生就有的手段对于达到其身体和感觉的健全性来说,是充分的吗,一如所有的动物、植物和自然的物体及其组成部分那样?如果这两者[即,身体和感觉]本身就是目的,而且他所具有的手段也足以达到它们的健全性,那么为何还要再赋予他以意志和选择?意志和选择的可能存在是由于自然部分的缺陷与过度;这一过度因此需要清除和抑制。但问题接踵而至,通过什么事物抑制这一意志和选择,通过意志和选择还是自然天性?而如果意志和选择是属人的,它们是不是为了天然就属于他的身体和感觉的健全性?天然属于他的东西是否是为了自己靠意志和选择而能获得的东西?或者说天性与选择是否在依靠它们去达到另外一种事物时,还能够相互协作?人所能达到的终极完美是不是天赐的限度?人依靠意志和选择,或者依靠两者再加上天性所达到的这种完美性,是不是让他成为实在的那种事物的完美性,或者它是不是明确属于他的属性上的完美性?

一般而言,他应该研究作为人的终极完美性的那种目的究竟是什么,它是否就是他自己的本质,或者在实现自己的本质后,它是否是他所付出的行动,抑或它是靠天性来实现的,还是说,为了这种完美性,天性只是向他提供一种材料和准备,以及在实现这种完美时,只是为他的意志提供一种可用的原则和手段。那么,他的身体和感觉的健全性是否就是能让他成为实在的那种事物的健全性?或者说,既然它对所有动物都是相同的,这是不是荒谬的呢?或者说,在他之为凡人的限度内,它们两者对于让他成为实在的那些事物而言,是不是一种准备和手段?而且认识事物的欲望,以及对他后来把自己仅仅限制于其真理中的那种知识的欲望而言,是否完善了让他成为实在的那些事物,或者完善了那些事物的内在属性?或者是否由于他的本质要在其终极的完美中得以实现,这种真理的知识就是其自身本质的行动?

因此,人们被迫要去考虑人的本质是什么,他的终极完美性是什么,以及能导向其本质的终极完美性的那种行动是什么。但这就意味着要知道人是什么、依靠什么而是以及怎么是,和人从什么与为了什么而存在,当他付出努力时,他的辛劳才会导向这个目的。因为,如果他不是自愿地去理解这种完美性之所是,那么他就不会知道他的辛劳所趋向的那个目的。

亚里士多德解释说,人们只有在知道了那个目的——为此目的人才作为一个部分、作为世界的整体性由之得以完美的事物,而在世间获得了一个位置——人们才会知道人的恰当的活动,就正如如果他不懂得他们每一个人由之而在城邦中占有一席之地和有用限度的目的的话,人们不可能懂得织布者的活动,或鞋匠的活动,或者城邦中三教九流的活动。

如果不懂得他作为一个部分而身处其间的整体的目的,以及他在整体中地位和所有其他各部分间的地位,也就不可能懂得他的目的,就好比如果不知道手、手的本质、手的目的以及它在身体所有器官中的地位,并且在此之前也不知道整个身体的终极目的,那么人们就不知道手指的本质、手指的目的和行动。因为一个整体的每一部分的目的,要么是整体的总目的之一部分,要么对于实现整体的目的有益而且必需。

因此,如果人是世界的一部分,而且如果我们想要理解人的目的、活动、用处和地位,我们首先需要知道整个世界的目的,我们才会清楚地看到人的目的之所系,才会清楚地看到人必须是世界的一个部分,因为他的目的对于实现整个世界的终极目的而言至为必要。因此,如果我们想知道自己应辛劳与之的那个事物,我们就必须知道人的目的,和我们应该辛劳与之的人的完美性的目的。这就是为什么我们不得不了解整个世界的目的的原因;如果不知道世界的所有部分及其法则,我们就不可能知道这一点[1]——我

---

[1] [译按]即,整个世界的目的。

们必须了解整个世界以及构成世界的每一部分的"是什么"、"如何是"、"从何而来"和"为了什么"等等。

由于人领有两种事物——一种来自自然,一种来自意志——(a)当我们试图了解他依靠自然所获得的完美性,和这种完美性的目的时,我们首先应该了解这一自然的整体,人的目的就是这一自然整体的目的的一个自然部分。如果世界是自然的(而且它的很多部分也是自然的),那么对于世间每一种自然物(不管是整体还是部分),以及对自然属于人的任何事物,都应该单独而特殊研究,并通过特殊的考察、理论和科学来探求。这种考察被称作自然的探究。(b)人们还应该研究人和其他事物依靠意志而能拥有什么,并为由意志而来的事物设立特殊的考察和科学。这就叫作属人的和自主的科学,因为它是属人的,并且仅仅特定地属于人。

我们一旦懂得人之受造所指向的那种完美性,还知道这种完美性不是单独依靠自然或单独依靠意志而获得的,而是依靠自然和意志的共同作用,那么,由之获得这种完美性的行为和生活方式,就会形成属人的和高尚的生活方式:它们就会是美德、美事、行为和高贵的生活方式。而把人引离这种完美性的那些事物则构成那些不属于人的行为和生活方式:它们就是邪恶和丑事,是下贱的行为和生活方式。我们在这一点上知道,前者应该是更为可取的,而后者则应该避免。

因为人身上自然的和天生的事物,在时间上既先于意志和选择,也先于人身上依靠意志和选择而来的事物,那么,对自然存在事物的一般研究,必定先于对那些靠意志和选择而存在事物的一般研究。此外,如果对自然属于人的事物没有先行的理解,就不可能理解意志和选择,以及由它们所产生的事物,那么也就会出现这样的情况,即对自然存在事物的研究,应该先于对那些依靠意志和选择而存在事物的研究。既然人应该掌握的知识——而且他应该按照自己所获得的知识来行动——是那种确然的科学,而不是其他事物,那么随之而来的就是,他应该在自己所研究的每一件事情——无论那些事情是自然的或自主的——上都设法走向那个确然的科学。

因此亚里士多德发现颇为适宜的是,一开始就需要阐明确然的科学究竟是什么,它有多少种类,它存在于哪些主体中,它如何存在,以及它在每一个问题中依靠什么和从什么而存在;信仰是什么以及说服是什么,它们有多少种类,它们的存在与什么相关,它们依靠什么、如何、从什么而存在;什么事物把研究者引离这种确然的科学,而他自己却没有意识到这一点,那些引人误入歧途的事物有多少种,每一种分别是什么;教导之时要用什么论证,它是由什么构成的,以及它有多少种;哪一种确然的科学是由教导中所用的每一类公理所产生的;哪一种教导能产生确定性,它又能产生什么种类的确定性;对于人们所欲教授的事物而言,哪种教导能产生说服和想象;人们由之获得教授确定性和理解确定性能力的那种技艺是什么,它有多少种类,每一种分别是什么;那种能力由之就能超越于所有种类教导方式的那种技艺是什么。

4 于是亚里士多德随后又解释了应该如何教导每一等级的人,应该教授他们什么,又依靠什么来教授,应该给每一种人以这些事物的哪类知识,才能够让每个人都会懂得自己辛劳的目标,并由此把他们引到正确的路途上来,而不会对与他们相关的事物狐疑不定。进而言之,亚里士多德把人们用来抵御诡辩术的论据公诸于众,该论据由什么构成,有多少种类。亚里士多德把形形色色的诡辩术相勾连时在人的头脑中产生的那些坏的质地和类型公诸于众,以及哪些坏事物是从哪类诡辩中产生的,哪些真正属于科学的种类产生自哪类诡辩。亚里士多德将这些类型和质料分作五种;① 同时他还阐明了人们应该用以抵御诡辩方法的那些方法,以

---

① 参见,无论如何,后,sec. 13 (81:8ff.)以及 n. 2。

及能与这些诡辩相抗衡的方法。

亚里士多德把包括所有这些事物的技艺叫作逻辑学的技艺。因为它提升了灵魂的计算部分,引导灵魂通向确定性以及教导与研究的有效方法,使灵魂辨别出偏离确定性的事物,并在教导和研究中辨认出有益的事物,还可以让人认识到在教导和研究中如何组织辞令、用什么论证形式,识别出诡辩术所使用的论证形式,而其目的就是要运用前者以避免后者。

因此,在亚里士多德看来,这样就会出现三种科学:逻辑科学、自然科学和自主科学[1]。他使逻辑学领有后面两种科学,并赋予逻辑学以评判后两者和检验它们内部所发生的一切事情的权力。既然这两种科学——即自然科学和自主科学——所涵盖的存在物在类别上是同一的,而且逻辑学最首要的意图是要对上述那些事物[2],也就是自然科学和自主科学所涵盖的事物进行解释,由此亚里士多德得出如下看法:这三种科学的质料和主体,在种类上同一。[3] 而且逻辑学既然先于其他两种科学,他一开始就列举了作为这三种科学的质料和主体的那些存在物,那些存在物也构成了那些依靠自然和依靠意志而存在的事物。依靠自然而存在的事物,是自然科学的主体[4];只凭借意志而存在的事物,是自主科学的主体;而那些普通的事物,也就是要么由自然要么由意志所产生的事物,就构成两种科学的主体。逻辑学的技艺给出了一部分他所需要了解的这两种科学的主体。因此逻辑科学就与这两种科学共有主要的质料和主体。

因此,亚里士多德首先开始考察并列举了来自第一复合前提的存在例示,它包含有需要考察的问题,并且也是为所有人一般接

---

[1] 前揭, sec.3 (69: 17)。
[2] 前揭, sec.3 (70: 15ff)-4 (71: 5ff)。
[3] 亚里士多德《形而上学》iii.6。
[4] "事物"(things, *ashyā*)。

受的表述的主要意义。这些就是被感性知觉所证明的[全部的种类](summa genera),并且也是建立在某一可感物之上的所有可感知性的全部的种类。亚里士多德把它们归为十类,称它们为范畴,并将之写入一本希腊文叫作 Katēgorías、阿拉伯文称之为 al-Muqūlāt(《范畴篇》)的书中。同样,这些范畴种类既是自然科学的主体,一般而言也是自主科学的主体。

5 然后亚里士多德又接着阐述了逻辑技艺对它们采取了什么行动,以及它是如何利用那些范畴的。他从阐明这些种类如何复合以产生作为前提的命题,以及它们组合形成了多少种类开始;然后,这些事物如何组合以产生问题,什么是前提和问题的共同点,什么又是分水岭。每一个问题一般而言是两个矛盾命题的主体,其中一个必然为真,而另一个则为假;人们不能确切地知道两者中哪一个为真,但可以假设两者中总有一个为真,并设法探明究竟是哪一个。在所有命题中(a)有些不可能不存在,而有些则不可能存在——在它们之间就产生了必然命题。(b)另一些要么可能存在要么可能不存在,它们构成可能命题。(3)还有一些要么现在存在,要么现在不存在,要么过去可能存在抑或过去不存在,也可能将来存在或者将来不存在;它们就是存在命题。这可以在亚里士多德所著述的一本阿拉伯语名为 al-Ibārah[《解释篇》]、希腊语则为 Perì Ermēneías 的书中找到。

6 而后,亚里士多德又阐述了前提如何复合和组合,以使它们的结合形成陈述,每一个问题的两个相矛盾命题中之一由此才会必然地和明确地有效;以及这些原初的项(在这些项的基础上才会有探究,从这些项出发,研究才能继而得出必然的、实存性的和可能的前提)组合和复合成多少种类。亚里士多德把组合在一起的两个陈述称作"是从前提组合而来的",即三段论总是必然地得出所有问题的真理。亚里士多德阐明了这样一种方式,我们使用它就能在展现在我们面前的每一个问题中构造一个三段论,然后那个问题的真理就会接踵而至。亚里士多德接着解释了,当我们面对一种陈述的时候,如何检验它才能知道它是否就是那种问题的真理之所系的陈述,而且也是为了这种陈述本身的陈述。亚里士多德阐明了每一种使用推理和研究的理性技艺(无论这会是哪一种技艺,也无论推理和考察的用多用少)使用这些规则①的模式;每一种理性技艺(因为任何理性技艺所用的每一件事物,不管是哪种,都必定是为推理所用的)都会使用这些规则中的某一些。亚里士多德还进一步列数了每一种理性技艺所有的考察和推理所用的一切事物。他因此解释道,推理和研究中所用到的全部规则都已包括在他的这本书中。他还进一步阐明,使用教导和论证的每一种技艺中的每一种论据(不管它是哪一类论证,也不管论证的意图是在于教导,还是在于诡辩和妨碍教导),都会继续仅仅使用这些规则或其中的某一条规则。亚里士多德把这些规则写入一本希腊语名为 *Analytiká*[《分析篇》]、阿拉伯文则叫作 *al-Tahlīl bi-l-aks*[《通过谈话来分析》]的书中。

7 然后,亚里士多德阐明了什么科学才是一般性的科学:这种确然的科学是什么以及如何是;有多少类这样的科学;这些就是对事物实然所是的确定性、事物所以然的确定性,也是关乎每一种确然实存的存在物之本质的确定性;事物确定性之然和所以然的种类有多少,它们可以分做四种:(1)是什么的知识,(2—3)从什么而来的知识,(4)以什么为目的的知识。

亚里士多德阐明了应该如何表述每一种确然科学所寻求的问题,以及哪些质料和存在物包含了能满足这些给定状态和条件的问题和前提:它们就是组合成必然命题的质料——即,那些不可能不存在的命题和那些不可能存在的命题;确定性不可能内在于或

---

① "事物"(*ashyā*)或"质料"(matters)(*umūr*)。参见,"规则"(*qawānīn*)的用法,后,secs. 13, 14。

来自于可能的和存在的前提。他把假定事物的那些前提叫作教导原则(因为在这些原则的基础上,人们可以知道事物的实然状态,或者知其然以及其*所以然*),而事物的存在的根据就叫作存在原则。

亚里士多德阐明了哪种确然科学存在于哪种质料之中[必然命题和前提由之得以组合起来],因为并非每一种确定性都能存在于必然事物的偶然种类之中:任何不具有存在原则和原因的事物,都不可能获得所以然的那种确定性;在这种情况下,只能获得它存在着这种程度的确定性。每一类确定性也不可能存在于每一种存在物之中,因为在大多数存在物之中都不可能有每一种所以然程度的确定性,而只有某一些才具有每一种所以然程度的确定性。亚里士多德阐明了所有这些事物。

亚里士多德阐明了包含着质料和存在物——由之而存在着确定性(即,必然命题得以组合的那些质料)——的那种技艺是什么,亚里士多德还把它与那些仅仅包含着存在物——确定性由之而不可能——的技艺,区分开来。后面那些技艺仅仅探讨或使用可能命题和实存命题得以组合的那些质料。亚里士多德特别地赋予这种技艺以智慧之名,以区分于其他技艺。他坚持认为其他被称为"智慧"的技艺,仅仅是相对性的智慧,仅仅相对这种技艺而言:以这种技艺为榜样、并在知识和行动的穷尽性方面尽力效仿它的其他每一种技艺,与这种技艺比较而言,也称作"智慧",就好像一个之所以被赋予天使①或高尚人士的称号,是希望他能够在其行动中尽力效仿前面所言及的天使和高尚人士的行动。正如一个人因为他的行动和对待下属的态度与所说的高尚人士和天使相一致②,而后被赋予那种名称,被称为"智慧"的其余技艺,也仅仅是

---

① "天使"(*malak* F)或者"国王"(*malik*)。
② 文本的模式相当于 A:B:C:D。

类似地在这种技艺的类推、比拟以及类似意义之上来称呼它们,而且也是因为其余的技艺被认为拥有这种技艺事实上所拥有的某种能力。

8　随后亚里士多德解释了这种技艺有多少个部分,有多少种类,每一种是什么,每一种包含了哪类质料和存在物,特别属于它的问题有哪些,它的前提是什么,它的问题和第一前提应该是什么,以及对这种技艺的每一个问题或每一个种类应该进行哪一类的考察。因为每一种理论的技艺都由一些特别属于它的题材、特别属于它的问题以及特别属于它的第一前提所构成。亚里士多德阐明了这些与他称之为智慧的所有种类的理论技艺相关的事物。

9　然后亚里士多德论述了各种理论技艺相应的地位,它们有什么同异之处,它们中哪一个明显地占有优势,哪一个明显处于劣势,它们哪一个又从属于哪一个。亚里士多德研究了它们之中是否有一种比其余所有技艺都更居优先地位的技艺,因此就不会再有其他技艺明显优于它,并且其余技艺也就会从属于那一种技艺。亚里士多德解释了一种技艺在哪些方面可以从属于另一种技艺。他还解释说,明显看起来比其余技艺更优秀的技艺,应该最能担当智慧之名,最能担当科学之名。随之,它就被称作真正的智慧、真正的科学、智慧中的智慧、科学中的科学,以及诸如此类的名称。

10　而后亚里士多德论述了每一种技艺在发现每一个问题时是如何使用第一前提的。

11　接着亚里士多德阐明了理论论证的性质,它有多少种类,在每一种理论技艺中应该如何使用每一类理论论证,以及哪一类论证特别属于哪一类理论技艺;什么是教导,以及教导的性质,它有多少种类,由什么构成,它的哪一类特别属于哪一种理论技艺。

12　亚里士多德后来又阐明了,拥有这种能力和技艺的人应该是什么样子,他应该天生具有什么样的自然精神状态,以便有能力获得这种技艺,并发掘出这种能力以实现其功能,以及这种天生的精神状态有多少种;不具备这种自然状态的人,就不应该从事这种技艺;即使他从事了这一技艺,也无法发掘出这种能力来实现它的作用;如果情形如此,那么就应该用其他的教导方式,使他认识到属人的、自然的和自主的事物(这也是他曾经想依靠这种技艺来为自己做出解释的事物),而且也应当用其他某种知识来把这一点树立在他的灵魂中;而且总的来说,人都天生配备了不同的法门,以达到真理、认识真理,并依靠各种知识而把真理树立在灵魂中。结果,自然和天生地具备了他[亚里士多德]在这本书中所列举了那些状态的人,天然地就属于特权阶层①,而那些不具备这些状态的人,天然就属于庸众阶层。后者应该依靠其他的知识为方法,来了解确然科学得以可能的那些事物。

亚里士多德把所有这些都写进了一本他称为《第二分析篇》②(*Second Analytiká*)的书中。

13 在那以后,亚里士多德又解释了另一种技艺,人们由之训练自己去获得那种能力,即在任何理论技艺中都能迅速发现关于任何问题的所有可能的三段论,以使这些三段论就好像是那些在运用他在前一本书中所论述的科学规律方面训练有素的研究者所发现的一样;也就是经得起那些会接受与这些规律相一致的事物而拒绝不一致事物的研究者的检验。因为亚里士多德发现,对人而言,要找到一种证明方式,在他所涉及到的问题方面引导他达到确定性,或者说要让他的头脑立即转入对那种证明的探究和思考,可谓难乎其难。因此,这样的人需要一种训练的技艺和能力,以用作确定性技艺的工具和仆役或准备。亚里士多德在这里又解释说,能够被研究者在研究和反思时所使用的所有规则,有些是自己独自研究之所用,有些是与他人合作研究之所用。亚里士多德主

---

① [译按]即,属于天纵之才。
② [译按]即,《后分析篇》(*Analytica Posteriora*)。

要阐释了这种技艺,好让人们在与他人合作研究时,由之而有能力形成他迅速发现三段论的能力;因为,当他具备了这种技艺,这种技艺也就从本质上为他开发出了一种单枪匹马时所用的能力,并且让他极度小心,也更为机敏。因为当人们想象到,他在独自研究什么事物时,如果另外还有人大约在监管或考察着自己,那么他的头脑就会变得更机敏,而且他也更有可能小心翼翼。因此亚里士多德赋予人以这种能力,好让人在问题和答案方面和别人共用。亚里士多德把这种训练和研究的技艺,也就是训练自己并为接近科学作好准备的一种素养,叫作辩证的技艺。亚里士多德把它写进了他那本 Topiká、也就是《论题篇》(Topics) 的书中。

人们有了训练的技艺,就可以进行初步的考察;这是一种在提问与回答中使用的工具。因此在考察过程中,一个人并没有获得保证以确保他不会在问题的真相面前出现错误,或者不会偏离真相走向其他的方向。尽管训练考察并不会立刻发现真相,但是人们可以通过它走向真相的路途;并且如果我们把它与超越训练的技艺所达到的论证相比较,那么在这一阶段中一个人可能会出现更多的错误。而在使用论证的时候,一个人不会出现错误,或者几乎从不出现错误。另一方面,只要他使用训练的技艺,我们就不能够保证他不出现错误,这是因为他在进行考察研究时所使用的仅仅是一些未经确定性的方法证实的规则与方法。更近一步而言,这一技艺仅仅是人们在某些辩论中提问与回答时所使用的一种工具,并且它的目的既不是教学也不是研究,而只是一种训练,辩论者们用此来展示他们抵御那些削弱或者误导他们的事物的能力,因此在这一实践活动中人们极可能会出现错误。

故此除了这一种训练的技艺之外,亚里士多德还需要给出另一种技艺[也就是,诡辩术],以使得人们明确在他们进行考察研究时所有那些使得他们偏离真相道路的事物;他还需要说明在真相道路上成为障碍物的以及导致人们以为自己已经在真相道路之上但实际上却已经偏离了真相道路的论证的所有类别。他明确地阐述了这一技艺,因此它的论证可以由他提出而不是被考察者提出。因此,当他阐述训练技艺以便它的论证可以同时为考察者以及他的对话者提出的同时,他也明确地阐述了它——考察者使用这一技艺以抵御错误以及任何阻碍通往真相之途的并导致他偏离真相的道路的事物——故此这一论证能够由对话者展示给考察者。作为考察者自身而言,他不能够将这一种技艺的论证展示给他的对话者;所以亚里士多德给予了另一种能力与技艺[也就是,验证的技艺]①,考察者通过它使自己免受诡辩论证的妨害。因此亚里士多德仿佛给予了考察者两种技艺。其中一种技艺的论证由对话者给出,它将考察者在通过训练的技艺寻求真相的路途中引入歧途。第二种技艺为考察者使用,用以拒斥由对话者给出的论证——其目的不是使他的对话者辨明真相或使其参与到使用训练技艺的考察中,而是为了拒斥那些妨害他使用训练技艺(无论是自己还是与别人一起使用)的事物以及能够无阻碍地进行训练。他称这一导向错误的技艺——使用他提供给考察者的技艺,对话者或许会用此来反对他以之来阻止他使用训练技艺的论证——为诡辩术。至于检视对话者给出的每一种事物的技艺[也就是,验证的技艺],他将之作为训练技艺与诡辩技艺之间的联结技艺。不过作为一种技艺,鉴于它的首要目的,它在人们的考察当中是无用的,无论是单独还是与其他人一起使用。它的功用既不是为了驳倒智术师,也不是说服他们。它毋宁是一种抵制他并阻止他在研究者或观众面前兜售自己的想法,这样才有望在某个论辩者成功的推论中获得一些益处,或者阻止他在法官(无论是一人还是一群人)面前信口雌黄。因此,回应智术师的那个人,有时只需要用那些在旁观者和大众眼中足以阻止的东西来回答他就够了,而

---

① 亚里士多德《论题篇》(*Topics*) Ⅷ. 5,《辩谬篇》(*De Sophisticis Elenchis*)章 11,34。

且要以在场的民众和法官能够理解的东西来回答。为了实现这一行动,他需要要么真正地阻止以及使智术师保持沉默,要么至少在旁观者和评判员的心目中阻止他。总之,这是一种训练技艺范围之外的并且区别于其他论证技艺的技艺。

诡辩技艺有六种①目标:(1)驳斥,(2)困惑②,(3)争议以及恭维的实施,(4)导向言语与辩论中的语法错误③,(5)导向言语与辩论中的含混,(6)缄默,这是为了防止在别人说话的同时另一个人也有所言说,——尽管被反驳的某人可以说话——智者可以通过使之处在某种条件中或者因为他自愿保持沉默。(1)驳斥是使某人处于与之所坚持论点的相反,并通过某些事物篡改他原来的观点。而这些事物与那些事物相同——即当一个人使用那些事物时,就会将他引入歧途,并使之偏离真相然后趋向与之相矛盾的论点,最终导致他拒斥真相并认同与之相矛盾的论点。(2)困惑是什么呢?所谓困惑就是一个人在两种相矛盾的信念之间摇摆不定。这是因为智术师从其中之一的信念中把某事物展示给他,同时又从另一个信念中提取出某物放在他的面前。然后,当他对一事物提出:"是如此,还是不是如此?"时,无论他做如何回答,驳斥都会随之发生。这就是困惑的方法。由此,驳斥一个人是完全将他从两种相矛盾的信念之一转到另一个,而困惑则是将他的思想

---

① 参见亚里士多德《辩谬篇》章3;前, sec. 4 (71: 14)。在他的《辩谬篇》释义中,阿尔法拉比将谬误分为具有"推论"或者"三段论"(*qiyās*)形式的谬误以及不具有"推论"或者"三段论"形式的谬误。后者是"人的状态, 资质以及特性的状态使得人远离真相进入谬误:比如对某观点的爱与憎……它们非常适合在《修辞学》(*Rhetoric*)以及《论诗术》(*Poetics*)中讨论"。这就是"缄默"所属的类别。参见, 亚里士多德《辩谬篇》章5, 167b8ff., 15.174b19ff。
② 亚里士多德《辩谬篇》章12, 172b10-28("谬误")。
③ 在这一部分中关于其他词项的数目,阿尔法拉比并没有使用阿拉伯语版本《辩谬篇》中所使用的阿拉伯语词项。词项"恭维"(flattery)即 *dahn*,意思是"削弱"("观点的削弱"相当于阿拉伯语译文的"悖论")。"恭维"以及"削弱"在亚里士多德的描述中皆暗指诱使某人进入似非而是的论点。《辩谬篇》章12, 172b36ff。

从第一种转移到第二种,再从第二种转移到第一种,然后又从第一种转移到第二种:然后从两种相矛盾的信念中得出的论断就具有同样的效力,这时候,困惑就会随之产生。(3)至于混淆以及争论,它使得一个人拒斥某些对它们自明的方面产生明显地怀疑的事物,因此,他会放弃在教育与研究中所获得的所有原则,考虑到事物的有效性已被感性知觉证明,他甚至开始怀疑感性知觉,怀疑那些被普遍接受的事物,怀疑由归纳得出的有效的事物。这就是诡辩技艺的功能之一。它的目的是妨害考察以及妨害通过考察对事物的领悟。这三种做法会影响到灵魂;它们是非常糟糕的做法;并且它们只能够由这种诡辩技艺产生。以上三种做法,它们只是语言上的混乱,而不是思想上的,前三种则是思想上的混乱。(4)当一个人在论辩中出现语法错误的时候,他要么是完全自然地或者经常地出现语法错误,要么就是在辩论中所使用的种族的语言妨害到他以致使他在使用此种种族语言时出现了语法错误。同样地,语法错误出现在:(a)某些事物很难充分地解释清楚,然后,当这些事物组合起来的时候,就会导致有人认为表述组合命题的内容是荒谬不合理的。这种情况可以出现在所有的语言当中。或者(b)它可能出现在某一特定民族的语言中。因此当一个人认为一个被普遍接受的以及非常一般的表述是非常荒谬的时候,那么他就会完全地陷入到语法错误的状态。但是如果谬误是由某一特定语言中的组合导致的,而两个搭档在辩论中却又使用这一语言,那么语法错误就与这一特定语言有关联。(5)含混与之相似。所谓语法错误就是不能够采取适当的方式解释事物。涵义的谬误来自于表述的不合理。含混是指表述超出了涵义,它的谬误来自使用一种事物解释另一种事物时的过载。除非我们采取惯常使用的明显或者潜在的重复,否则很多思想很难解释清楚,但是这样以来就会导致人们可能会认为这是一种涵义上的重复,随后在涵义的重复中,谬误随之产生。由此只有在这一种表述中或者通过这样一种表述,智者才能够使得一个人陷入到含混中。(6)谈及沉默,这是诡辩论中最为冷酷无情的目的。它所造成的后果不仅仅是恐惧、羞愧或者其他的情感。在这里亚里士多德描述了智术师为达到他的目的所使用的论证的所有部分中的每一种做法。

14 接着亚里士多德叙述了一系列的规则,以使人们能够遵守它们,在其中训练自己,并在阻碍他实现他的行动的每一种做法中与智者展开斗争。

所有这些都可以在他所著述的被其称之为 Sophistiká[《辩谬篇》]的书中找到。它的目的是使训练的技艺更加安全可靠,并防止为真相所做的准备被不怀好意地驱散。事实上,这种诡辩技艺是与辩证的技艺——也就是,训练技艺——相矛盾的,并且它妨害了人们实现它的目的,即通往真相与确定性之途。在这一路途当中,亚里士多德在书中所展示的这一技艺对于真相而言是非常有用的。它守护着真相的工具与仆佣,而辩证技艺则正是确然科学的工具与仆佣。

这些就是亚里士多德为讨论确然的科学而提出的方法,他叙述了通往它的路径,同时也解释了妨害它的事物。

二

15 当他获得了这一确然的科学之后,他随之叙述了人们所拥有的教授那些没有使用过逻辑科学或者那些学习确然的科学的人们的能力与技艺。他们可以分为两组:第一组天生地就不具有这些精神状态[在《后分析篇》中有提及]①;而另一组则天生具有这些精神状态,但是它们已经堕落了,同时由于人们在运用它们的时候习惯于并且专注于其他的功用,因此它的真正的功用则被这

---

① 为假。[译按]具有此精神状态者为真,即真智慧,而不具有者则为假。

些功用所妨害。对于亚里士多德而言,他确切地知道真正的目的以及人们所达到的目的——也就是说,他天生就是为真相而存在的——因此他应当努力争取一种人类的目的。但是他同时也认为无论何时,其他的辛劳,以及它们的辛劳都应该直接导向他们的所能知。因此他并没有局限于只是叙述如何教导一个人怎样获得存在的确定性,他同时也叙述了在这些相同的存在中教授其他事物的技艺与能力。

因此他叙述了一个人能够在如下事物当中说服大众的技艺[也就是修辞的技艺]:(1)所有理论性的事物以及(2)那些人们习惯性地将自己限制在基于当人们从事公共事务的时候从人的活动中得出的特殊事例的说服性论证中的实践性事物——也就是,通过它们联合起来的活动以得出人之受造这一目的。①

16 随后,他论述了另一种技艺[也就是诗学的技艺],以便人们在使用修辞技艺中的某种论证时能够明晰地描述事物的映像,并且通过对它们的比拟来模拟它们,同时通过人们在言语中惯常使用的映像以及模拟物来描述并模拟所有其他的事物。通过比拟得到的映像生成物以及模拟物是一种教授人们大量复杂的修辞性事物的方法,因此通过对它们的比拟就可以在他们的灵魂中产生这些事物的印象。人们并没有必要构想与理解这些事物本来的样子。如果他们能够通过它的对应物理解它们,那么这也就足够了。在本质上按照它们原来的样子来理解它们是非常困难的,除非他自愿献身给修辞科学。②

同时,他也没有忽略任何经过他的努力可能达到知识的终点的事物,或者他所追求的知识以及努力的首要目标,也就是完美性,或者对于人们所属的任何等级而言,那些使得教授过程变得更

---

① 亚里士多德《修辞学》,参见阿尔法拉比,《逻辑》,fols. 112rff.。
② 同上,r-23r.。

加简单的任何事物；他完完全全地讨论到了它们。他在他所提及的所有情形当中训练他自己，他自己也使用那些他给予人们的技艺，要么在教授以及指导时，要么在反对以及拒斥任何反对真相的工具的人时。他称这一来自这些技艺的技能为逻辑技能。

三

17 当他考察完毕上述情形之后，他又把注意力集中到自然科学之上。他再次转向他在《范畴篇》(Categories)中所列举的关于存在的事例。他将它们提取出来，并且假设它们通过某种方式得到了感性知觉的证明：通过某种方式，也就是指，通过我们假设这些范畴就是当我们使用其中的某些范畴来阐释其他的范畴，来寻求其他的范畴，以及理解其他范畴的时候——不论人们是自己在做这种事情，或者在与其他人辩论的时候。但是这并不意味着我们天生就能够以这种方式行事。不，他从一开始就假设自然存在物[也就是，主体]就是自然，本质则由自然构成；范畴是我们通过感官理解以及知觉到的它们的标志。这些就是我们已经指派给自然存在物的逻辑状态。但是自然存在物所拥有的远不止这些状态——也就是存在于逻辑中的状态。对于包含在逻辑中的状态而言，这并不是假设它们是从这些状态中抽象出来的自然，并且这些是它们的首要标志，而是它们本来就是如此，并且这些状态是它们——它们也是逻辑的状态——的两部分之一。

现在，感性知觉证明了自然物的多样性。感性知觉可以通过两种方式知觉这种多样性。首先，感性知觉能够知觉到自然物的多样性，这是因为[相同的事物]被分散到了不同的位置；其中之一与另一些的区别在于它们所处位置的不同。这是多样性的第一种类型；它更易于被我们理解。其次，通过对单一对象的感性知觉，我们也可以理解到自然物的多样性，这种情况出现在：(a)当一种特殊的感觉器官感知到(1)事物的多样性不是相反的(比如我们触摸一个身体,我们就会感觉到它是热的,硬的以及粗糙的),或者(2)事物的多样性是相反的(比如一个身体是既热又凉,既硬又软,既粗糙又光滑,推而类之其他感性知觉到的对象);(b)当调动多个感觉器官领会事物的多样性的时候(比如所给予的对象既热又白——其中一个为触觉所理解而另一个则是视觉所领会,推而类之其他感官)。

18 接下来他解释了独立地感知每一种可感知的事物以及它们相区别的标志究竟需要多少知识。更进一步而言,感性知觉证明并理解到它们所有的或者绝大部分的改变与转移是从一个地方到另一个地方,从一种状态转换到另一种状态:一个事物由白变黑,许多相反的情形连续不断地出现在它身上,不过在此连续不断的过程中,它仍然是一个事物,持续地,恒定地,保有着这些连续不断的状态,并作为它们的存在对象。他称存在于连续不断变化的状态之上的以及在这一过程中恒定的主体为物质,那些变动不居的,连续不断的状态为属性。这些就是为感性知觉所理解的、并被其证明的自然物。

提及为我们所揭示的自然存在物的范畴,如果某些范畴告知我们关于其他范畴的信息,以及如果它们当中的某些被用来了解或寻求关于其他范畴的信息时,那么情况将会如下:当其他范畴告知我们它的数量是多少,它的状态怎样或者与可感知事物是什么不相干的其他情况时,这些范畴之一只能够告知我们这一事物是什么,除此之外它不能够提供给我们任何其他的信息。

另外,这些自然存在的可感知性也可以让我们发现由于它们的位置的多样性因此这些存在可以有很多;然而只有将这些可感知性类推到自然存在物的可感知方面的时候,我们才能够得到由可感知性提供的这种关于自然存在物的多样性的知识。但是对于我们而言,当我们假设这些可感知性存在于我们自身当中这一特性时,那么我们就会发现其实我们只是依照我们所理解的多样性来构想自然存在物的多样性。因此能被我们感知为一种事物的也可以被我们——在可以理解的范围内——构想为许多,然后由于它们的位置的多样性,依照我们的理解被我们构想出的多样性就与可感知事物的多样性相似。由此同一个事物就可以被我们断定为一个主体,多种属性以及多个谓项;在那个事物(那一主体)之外的所有的属性则可以都被断定为存在,因此我们可以说:"这一给定的事物——即扎伊德——是一个动物,是白色的,是高的";故此我们就可以通过不同的方式来理解他。

然而,一旦我们所区分的所有这些明晰的谓项的所指其实是同一个事物,那么我们只有通过我们所理解的那些作为"性质"的事物来辨别它。然后,如果这一被我们断定为"性质"的事物,标明了(就它是什么而言)它的数量是多少,它的状态怎样,以及除了它是什么之外的其他状态,那么我们就可以断定这一事物——这一明晰的本质——在确定它是什么的时候是一种"物质",而在给出它是什么之外的其他描述的时候,则是一种"属性"。并且如果一个给定的事物是可感知的,它具有许多可感知性,那么在其中存在一种可感知性能够使我们理解可感事物是什么,而不需要我们理解其他任何事物(无论它的数量是多少,它的状态怎样,以及除了它是什么之外的其他状态),那么我们就可以断定它为非限定性的"物质"——而不是限定性的物质,也就是说,一种事物是物质,而属性则存在于另一事物中。然后,任何一种明晰的自然如果如同上述所言,那么我们就可以称它为非限定性的"物质"。很明显,属性与非限定性的"物质"相关联;而其他与我们所称谓的"物质"相关联的事物,鉴于它与这种物质的相似性,我们也称它为"物质":也就是说,它标明了这个事物是什么。然后物质就视为非限定性的物质;而其他的事物,他统称之为物质的属性。(这种区分是一种逻辑在先的区分:也就是说,物质中存在属性,对于属性而言,有些属性是物质的本质属性,而有些则是偶然的,对于本质属性而言,有些是第一性的,有些则是第二性的。)这一物质并没有与属性发生分离,无论是在感性知觉中,还是在理性认识时。明智的人会将之从它的属性中分离出来,将属性从其他事物中分离出来,这并不是因为它们是如何,而只是因为这样做可以独立地知觉到物质。然后,这也就被感性知觉所证明了,并且也在我们人类在使用这些事物的方式中证明了。

亚里士多德在我们所拥有的基本知识的基础之上假设这些事物。因此,这些事物的存在并不是由于人的意志,他把它们假定为自然存在物。他解释说这一物质的每一类别的存在并不是由于人们寻求"何所是①"[更确切地说,它的定义的一种体现或形式]②的意志,而是由于具体的物质被赋予了物质性以及它的使之与其他类别区分开来的本质。他称它们中每一类别的何所是,鉴于它是一种物质,为它的性质③。他解释说所有这些类别都是由它的性质构成的。(很明显,所有类别的何所是就是类别所执行的从它当中产生的功能;它同时也是存在于它当中的所有本质属性的产生原因——运动,数量,质量,位置,以及其他属性——比如说,墙的何所是在于它是支撑了房顶的事物,并且它允诺了墙的属性,就如同墙自身允诺了它。)他称物质的类别,在这一特殊意义上通

---

① [译按]即 whatness,也就是拉丁语中的 quidditas(什么性)。
② 亚里士多德《物理学》(*Physics*),ⅱ,1. 193a30—31,《形而上学》Ⅴ.8. 1017b25。"何所是"或者"本质"(quiddity,*māhiyyah*)来源于特征量词 *mā* 以及代词 *huw*("它[或者这]是什么"),标明特殊物质的种差,它的类型或形式(*eidos* 或者 *morphē*)。他经常同义地使用"形式"(*sūrah*,参见,后,secs.22 [93:2], 25 [94:12—14])以及"本质"(*dhāt*,参见,后,sec. 54n.2)。
③ [译按]在亚里士多德的著作中,"性质"与"自然"是通用的,即 nature,后同,故此后面出现 nature 的地方一律用自然,而不再做自然与性质的强制区分,而出现"性质"的地方则专指性质,即 property。"一件事物的'自然'('性质')就是它的目的,它就是为了这个目的而存在的。"——引自罗素《西方哲学史》(上卷),商务印书馆,1963 年版,页 264。

过"自然"得出的所有的构成物，为自然物质，存在于它们中的本质属性为自然属性。他考察它们的目的并不只是通过感性知觉寻求对于它们的理解，或者标明他拥有关于它们的明晰性的天赋理解力；他把它们作为第一前提以考察他在逻辑中所提到的它们的自然，紧接着他开始了他的方法。

四

19 当他决定开始着手这一考察的时候，他首先建立了与感性知觉中的这些事物的表象以及与我们所理解的事物在实际应用时相矛盾的命题。这些命题无论是做改变还是与其他相区别都会引起疑惑。它们断定在存在以及在它们是的范围之内，存在物中的差异与变化是不可能的，差异与改变只是由于事物并非存在。因此只是由于后者的非存在，什么不是事物现在就成为这一事物不是什么。然后，在这些可感知的特殊事物中，特殊的非存在由于特殊的存在从而区别于其他的非存在。因此如果我们假设它们是非限定的，那么存在于一个存在与另一个存在之间的差异就是由非存在造成的；但是这种情况是不存在的，然后不存在的就不是事物。因此人们所相信的差异就是不存在的，这是由于非存在以及它不是什么，以及不是什么的就不是存在。由此，差异与变化是不存在的。由于差异造成增加，那么增加也不可能存在于存在中。因此，存在是一。不过仍然有某些问题妨碍了我们认知的进程：同一事物包含有多种性质，除了其他性质指称同一个事物之外，它们当中的每一种性质都可以指称不同的事物；如此多的表述所指称的事物最后成为一个事物；事实上它们既不存在于言辞中也不存在于话语中。正是这一假设导致了被感性知觉证明的事物与我们使用这些可感知事物的可感知性时所发现的事物的相矛盾的命题。

他首先驳斥了那些命题。他解释说它们是一些错误的见解，它们不能够消除任何其他的前提。他驳倒了相矛盾的命题并不意味着后者就会变得有效。它的有效是由于感性知觉以及人们理性认识到的事物。

20 然后他开始考察它们。他发现所有他称之为物质的事物在各个方位上都具有延展性，即长度，宽度，以及厚度。鉴于它们在各个方位上所具有的延展性质，他有时候称它们为实体，有时为实体性物质。而后，自然存在物就成为实体与属性，以及实体性物质（或者假设具有实体形式的物质）与存在于其中的属性。

这就是自然科学的主题。他建立关于这些事物的明显有效的前提，并首先使用辩证的方法考察它们直到这一方法不能够走得更远。然后，他使用科学规则再次详细地审查它们。那些满足导向确定性的前提的需求的事物，他将之作为证据。那些不能满足前提的需求的，他保持它们的原样，并把它们记录在他的书中作为原材料提供给后人，以便在对确然的科学的寻求过程中，他们也会考察那些他已经考察研究过的材料，考察的方法，以及他所使用的辩证法。以上这些就是他对自然科学的探究。对于探究的所有方法，他将它们合并为两种途径——辩证科学以及确然的科学——直到他最终确切地得到他意图知道的所有的事物。

他首先使用这一种方法：他在这一科学中给出一系列的普遍假设，也就是关于自然存在物的最为一般的假设，这些假设是涵盖所有自然存在物的全称命题，前提，以及规则。（在所有的后继事物中，他使用了教导原则。）它们不是自明的第一前提，而是从一开始就不为我们所知的全称命题：它们通过由第一自明前提构成的论证变为显明。在考察它们的过程中他还使用了辩证法；当得到关于它们的知识之后，它们就被提取出来，并作为一种条件用在随后被考察的所有自然事物的解释中。

这些假说的第一部分是关于所有实体性物质的存在原则的全

称规则:它们是什么,它们是为什么。他首先解释说它们各有两条原则:潜在地具有的原则,称之为质料,现实地具有的原则,他称之为形式。

21 然后他继续解释说,潜在地具有的原则[也就是,质料]在使得潜在成为现实的过程中是非有效的,但是还必须必然地存在第三种原则才能够使得它由潜在转为现实。他称这一原则为动因原则。

22 随后,他解释说任何事物的运动与变化都必然地有一个终点与明确的目的;所有的实体性物质,要么有一个目的与终点,要么是依附于有一个目的与终点的事物的伴随物。因此对他而言非常明显地是实体性物质具有所有的原则;它们的存在的原则有四,既不多而少;这四种就是质料,何所是[也就是,形式]①,动力,目的。

23 而后,他又阐述了什么是自然,以及依据所有论述自然的人,它是什么。首先,他依据古代物理学家所论述的关于自然的构成的大多数普遍陈述阐述了它的何所是;依据他们自己所论述的这些原则而言,自然是什么;人们是如何概括自然的含义的;被称之为自然的原则的等级是什么;我们所谓的自然物的含义是什么;在何种方式上这些所谓的事物的存在的原则是自然原则;我们所说的依据自然的含义是什么;通过自然的含义是什么,什么是不依据自然;综合自然理论[的含义是什么];通过何种途径这些存在的自然理论与非自然的理论相区别;与其他(明显在先者以及明显居后者)相关的四种原则的等级的规则;在他所考察研究的存在中,它们当中的哪一个是更为重要的,更加明确地从属于自然物。以上这些就是第一假设以及第一规则。

24 接着他叙述了关于实体性物质自身的一系列规则与假

---

① 参见,亚里士多德《物理学》,ii.3.194b26,195a20。

设。他首先考察了在广延范围内实体是什么,什么是广延,实体借由何物达到广延,这种广延的原因是什么;它是广延部分以及它们的位置的接近之间的间隔,还是其他别的事物;总而言之,广延是什么,它是怎样的,它来自何物。

25 他继续考察了自然实体性物质。是不是存在这样一回事,物质就意味着各个方向的广延?是不是它是一种实体并且是广延的,就意味着它就是一种具有所有属性的物质(一种主体)?还是这样一回事,它是一种实体并且是广延的,那么它就是被生成物质的类别的质料,并且当它保持不变时,它就是存在于形式与属性中的质料?还是这样一回事,它是广延的就意味着它是一种质料性物质,它的广延性来自它本身就具有长度,宽度以及厚度?他解释说物质与广延物不同:在物质的范围内,广延性并不表述它的本质。我们所谓的广延性指称的是与我们言语所谓的与它是白的相似的一种理念。我们所说的物质是非限定性的物质既不意味着它是广延的,也不意味着它具有长度,宽度以及厚度,而是它表明了物质的其他性质。广延物的理念与广延性的理念并不意味着实体性物质的质料或者是形式(事实上,实体性物质中的质料是非实体,形式也与之相似)。在各个方向上的广延性存在于两种事物的组合中:这种广延性存在于某事物的组合中,并且这一事物是依附于后者的形式的,因此由于形式,物质才是完美的,才能起作用。自然物质的质料并不能与它的形式分离(因此,物质不是由广延性构成的)。广延性——长度,宽度以及深度——是最具优先性的属性;这种属性是在自身中产生的,而后变化,增加,减少,这就如同存在于自然物质中的其他属性。

26 他又考察了是否存在一种可以无限地广延的自然物质。他解释说不存在任何一种自然实体性物质可以无限地广延。所有的自然实体性物质所具有的只是有限的大小与广延性。由于除了论述自然事物的人所相信的无限大的含义之外它还具有一种含义以及一种模式,他解释说在自然物质中的有限又具有无限大。他概述了这种含义,它是怎样的以及它存在于何处。

27 接着他考察了运动是什么,它的本质以及它的何所是。由于运动具有何所是意味着它的定义以及它有类别;由于它是从一物到另一物,并且在时间中经过一段距离;由于它是存在于实体性物质中的一种属性;并且由于它的存在来自推动者——因此他必须考察它们当中的所有情况:以此来概述它是什么,它为什么,它是怎样的,而后找出关于它的最终的结论。由于所有这些事物造成多种运动结果,运动造成关于所有这些事物的结果,并且运动造成关于运动实体的结果,他开始考察所有这些事物给运动带来什么样的结果,同时运动又给所有这些事物带来什么样的结果。

因此,他考察了什么是位置。他概括了与它的何所是相关的位置的伴随物。他考察了是实体需要位置以作为实体而存在,还是实体需要位置来理解它的其中一种属性。

他考察了对于运动而言是否运动事物的存在需要虚空。他解释说运动的事物或者运动的存在并不需要虚空;一般而言,自然事物的存在并不需要虚空作为它的性质或者属性。

28 接着他解释了虚空不能以任何方式存在。

29 然后他阐释了什么是时间,并且所有的一切都是时间自身的伴随物,运动的伴随物,以及自然存在的伴随物,究竟是自然存在物或者运动的存在,是在时间中的存在,还是时间是不需要依附于任何存在的存在的必然属性。

他阐释了造成运动的所有事物的所有结论以及运动造成事物的所有结论的假设与规则。

30 然后,他——在其他事物中——考察了运动的何所是如何使得连续的、周期性的运动成为无限运动。

31 接着他论述了来自它们的运动以及它们的推动原则的实体的原理。呈现在我们面前的运动实体由与之相邻的并且相关联的另一些实体推动,而另一些实体则由与之相邻的并且相关联的其他实体推动,而后者又是由与之相邻的并且相关联的另外实体推动的;推动其他事物的实体与被推动者是相邻的或者是有联系的,并且它们连续不间断;而且这一连续在数目上是无限的。

他首先论述了自然实体推动另一个实体运动的模式与方式:最后的实体,也就是最后推动运动物体的实体,也必须是运动的,并且只是单独的局部运动(这种局部运动不是直线的而是圆周的,所经过的路径是所有运动的自然实体的圆周);我们不能够想象可以超越这一实体由其他事物来推动它。他首先解释了并不存在一个无限的实体。然后我们从中得出有一个有限实体能够推动所有的自然实体运动,并且这一实体所包含的最外延的实体围绕着其他实体做圆周运动。

32 接着他考察了这一实体——做圆周运动的实体——是否具有一个推动者。他解释说它有一个推动者。

33 最后他考察了就其本质而言使得实体做圆周运动的原则是否就是实体本身,还是它们是一些非实体性的本质,也就是说,它们存在于质料以及实体中。

五

34 他越是深入地考察,越是发现在限制的范围内赋予实体以圆周运动的某种存在既不是自然或者自然物,也不是实体或者存在于实体中的事物,也不可能是质料;由此他需要借助于另一种考察以及理论,并且这种考察与理论与自然考察与理论完全不同。

以上所论述的就是在他称之为《物理学》(Lectures on Physics)的书中所叙述的自然科学原理。

35　在另一本书中,他接着《物理学》开始继续讨论。必然地存在一个实体做圆周运动,在它的圆周上环绕着所有其他的实体,在这些实体之间不存在虚空;同时存在于实体内部的是连续不间断的与实体有关联的其他实体,在它们的间隔中也不存在虚空。他称这种容纳所有的连续不间断的有关联的实体的事物为世界。他首先考察了世界究竟是同质的,还是异质的。

36　接着他考察了存在于世界中的实体中是否存在某些实体构成世界的第一性实体——由此它们就是世界的首要部分,因此如果它们其中之一不存在了,那么世界就会消失或者就是有缺陷的,并且不再是一个完整的世界。他解释说存在一部分实体是构成世界的第一性实体,并且它们单独作为世界的首要部分存在。

六

37　当他已经明晰地考察了上述情况之后,他开始讨论这些第一实体以及后于它们的其他实体。首先,他考察了在实体中有多少是从一开始就构成世界的第一实体。由于在这些实体中存在一个围绕着其他实体做圆周运动的实体,那么首先就必然有两种位置:中心位置,另一种则环绕着中心位置。因此做最简单的局部运动的实体有三:在中心运动的实体,趋向中心运动的实体,脱离中心运动的实体;这三种实体属于不同的类别,并且是相联系的,在它们中间不存在虚空。

38　接着他考察了这三种运动,并且考察了脱离中心的运动究竟是只有一类还是不止一类。很明显它由三类构成。他分别考察了每一种类别,每种等级的性质,以及存在于每一运动中的所有的本质属性。同时他分别叙述了它们的何所是,来源以及目的。他解释说它们都是单一实体。他继续解释说构成世界的有五种第一单一实体。他阐述了它们在世界中的等级以及位置,以及每一种等级以及位置与其他等级以及位置之间的关系。他阐述说每一部分都是由部分构成的,并且次一部分也存在等级:它们其中之一是最外延的做圆周运动的实体;其他四种具有相同的质料,但是形式不同;第五种与其他四种在质料与形式上都不相同,它是这四种存在的原因,是它们构造的原因,是它们的存在之连续性的原因,是它们的位置的原因,以及它们的等级的原因;这四种是来自低于最外延实体的所有其他实体的元素,这些元素相互生成,而不是由比它更为简单的实体或者其他任何实体中生成。

所有前面所论述的都可以在他所著述的被他称之为《论天与世界》(On the Heaven and the World)的书中找到。

39 随后,在另一本书中,他接着《论天与世界》继续开始讨论。这四种[单一实体]是元素,它们相互生成,它们相互生成是因为它们就是第一自然物质;它们的质料在类别上是一,它们的次序连续,每一元素的质料与后一种元素的质料是相同的。由于它们是元素只是由于它们是相互生成的;由于其余的被生成实体产生自它们;由于它们是相互生成的,是因为在它们之中存在着原则与动力,并且其他被生成实体成为存在;由于一般[有人]①会这样认为,生成与消灭是变化。生成是增加而消灭则是减少;当什么是生成变得明晰的时候,我们就会必然地得出,在一个事物中,部分是相互生成的,一个部分施与同时另一个部分也施与它;我们也会必然地得出,在一个事物当中,部分是相互作用的,并且它们是相互关联的;并且由于事物由这些元素生成,那么也就是说可以由这四部分元素的联合生成,也可以由它们当中的某些元素混合生成,以及将它们融合生成事物——因此,他需要首先考察生成与消灭

---

① 比如,恩培多克勒(Empedocles),阿那克萨戈拉(Anaxagoras),以及留基波(Leucippus);参见,亚里士多德《论生成和消灭》(De Genratione et Corruptione), ⅰ.1-2。

是什么,它们以何种方式起作用,以及它们在何处起作用,他还需要确定生成与毁灭是相联系的还是分离的。他叙述了什么是变化,它区别于生成与消灭。

40 接着他开始了关于增加与减少的考察。他对它们做了全面彻底的考察并说明了它和生成与消灭是不同的。

41 而后他又考察了相互作用的实体之间的关系。他同时也考察了相互作用的实体。

42 然后他接着考察了什么是作用,什么是影响(也就是,被作用),并说明了它们是在可感知性中起作用的,他解释了它们以何种方式起作用。

43 接着他考察了使得从元素中生成的所有实体成为存在的联合,混合以及融合。

七

44 当他穷尽了上述所有情况之后,他开始考察四种实体①通过何种方式成为元素,它们在何种意义上被称作"元素":是因为在它们当中的原则与动力使得它们成为元素,还是由于它们的自然使得它们成为元素,或者是由于除了它们的自然之外还有自然动力使得它们成为元素。它们是首要元素还是它们领有先于它们的其他元素。使得它们成为元素的动力是否同时使得它们具有无限性或者是有限性。这种是否它们是无限的考察与前面的考察是有区别的。在前面书中考察的是它们每一种是否在大小上是无限的,以及构成世界的第一实体在数量上是否是无限的②。在这里他所考察的,换言之,也就是它们作为元素这种模式是否是无限

---

① 即,火,气,水,以及土。亚里士多德《论生成和消灭》,ⅱ.3.330b2-4;后,sec.59。
② 前揭,secs.36ff.;亚里士多德《论天》(De Caelo),ⅲ.7.305b20ff。

的,以及使得它们成为元素的动力①是否是无限的。以水为例,它是四种实体之一。[如果它是无限制的,]那么鉴于它是一种单一的元素,它就具有一种动力(由此水就是这种动力的单一元素),同时鉴于它是多种元素,那么它又具有另一种动力。相似地,鉴于水具有无限数目的元素,那么它就可以具有一种动力。这种情况又有两种形式:要么它分散入具有无限数目的水滴中,要么鉴于每一滴水是一种单独的元素,因此在每一滴水中都有无限数目的动力。他解释说关于以上所述所有这些都是不可能的;它们不可能超过四种;并且由于它们的动力,元素在数目上也是有限的。他考察了这些动力究竟有多少,直到他找到了它们的确切数目。他阐明了元素之间相互作用的动力:事物生成的第一步是它施作用于某些可感知性,然后在物质中产生一种变化;但是正如前面所已经明了的,鉴于四种实体已经成为元素,事物也必须作用于性质。

45　接着他考察了是否它们每一种都是从另一种当中生成的,还是其中三者是从另一种当中生成的。

46　随之他考察了它们的相互生成:它们是如何生成的,生成的模式什么。

47　然后他继续考察了其他实体从它们中的生成:它们是如何生成的,它们是怎样联合到一起的,依据何种联合的类型,它们联合在一起,因此从它们的联合中其他被生成的实体才能够成为存在物。

八

48　当他考察完毕前述内容之后,他继续考察了对于它们自

---

① 即,不同的基本性质(热,冷,干,湿)联结起来以构成"简单"实体。亚里士多德《论生成和消灭》,ii.1-3;后,sec.54 (104: 1-2)。

身的相互生成以及其他实体从它们当中生成而言——鉴于元素之间是相互作用的——动力与原则是否是充分的。是不是它们在世界的首要区域中所占据的并且相互之间存在关系的位置能够充分地使得它们联合在一起,因此其余的实体才能够成为存在? 还是由于它们需要一个外部的动因给予它们其他的动力,并使得它们相互接近然后联合在一起,并提供给它们原则以便它们能够生成除它们之外的事物? 他解释说,它们是不充分的,同时在它们的物质中或者在它们的任何状态中不存在除它们之外的其他动因。

49 然后在这点上他考察了提供给元素以动力使得它们相互作用,并且将它们紧密地结合在一起,因此它们才能够联合在一起的动因原则。他解释说它们的动因原则是天体;他阐明了它们是如何作为动因的,它们有多少种。

50 随后他考察了是什么区分开一般地构成生成实体与消灭实体的质料,并指出它们是元素独有的质料。

51 接着他考察了使得所有的事物在相互作用中成为存在的自然。

52 随之他继续考察了经过生成与消灭的这些类别的终点与目的,它们的存在相互生成的原因,为什么它们当中的那些事物循环往复地为前面的事物生成,为什么被生成的事物是连续的。他分析了这些类别拒斥在生成以及消灭中存在其他类别的目的与终点。他分析了这些事物拒斥存在于生成与消灭中的其他事物的目的与终点。

53 而后他考察了是否消灭的事物又重新出现,并且再次成为存在物,抑或它们当中不会有任何事物再次出现,或者有一些再次出现,另一些则没有再次出现;它们再次出现的方式:它是多次重复出现还是仅出现一次? 这些重复出现的生成或者消灭的事物在次数的数目上是有限的还是无限的?

所有以上讨论的这些都可以在他所著述的《论生成与消灭》(*On Generation and Corruption*)的书中找到。

54　接着①他开始考察了所提及的元素。由于这些元素相矛盾(鉴于它们都是相互作用中的何所是,以及它们是元素的动力),同时所有这些元素都相互作用,并且它们结合在一起,由此每一种元素就可能[依据如下情况是分散的]:(a)有些即将达到,或者已经达到赋予它以物质性的,以及给予它以本质②的完美性的极限,并且由于它是纯粹元素的动力,它也已经达到极限以及最高的等级;(b)其中有些在完美性上低于前者,(c)其中有些又低于后者,以此类推——直到发现可能的最低程度的本质,我们将这一本质提取出来,然后它就成为其他元素最低程度上的本质。这种最低程度的本质只能通过两种方式实现。首先,质料允许构成它的本质也可以接受其他本质的一小部分,它的相反;在这一种情况中,相反本质的行动并不能明晰地显露出来。接着它继续允诺相反本质的更多部分直到它所生成的作用成为相反本质的作用,在这一点上它所给出的是它的相反的定义而不是它自己的定义。或者,其次,这一本质的减少并不需要允诺其相反本质的任何部分。他考察了当它们依旧缺少最高等级的完美性的时候,元素是否依然还是关于它们本身动力的元素。③

55　随后,他又考察了元素通过何种方式结合在一起。(1)所有元素的部分被分成更小的部分然后将它们分散入其他的间隔?还是(2)以位置作区分的各个实体各不相同?因此(a)处在中心位置的元素是四种实体之一,它是纯粹的,它的部分并不存在

---

① 尽管涉及到《论生成和消灭》中的最后一章,ecs.54-63 的前述部分(在《天象学》[*Meteorologica*], i-iii 中并没有讨论到特殊的现象)继续讨论了在这一著作中的主题。
② 后继章节中的"何所是"。词项 *dhāt*,也就是"本质",并没有在后继章节中出现,除了 secs.82 (118:17),90 (123:10),92 (124:17, 125:2)。
③ 参见,亚里士多德《论天》,iv,《论生成和消灭》,ii,《天象学》,i,3。

其他三者的任何部分,(b)存在于世界较高位置的元素也是如此,(c)存在于较高位置与中心位置之间间隔位置的元素也是如此:因此与天体相关联的实体是元素之一,低于这一元素,并与它相关联的是另外一种元素,这种关系一直持续到最低位置,也就是中心。或者后一种选择——如果可能的话——需要每一元素的部分同时也存在于其他的元素中,并且一种元素的部分也存在于其他所有的元素中？他解释说它们通过两种方式结合在一起。

56 接着他解释了在什么条件下实体应该是与天体相关联的。他解释说它可能具有最纯粹的本质,并且由于最高的本质与动力二者才相关联:实体在那里必须是最轻的,在热度与干燥性上是最强烈的,与其他的混合度是最小的;然后与它相关联的(也就是,相邻的)另一种元素在本质与动力上则稍次,事实上它所具有的不是极端的而是有缺陷的本质以及不完全的动力;由于元素与本质具有物质性,那么它越靠近中心,它的动力就会越弱。

57 而后他规定前一元素必须以同种的方式与后于它的元素相关联[也就是说,相邻],直到在中心位置达到终结。他规定最后一种元素,应该最具有缺陷,与其他的混合性最强,因此其他三种元素才能够与它通过多种方式混合。他叙述了所有有关于天体的原因,它们的动因,质料,以及存在于它们内部的固有物。

58 随后他解释说这些理论与通过我们的观察所得到的元素的情况相一致。

59 然后他考察了如果这些元素是纯粹的,具有单一的本质(没有与任何与之相矛盾的元素混合),并且由于它们是元素因而它们具有最高的动力,那么我们应该如何称谓这些元素。他并没有找到称谓它们的名称,只是发现了属于这些混合元素的被一般接受的周边的名称。然后他规定"元素"的类别有一个被普遍接受的名称,当这些类别之一的局部运动与某种元素的局部运动相接近的时候,或者它的可感性与某一元素的可感性相接近的时候,那么他就把这一名称转移给与之相符的类别。他称与天体相关联的[也就是,相邻的]实体为火;他解释说它并不是我们平素所见的火。火能够产生大量的火焰与灰烬,而不是其他任何事物。并且由于火焰的运动是这样一种特殊的运动,它的目的是燃烧空气并且使自己提升到比空气高的位置,因此他称那些浮动在其他元素(也就是,它的两个表面之一同天体的凹面相临近的元素)之上的元素为火①。他称谓低于它的实体为空气,低于空气的为水,处在中心位置的则是土。所有的元素都是在实体中相关联的,也就是与处在中心位置的土相关联的;以上这些就是所规定的理论,并且它已经为观察所证明。由于混合有两种类型,那么土就可以通过这两种方式与其他的元素混合。水也可以通过这两种方式与土与空气相混合;然而与火的混合物并不是显而易见的;现在他规定其他元素也可以与它相混合。在这一方面,空气次于水,火次于与其他相混合之后的混合物中的所有元素。以上这些就是他所详细考察的事物。

60 接着他考察了它们的第一混合物(存在于两个并未失去它们自身本质的混合元素中),并且考察了这些混合物的类别。由于混合物几乎是无限的,因此除了它们当中非常少的类别,比如水汽,烟雾,火焰等之外,他并没有给其他任何事物命名,即使其中一个与另一个有非常明显的区别。

九

61 当他不得不为它们找寻一个名称的时候,他使用在它的本质中处于优势地位的元素的名称来命名它们:因此如果空气处于优势地位,则他称之为属空气的;如果火处于优势地位,则称之

---

① 亚里士多德《论生成和消灭》,ii.4.331b24。

为属火的；如果土处于优势地位，则称之为属土的；如果水处于优势地位，则称之为属水的。他继续依照它们之间的种差来区分不同的名称：有些依据它们的局部运动，另一些则依据可感知性；如果两种元素是联合在一起的，那么他就将名称组合起来，称它们为属水—土的以及等等。

62 而后，他又继续考察了产生于他已经描述过它们条件的四种实体中的属性以及情感。他叙述了允诺那些情感的本质以及质料成分；他阐明了它们的动因以及原则：那些存在于与天体相关联的元素中的，存在于空气中的，存在于水中的，以及存在于土中的。

63 接着他考察了这些元素为自身而存在是否因为它们处在它们的存在被赋予完美性的事物中间；或者是否它们被生成是为了其他被生成物从它们当中产生；或者由于两种事物是联合在一起的，那么它们是永恒的是因为它们是存在的一部分，而且是伴生的元素并与其他相联合以产生所有的被生成物。他同时也考察了是否从它们当中生成的属性与情感直接趋向于某些目的与终点，或者它们作为事物的结果以及伴随物反过来又引出某种目的，或者它们只是过量以及缺陷，并不能作为目的的结果或者目的的预防物，因此它们的过量就如同手掌之上多余的手指，而它们的缺陷就如同失去的手指。

所有以上所提及的内容都可以在他称之为《天象学》(Meteorology)的书中找到，特别是该书的[前]三篇论文。

64 接着他开始着手考察在这四种实体的相互联合中生成的实体。一般而言，从联合中生成的实体有两种类型：一种是同质的，另一种则是异质的。异质实体只能够从异质实体的联合中生成，这类异质实体前者与后者之间还需要具有以下本质：它们的联合中的存在是不间断地并且是相关联的。而作为同质实体，它们也只能够从联合中生成，但是这种联合中所有部分的本质并不具有前述的那种情形:它们只是实体之间的相互作用,而后这些相互作用产生的结果作为部分交融在一起形成联合。同质实体也有两种类型:那些只是构成同质实体的各个部分,以及那些所有的实体被生成以用来构成世界的部分,被生成实体的部分,或者构成某些属种的部分。

首先,他开始考察同质实体如何从元素中生成;元素之间如何相关联;联合的元素中哪一种是动因,通过哪些动力元素具有质料的功能,通过哪种动力元素具有动因的功能,在它们当中的哪些性质导向它们的生成。他同时也概括了关于它们的消灭的与前述相同的观点。他解释说某些影响导致它们的生成,某些影响导致它们的消灭,以及它们存在的位置。从他前面的论述中,可以看出位置必然是中心位置,是什么与处在中心位置的土相邻,是什么处在它的内部,以及它的表面。

65 接着他列举了存在于同质实体以及联合部分中的可触知性,它们遵守第一动力是因为元素之间相互作用,以及有些元素允诺作用而另一些则作用于允诺作用的元素之上。他仔细地考察了存在于联合实体中遵守元素的作用力以及遵守使得实体被作用的动力的可触知性。

66 随后他试图考察为其他感官所感知的所有的特殊性质。然而,似乎对他而言,它们当中许多都不能被有效地看做为动力的反应,这是因为元素之间是相互作用的;不,它们需要元素的其他动力,或者产生于其他实体的作用的动力。因此似乎对他而言,他应该推迟在自然科学的其他地方对它们的探讨,也就是说,使用视觉的地方,使用听觉的地方,或者其他感觉的地方;对于颜色而言,它依靠光线存在,并且除了触觉之外,其他感觉也有赖于气与水。①

---

① 亚里士多德《论灵魂》,ⅱ.8.419b18ff.,ⅱ.9.421b9ff.

所有以上所论述的这些都可以在他称之为《天象学》(Meteorology)的书中的第四篇论文中找到。

67 而后他开始考察从元素中生成的,不属于异质实体的同质实体:比如,石块,由石头构成的实体以及等等。他在土,它的部分以及一般水汽的类别之间的相互关系中分别考察了它们。在后者中,他区分了什么是属火的,什么是属空气的,什么是属水的,什么是由属土的事物混合而成的;他同时也区分了趋向于干燥的热气,趋向于潮湿的热气,更清澈更稀薄的热气以及烟雾性的热气。(看起来这些水汽与内热联合起来以催熟地球内部以及表面的实体,它们是水与土的混合物,或者是潮湿与干燥的混合物,这些就是允诺被热与冷——同质实体的两种动力因——作用的事物。)他解释了这些被生成的存在于土中的不同的气的首要因,第一,天体,第二,偶然与土结合在一起的,并由天体加热或变冷的气。

68 接着他开始着手解释存在于每一种属土的混合部分中固有事物的等级,以及在地球的内部以及表面形成石质与矿物质实体的事物的等级。他在这里所列举的类别已经在前面被我们观察过,并且存在于它们当中的以及它们的各个类别当中的属性也已经被我们观察过。鉴于它们各不相同,他说明了每一种质料与形式的本质,每一种事物的动因原则或者作用于它们的属性的本质的原则,属性的动因原则,以及使得它们当中每一种生成的目的。然而,除非我们已经预先了解了整个世界的目的,否则我们很难描述清楚前述的这一目的,于是他推迟了他将要考察的具有世界终极原则的科学的目的。

所有以上论述这些内容都可以在他所著述的被他称之为《论矿物》①(On Minerals)的书中找到。

69 接着他开始探究异质自然实体。他首先从植物开始,然

---

① 这一著作构成亚里士多德《天象学》的附录。

后论及动物。首先,他列举了通过感性知觉以及观察我们能够了解到什么。他列举了所有的类别。他列举了从所阐述的所有类别中我们能够观察到什么,在每一类别当中以及在每一类别的每一部分当中所能够观察到的属性,直到穷尽所有,或者任何他能够得到的或者他能够已知的。

70 随后他叙述了每一类别植物的每一种器官被生成的目的。

71 然后他考察了每一类别植物的生成。他叙述了每一种被生成植物的质料以及动因,直到他穷尽了植物所有的自然性。他对属性也做了同样的考察。①

72 接着他对动物也做了探究。首先,他阐述了通过感性知觉以及观察我们能够了解到什么。他列举了动物的类别,或者他所能知的动物的类别。

73 最后他列举了每一种类别的器官。他解释了所有类别究竟有多少器官组成。他列举了从每一种器官中所能够观察到的事物,同时他也列举了从每一类别动物的属性当中所能够观察到的事物,以及每一类别在它所操控的事物中所执行的作用。

十

74 当他考察完毕所有这一切之后,他突然发现自然与自然原则在相对于动物而言的大多数情况中以及相对于植物而言的许多情形中都不充分;不,除了自然以及自然原则之外,我们还需要与这一其他原则同类的另一些原则以及另一些动力;这一原则应该在动物中以及在植物中都处于同样的位置。在动物中他还需要给出基于自然的这些事物的原则,以及在其他事物中基于这一其

---

① 69—71 部分。(伪)亚里士多德《论植物》(*De Plantis*)。

他原则的另外一些原则。他称这一其他原则为灵魂。他叙述说植物之所以成为植物是因为灵魂,动物之所以成为动物也是因为灵魂。他称与灵魂相同的原则为生命[或者精神]原则与动力。

首先他开始考察所有自然地(他首先概括了什么是自然以及什么是自然原则)属于动物的事物,并叙述了所有自然属于动物的事物。他首先考察了自然生成的所有类别动物的所有器官的自然目的。在每一种自然目的中,他论述说自然允诺它的本质:也就是说,所有类别的动物的质料都是被生成的。他阐明了所有类别动物的自然动因原则。同时在每一种自然目的中,他论述了基于自然物质的自然,以及所有属于自然生成事物的目的。

他经过分析逐渐了解到自然实体有两种类型。第一种类型通过自然赋予极限以物质性,这一极限就是每一种自然物质的本质。第二种类型经由自然赋予物质性以使它的物质(也就是,起作用的自然)能够作为开端——以准备和质料的方式或者以工具的方式——引出另一种与自然相关联的原则,如同自然形式与它的质料或者与作为它的工具的动力相关联。这一其他原则就是灵魂。①

十一

75 当他一旦申明了这种情形,接着他就需要开始考察什么是灵魂,就如同他在前面所考察的什么是自然;他还需要知道从灵魂中生成的精神动力与作用,就如同他在自然中所做的。他带着这样的目的——什么是灵魂,通过何种方式,它的情况怎样——开始了他的考察。他考察了它是多还是一,——如果它是多,它以何

---

① 72—74部分。亚里士多德"De Naturis Animalium"(《论动物部分》,《论动物生成》,以及《动物志》)(*De Partibus Animalium, De Generatione Animalium, Historia Animalium*)。

种方式为多：它有许多部分或者许多动力？如果它有许多部分，这些部分以何种方式为多：它们处在多个位置，多种质料中，抑或实体分散入多个位置？它们为多是相同的同质实体或异质实体的部分以此种方式为多？还是它的部分以其他方式为多？——什么是灵魂的动力与原则。

他开始考察大体上而言灵魂是什么，就如同他对于自然的考察。他解释说，如同自然生命物质的本质是由自然构成的；自然生命物质则是由灵魂构成的；生命物质——我的意思是容有生命的事物——中的灵魂也应当被视作物质；灵魂，如同自然，作为原则由三部分构成：一种原则为动因，一种原则为形式，另一种是目的。所有这些作为原则的以及作为物质的都应该转移给灵魂。但是灵魂是不是作为质料的物质，我们还有一些疑问需要澄清。至于自然，我们已经知道它有四种原则；现在很明显，首先被视作起作用的实体性物质的本质的自然同样也是灵魂的质料。

76　接着，他阐明了通过同样的方式——即他获知自然的动力来自自然的作用，自然实体的作用来自自然——生命动力成为自然的工具。如同将会有某种自然物是自然的工具，一种自然物从属于另一种自然物，并且一种支配性自然物在从属物或者工具的意义上使用自然，这就类似于支配性灵魂以及另一种灵魂要么是从属物要么是工具。存在有两种类型的自然实体：一种类型被自然赋予完全的物质性，另一种没有被自然赋予物质性，但是被它作为灵魂的准备或者工具。被自然赋予物质性之后，又被后者赋予物质性的，将会是灵魂。容许灵魂的自然物质因此将成为灵魂的质料；同时自然将成为灵魂在作用中使用的准备，质料，或工具。因此在生命物质中存在两种类型的自然：一种是质料，另一种则是工具。故而在生命物质中自然不是为自身而存在的，而是为灵魂而存在的。

因此，如同他区分决定性的自然以及作为从属物或者工具的自然，他也在灵魂中分别区分了它们。并且如同他阐明了产生于自然的作用，以及依附于自然物质的并从它们当中生成的来自自然的属性，他也阐明了产生于灵魂的作用以及存在于来自于灵魂的生命物质——鉴于它们都是有生命的——中的属性，同时这些属性也是从它们中生成的。由于它们的质料，生成于自然物质的某些属性同时存在于自然物质中，以及鉴于它们的形式，某些属性则存在于其他事物中，存在于生命实体中的属性以同样的方式被分成两部分：某些存在于生命实体——由于它们都是有生命的——中，鉴于它们的特殊质料；而其他的则依附于它们，鉴于它们的形式，也即是，灵魂。

因此，他首先开始考察灵魂中最具优先性的作用：也就是营养，以及营养的伴生物。他考察了是什么动力以及灵魂的哪一部分导致营养的发生，他区分了就这一方面而言的规则以及工具与从属物。他考察了自然实体性工具是由这一灵魂所使用的还是这一动力存在于它的作用中。他考察了自然工具，即由这一存在于它的作用中的灵魂所使用的热和冷。他考察了它的作用，它们有多少类别，它们都是什么，它们由什么构成，每一种作用是如何被使用的，如果它被每一种动物在每一种作用中使用的话，那么每一种器官将会是什么样子。

77 接着他继续考察了这一灵魂或者这种生命动力的作用的营养，以及它们是如何从第一元素自身中得到它们的部分的（这是因为自然——也就是，元素——是以天体为助力而存在的），剩余部分则是从超出元素的其他事物中获得的。他解释了植物通过何物得到营养，动物通过何物得到营养；对于动物而言，有些相互袭击生存，有些吃植物生存，有些吃与植物所需营养相似的东西，有些则吃所有的或者大多数食物。

78 他考察了是否成为营养的实体类别从一开始就被自然创造为植物以及动物的营养；还是这些实体是由于自身的原因是被

生成的,并作为世界的部分,但是由于非常适合作为植物以及动物的营养,因此它们被作为营养仅仅是因为它们适合作为营养,还是这些实体并不是偶然地成为植物以及动物的营养;还是由于它们是基于自身的生成或者作为世界的部分,因此存在于它们当中的完美性以及目的成为它们供给它们所营养的事物的原因。他仔细地考察了这些情况;对于这些事物的考察与前述元素是为了自身还是为了其他实体的生成的考察非常相似。

首先他对这些事物做了不完全的考察。他在对世界的研究中无法走得更远。因此他放弃了这一考察然后转向对其他事物①的考察。

他考察了健康与疾病以及它们的类别。他深入研究了健康以及疾病的每一种类别:什么导致它们的出现,它们为什么会出现,它们出现在何物中,它们来自何处。生命物质中固有的健康与疾病源于生命物质所特有的自然以及自然动力。因此可能会有人认为它们的第一原则是灵魂。灵魂自身是导致存在于灵魂中的这一特有质料的原因(作为目的以及依靠从自然那里获得的助力,作为动因)。作为自然,质料中特有的差异,以及现在属于特有差异的自然的自然动力,所有这些都属于一个具有灵魂的事物。因此依照这种方式,所有这些事物都指向灵魂既是它们的动因原则又是它们的目的。

这些都可以在他的《论健康与疾病》(*On Health and Disease*)的书中找到。

79 接着他开始考察动物从一个年龄段向另一个年龄段的转变,由于它的特殊的自然,这种转变内在于生命物质之中。

80 随后他考察了生命物质的每一年龄段以及由于特殊自然以及生命物质的自然动力,内在于生命物质的每一年龄段的属性。

---

① 75—78 部分。亚里士多德《论灵魂》,i。参见,后,sec.95。

这些可以在他的《论青年和老年》(On Youth and Old Age)的书中找到。

81 然后他考察了动物类别的漫长生命,以及它们中某些类别的短暂易逝的生命。他考察了它的原因和它的自然原则以及生命原则。①

82 而后,他考察了生与死:它们分别是什么(也即是,具有灵魂的动物的持续存在与消灭),它们分别来自何处,它们存在于何物中,为什么会有生与死。

所有这些产生于灵魂或者生命动力中的作用与属性与自然相似,并且在物质性以及本质上也与自然相似,但是它们不是自然。由于它们都存在于植物与动物中,因此,植物就成为动物与石质实体之间的中间物。(仍然有人不能够确定植物是属于生命物质还是属于自然物质,不过很多人倾向于它们属于动物)因此这一灵魂,或者这一灵魂的特殊动力,就非常接近于自然。②

83 接着,他考察了作为灵魂的部分的或者作为生命动力的部分的感性知觉(以及感官)。他考察了每一种感官的每一种状态,以及感官所作用的主体——也就是可感知物:它们是什么,每一种有多少类别,它的类别是什么,在何处,从何处来,以及为什么会存在。

84 然后,他仔细地考察了存在于这些感官中的并被它们感知到的自然器官(其中有些器官是感官的质料,另一些则是它们的工具),每一种器官的自然是怎样的,在它们当中的自然动力与属性是什么。他通过归纳研究了存在于感官中的以及它们的作用中的所有的器官。同时他还论述了存在于基于灵魂的这一部分或者这一动力的事物中的原因。

---

① 亚里士多德《论生命的长短》(De Longitudine et Brevitate Vitae)。
② 亚里士多德《论生与死》(De Vita et Morte)。

这些可以在他的被他称之为《论感觉及其可感物》(*On Sense and The Sensible*)的书中找到。

85 随后,他又考察了产生于生命实体当中的灵魂的局部运动的类别:它们是什么,它们每一类别的特征,它们依靠何种工具以及器官起作用,这就如同他考察自然实体中的局部运动那样。他列举了存在于所有动物类别当中的这一运动的器官。他论述了其中的原则(无论自然,自然动力,还是自然属性),存在于这些器官中的所有的事物,并论述了关于这些动力或者灵魂的原因以及原则。这些运动是动物追赶一事物或者飞离一事物的辛劳。

在这一点上,他还必须考察动物的位置以及动物的每一类别的位置,什么动物需求一个位置,什么是适合每一种动物的位置。在某些位置中动物在为了追逐食物付出辛劳;而在另一位置中动物则是为了保证自己每时每刻的安全而付出辛劳并使处在它们不必或者不用辛劳的条件中,或者使得它们能够安全地远离它们的敌人;而在另一些位置中,它们保护它们的后代并哺育它们。许多动物需要以保护它们的食物的位置;有些动物作为一种防备以便很长时间之后再次回来,有些则是作为一种防备,以使其他的动物每天获取它们的营养。

以上这些可以在他的《论动物局部运动》(*On Local Motions of Animals*)一书中找到。①

86 随后,他考察了什么是呼吸,器官依靠什么进行呼吸,它是如何发生的,它们为什么而存在,以及它们的发生所需要的灵魂动力。②

87 接着,他继续考察了什么是睡眠,行走以及梦境,它们发生在何处,它们是如何发生的,它们发生的原因,以及它们之所以

---

① 亚里士多德《论动物行进》(*De Incessu Animalium*)。
② 亚里士多德《论呼吸》(*De Respiratione*)。

发生是由于灵魂的哪一种动力①。他考察了梦和梦境的类别,以及它们的原因与原则。②

他考察了作为未来事件的预警的梦,以及释梦的模式。③ 但是此处的考察使得他稍微停留了一下,因为他发现无论单独的灵魂,还是与自然动力相结合的灵魂在解释作为未来事件的预警的梦境时,都不充分。这里我们需要等级比之灵魂更高的其他原则。因此他推迟了他的考察以及全面彻底的论述。④

88 接着他分析了回忆,记忆,遗忘以及追忆:它们是什么,它们是如何发生的,以及它们的发生基于什么样的灵魂动力⑤。

他同时也考察了产生认知的灵魂——属于缺乏理性的动物类别——的功能,并且他阐明了它们为何而存在⑥。

十二

89 当他考察这些区别于人而与动物的类别相同的事物的时候,他将自己限制在只是给出它们基于灵魂以及生命动力的原则与原因⑦。

十三

90 当他考察这些存在于人身上的同样的事物时,他发现存在于人身上的单独的灵魂不能够充分地给出它们的原因。观察显

---

① 亚里士多德《论睡眠》(De Somno et Vigilia)。
② 亚里士多德《论梦》(De Somniis)。
③ 亚里士多德《论睡眠中的征兆》(De Divinatione per Somnum)。
④ 参见,后,sec.95。
⑤ 亚里士多德《论记忆与回忆》(De Memoria et Reminiscentia)。
⑥ 亚里士多德《论灵魂》。
⑦ 看起来与亚里士多德《论灵魂》中的 ii-iii 有关。

示,存在于人身上的所有这些东西都是人行动所需的技能,它超越了灵魂的作用并且比灵魂的作用更为强大。他发现了存在于人身上的而不存在于动物身上的其他事物,并且它们的原则与原因既不是灵魂也不是生命动力。假如有人分析存在于人身上的自然以及自然动力,那么他将会发现它们是行动所需的技能,它们已经超越了自然的作用以及灵魂的作用,并且它们的等级更高。不过假如有人分析存在于人身上的灵魂与生命动力,那么他将会发现它们在赋予人以最高等级的物质性时是不充分的。因此他不得不在这一点上开始考察这些其他事物的受造。他发现人可以言谈,并且言谈先于理性或者理性的原则以及动力。

由此,他还必须考察理性①是什么(如同他在考察什么是灵魂以及什么是自然时所做的那样),理性是不可分的还是如同灵魂那样是可分的,以及它是否具有部分或者动力。显然,对他而言理性如同灵魂与自然;理性可以划分成部分或者动力;有一种原则构成人的本质;它同时也是动因原则;它是原因与原则,如同自然的目的;理性以及理性动力相对于灵魂以及生命动力就如同灵魂以及生命动力相对于自然以及自然动力。如同自然物质具有两种类型——一种依靠自然给予完全的物质性,另一种则是自然赋予物质性以作为灵魂的技能(质料或者工具)——生命物质也有两种类型,一种通过灵魂给予完全的物质性,而另一种则是灵魂赋予物质性以作为理性和理性动力的质料或工具。他考察了是否理性也像灵魂与自然那样可以分为支配部分与从属部分。同时他考察了理性动力为什么而存在,理性为了灵魂与自然,还是自然与灵魂为了理性。

因此他还需要一般地考察理性动力的作用以及理性的作用。所有本质与它的作用不一致的事物的生成都不是为了它自身的本

---

① 参见,阿尔法拉比,《理性》(Intellect),sec.13ff。

质,而是为了它的作用。[从对自然与灵魂的研究中]可以非常明显地得出,人的理性本质上最终可以归之为它的第一完美性的理性。现在,存在于第一完美性中的事物依然存在于潜在性中,并且这一潜在物的生成是由于它的作用;那么事物的本质就不能够等同于它的作用。

十四

91 当他在考察理性动力的作用以及理性的作用的时候,他发现它们所有的作用存在于赋予存在的可感知性以理性的过程中。然而,他发现有些可感知性只是促使人们将它们引入外在于理性的自然事物中的事实存在;存在着人们不能够将它们引入事实存在的某些可感知性;并且它们当中某些可以受造存在,理性具有一种感知能力可以超越它们的存在所需的以及有用的度量。他称知觉那些能够被引入自然事物中的事实存在的存在物的理性能力——这样一种理性感知能力在使它们成为存在时非常有用——为实践理性;在他能够使得它们当中的任何事物存在这一意义上对人类而言毫无用处的那一知觉可感知性的能力为理论理性①。他称谓事物依靠实践理性能够在自然事物中成为存在的理性能力为,意志与选择。

十五

92 当他考察后两种理性能力的时候,他发现它们是具有从属作用的附属能力。他考察了它们所适用的事物。他发现它们适用于属人的第一自然以及心理事物;但是,它们不是那种为了自身

---

① 前揭,secs.2 (60:17-61:2),3(63, 69:8ff.),4。

而存在人身上的事物,而是因此他将会获得理性的完美性。他考察了从一开始就给予这些自然以及心理事物的理性,是否它们是理性的部分[也就是,意志与选择]并服务于它们,还是理性只是以适用于某些事物或者除了从属部分之外的某一理性的方式适用于它们。他考察了起作用的从属部分是否有它自己的本质以作为目的,或者它所适用的事物。很明显,它所适用的那些事物不可能是它的目的;不,当它自身在控制以及使用它们的时候,这些只是作为质料或者工具。他考察了是否它的控制力不能够适用于任何事物。他发现,它的所有作用都是如此,它们并不需要作用于任何事物。因此对他而言,非常明显的是,如果它的存在仅仅是因为这一种作用力,它的自然——以及它的本质与物质性——就不能够得到最高的规则或者成为最高的自然。

因此他考察了理性的理论部分。他发现通过这一理性获得的可感知性是不能适用于任何事物的可感知性;并且他发现,当这一理性能够在它的最终完美性中被理解时,那么它就可以被理解为起作用的非潜在理性。因此他论述说它已经在作用中得到理解,并且它已经获得了可感知性。他考察了通过何种方式以及何种模式它获得的理性可感知性成为起作用的可感知性。他论述说它们可能是在最高等级上获得的,并且它有可能获得了它的最终的完美性。因此,他发现,当情况如上所述时,它的物质就等同于它的作用,或者接近于它的作用。

十六

93 当他发现情况如上所述,并且理性比之赋予它以完全的物质性的这一事物而言不能够在赋予其他存在以更高的完美性时,那么他意识到这就是赋予人以物质性的最后的事物,并且当属人的物质在最终完美性——并且再也不可能存在其他完美性的时候——中获得理解的时候,这一部分的物质就接近等同于它的作用。我们因此可以从中得出结论说由理性功能寻求的目的,无论服务于谁,都是为了寻求对这一部分理性的理解,也就是理论理性。这一理性就是人的本质。如果从一开始他的理性并不等同于他的作用,那么当理性的本质接近于等同于它的作用的时候,我们只能通过理性得出如下结论,其他功能——也就是实践理性功能——只有通过这一部分才能被理解,并且灵魂与自然的受造才能使这一部分理性首先在潜在性中,其次在它的最终完美性中被理解。

94 然后,他考察了是否自然与灵魂对于达到这种完美性而言是充分的。他解释说对于人类而言自然与灵魂不能够充分地达到这一完美性,因此他还需要两种实践理性能力[也就是,意志与选择]加入到灵魂,自然以及它们的作用中。

十七

95 当他最后探究这一情况的时候,他再一次地转向他已经考察过的就其本质而言人是什么,以及由于灵魂因此存在于人身上的是什么①:他论述了基于它们的理性能力的诸原因,由于那些被提供的事物——或者如同质料或者如同工具——因此实践理性能力就能够使用它们在它们可能的大多数完美方式中理解理论理性。

96 接着他考察了是否除了人之外的其他生命物质的存在能为实践功能所利用以完美人的天性以及由于灵魂属人的事物而后将二者联合起来以最终获得这一完美性;这些生命物质是否是提供给这些实践理性功能的,还是只是出于偶然。这一考

---

① 前揭,secs.78,87,90。

察与是否元素被提供是为了事物的生成,是否自然物质是为动物提供的,是否生命物质是为理性以及理性动力所提供的考察相同①。

十八

97 当他继续考察这些情况的时候,他发现只有部分得以显明;在其余情况中他遇到了困难,这是由于他还没有进行其他的考察。也就是,存在于灵魂以及它的功能的完美性之前的,并先于实践功能作用的,是潜在理性。这一潜在理性作用于理性功能。因此他考察了在缺少其他原则的情况中,依靠这两种原则[即,自然与灵魂]能否有效地获得理论理性的完美性。很明显这是非有效的并且是不可能的:实际理性还需要其他的原则。这一需求不仅存在于理论理性中,实践功能也需要其他的原则。从意志与映像中无论实践理性功能还是理论功能都不能有效地得出任何的可感知性,如果它们没有与第一可感知性——用以获得其他可感知性的原则——相联合。

因此他现在还需要考察这些第一可感知性是否永恒地存在于潜在理性中。但是如果潜在理性并非永恒地话,这些又是如何可能?继而我们就会得出这些第一可感知性(自然地而非依靠意志存在于潜在理性中的)在开始是不存在的,随后潜在理性进入并完美它们的存在物。很明显,潜在理性并不能单独起作用,除非与同类的并与之最为接近的事物相联合——如同这一事物被理解为是起作用的事物——而后我们就可以必然地得出,在这里某一种理性——非复合的,并且是起作用的——使得第一感知性进入潜在理性,然后潜在理性自然地获得其他所有的可感知性。

---

① 前揭,secs.63,74,76,78,90。

十九

98 当他考察这一理性的时候,他发现它是一种起作用的理性,并且无论从前还是将来都绝不是潜在的(绝非潜在的事物不能存在于质料中,它的本质与作用是等同的或者是接近于等同的);当人的理性获得它的终极完美性的时候,它的本质就接近于这一理性的本质。他称这一理性为主动理性。很明显,对他而言,在获取它的本质的完美性的时候,人的理性援引了这一理性的示例。这一理性是目的,因为它的示例也以此种方式起作用,它是最完美的目的,它是动因。因此作为动因的人的原则,最终把人本质地规范为他是人。它是目的是因为它给他以原则去获取完美性并且提供给他以示例以仿效,直到他接近于他所能做的。然后它就成为他的动因,他的目的,以及人的本质所意图达到的完美性。因此这一原则可以分为三方面:作为动因,作为目的,作为人所意图达到的完美性。由此它也是人的单独的形式,单独的目的和优先的目的,以及单独的动因;当知觉到它的时候,人就与它联合起来。并且非常清楚的是,事物的物质以及自然能够为人的理智所知觉,它们存在于理性之外——这一情况对它们二者而言毫无差别。只有当二者没有被中间物分离开的时候,人才能够知觉到它。因此依照此种方式,人的灵魂成为这一理性。故此当人的灵魂是为了这一理性,人所获得的自然仅仅是为了灵魂,并且灵魂是为了它的最高完美性中的理论理性的时候,我们就可以得出,所有这些都是属人的,他因此可以通过它们获得存在的等级。

在这一点上,亚里士多德再次回来考察那些暂时搁置的情况[1],现在他开始考察造成这些困难的原因。

---

[1] 前揭,sec.97。

99 接着他考察了主动理性是否也是自然、自然物、灵魂以及生命物质存在的原因。不过对他而言非常明显的是天体是推动元素以及其他实体的原则①。因此他考察了在使得天体所包括的存在物成为存在时理性是否对天体也有助益：也就是说，他还需要考察天体对于存在物的实现是否也是有效的，有些具有自然，有些具有灵魂，另一些则具有理性。对他而言很显然，如果没有主动理性的帮助，天体在影响起作用的理性的时候也是非有效的②；并且对他而言也非常明显的是，对于获得主动理性完美性的事物而言，它的运动来自自然，灵魂则来自天体。更进一步而言，很多具有灵魂的事物会提供给它所遇到的质料以灵魂，提供给这些由自然而来的质料以获得它：人是由先在的人生育的，因此如同大多数动物以及大多数植物而言，人产生自人。（存在着某些并非产生自动物的动物，同时也存在着并非产生自植物的植物；同样也存在着并非产生自同类矿物的矿物。）

由此，他需要考察这些事物。但是他还需要走的更远，首先考察最开始是什么提供了一般的"人类性"，一般的"驴性"③，以及每种类别——它们中的特殊示例是相互生成的——的形式④。然后，他还需要考察是什么提供了那些类别的形式，以及更一般而言，是什么提供了那些类别的诸形式，是天体或者主动理性，还是主动理性只提供形式，而天体则提供质料的运动。现在他已经明确地认识到天体提供给自然实体以包括运动在内的任何事物。

因此他还要考察由自然、灵魂或者理性构成的天体物质或者其他是否比它们更为完美。这一考察超出了自然理论的范围。自然理论只涵盖属于它的范畴的事物；很明显这里所讨论的存在的

---

① 前揭,secs.31-35,38,49。
② 前揭,sec.97。
③ [译按]即 donkeyness,也就是动物性。
④ 这里看起来与前述 secs.87-89 的谬误有关。

其他示例超出了它所涵盖的范畴：即，主动理性以及赋予天体以永恒圆周运动的事物。

故而，他还需要考察在某种程度上超出自然理论的存在物。从对自然科学的考察中，他发现自然理论最终在主动理性，天体推动者那里终结。前面所有的探究导向一个结论，也就是人的自然，灵魂以及此二者的作用，如同实践理性动力，都是为了获得理论理性的完美性；同时自然、灵魂以及心智①如果离开了产生于决断与选择——此二者皆依附于实践理性——的作用，就不能够有效地获得理论理性的完美性。

所以，他还应该考察从意志、决断以及选择中产生的，依附于实践理性的作用——正是这些事物构成人类的意志。这是因为欲望以及依附于感性知觉的事物，既不是属人的对获得理论完美性也无任何用处；并且也没有其他的动物依靠它们以获得理论完美性。因此他还需要考察所有从意志与选择中产生的作用。所谓选择，也就是依附于实践理性的意志；故此存在于其他动物中的可比较的事物就不能够称为选择。

最后他也应该去探究，去考察从这些②当中产生的作用，并区分开对获得终极目的有助益的以及阻碍获得终极目的的作用。他还需要考察那些对形成作用有助益的自然物——无论是作为工具还是质料而言。因此他还需要考察对动物以及植物的生命物质有助益的以及将作用引向人类完美性的自然。他也需要考察其他的自然存在物——无论动物、植物还是自然环境——以及那些对导向完美性有用的事物；另外这些有用的事物以天体作为它们的原因，并使用它们。然而，如何利用这些事物，以及使用这些与动物、植物以及等等相关事物的方式还需要继续讨论；事实上，如果人们

---

① 前揭，sec.91。
② ［译按］即意志、决断以及选择。

做了全面的考察,他们就会发现如果不对自然科学以及人文科学做完全地探究,他们就不可能理解自然科学与人文科学,并且对存在物的考察也先于对事物在它们存在的等级上的自然性的考察。

故此,他还需要赋优先权给那种需求以用来获得自然物质更为完美的知识并完备他们所缺乏的自然哲学以及政治和人类哲学。

因此亚里士多德继续在他的被他称之为《形而上学》(Metaphysics)①的书中用与自然探究不同的方式去探究和考察存在物。

* * *

从前面所论述的我们可以非常明显地看出,必须考察和探究不能应用于健康的身体以及明智的判断力的可感知性;对于可感知事物原因的认识——灵魂所渴求的——比之被解释做必然知识的知识更具人性。

从前面所论述的我们可以非常明显地看出,必然知识是为了这一认识的;从前我们经常认为的完美的知识其实并不完美,它只是必然地赋予人以物质性或者使他达到他最后的完美性。并且我们也可以非常明显地看出,他[亚里士多德]一开始所进行的考察,只是因为他喜欢如此,转而获得人受造的理性。随后所考察的知识有两个目的:其一,赋予人的理性以完美性,其二,完善我们有缺陷的自然科学,鉴于我们还未拥有形上科学。

因此,哲学必须必然地以合适的方式进入每一个人的存在。

---

① 参见,阿尔法拉比,《亚里士多德的〈形而上学〉》,页34—38。

问　学　录[①]

第二部分　[语言、哲学和宗教的起源]

[第十九章　据说宗教与哲学先后相续]

108. 因为我们只有在这些东西(按指辩证的和诡辩的论据)之后才会注意到论证,由此可见,辩证法、诡辩和假定哲学或者幻想哲学的能力在时间上先于某种哲学——即,论证性的哲学。如果把宗教看作是某种属人的东西,那么它在时间上大体晚于哲学;因为人们通过它,试图向大众传授从哲学推导而来的理论上的和实践上的东西,但要用上那种能理解哲学的方式,也就是劝说、想象或两者兼有。

---

① [译按]从马迪(Muhsin Mahdi)及其弟子巴特沃思(Charles E. Butterworth)的英文译本转译。英文译本依据马迪新近对他以前编校的版本进行修订后的未刊稿,旧稿名为 *Abu Nasr Alfarabi, Kitab al-Huruf* (Beirut, 1969),又叫作《阿尔法拉比的问学录——亚里士多德"形而上学"评注》(*Alfarabi's Book of Letters: Commentary on Aristotle's* Metaphysics)。所谓"问学录",即 book of letters (直译当作"文字书"),是因为亚里士多德的形而上学各卷都以字母(letter)标出,这里采取意译。

109. 神学①的技艺和法学在时间上晚于宗教并依赖于宗教。

无论宗教何时依赖于远古的假定或幻想哲学,依赖于宗教的相应神学和法学,就会符合甚或低于那两种哲学。② 如果宗教扔掉了它从这两种(哲学)所采用的东西,或者扔掉了它从其中一种哲学所采用的东西,并用它们的意象和相似物来代替它们,并且如果神学的技艺把这些相似物和意象,视为好像是真的和确定的,且试图用论证来确认它们,则情况尤其如此。

然而,很可能,一位后起的立法者,③在为理论性东西立法的时候,模仿的是他以前的立法者,以前的那个立法者曾从一种假定的或想象的哲学中采用了理论性的东西。后起的立法者接受了相似物和意象,第一个立法者正是通过这些相似物和想象而让人们能够想象得到,他从哲学中所采纳的东西,乃是真的,而且不是相似物。而且他也试图通过让他们得以想象的那些相似物而让人能够想象。如果神学工作者在他的宗教中把这些相似物接受为好像是真的,那么,这种宗教的神学技艺所研究到的,就比在第一因中所研究到的东西更超越于真实。

110. 很显然,神学技艺和法学后于宗教,宗教又晚于哲学,而辩证和诡辩的能力又先于哲学,辩证的和诡辩的哲学又先于论证的哲学。因此,哲学在整体上就先于宗教,就好比使用工具的人,在时间上先于工具;辩证和诡辩的能力先于哲学,就好像受到滋养的树先于果实,或者就好像树上的花先于果实;宗教先于神学和法学,就好像御使奴仆的主人先于奴仆,也好像使用工具的人先于

---

① [译按]原文是 Kalam,最常见的译法是"辩证神学",以此强调伊斯兰内部所用的特殊方法。然而,阿尔法拉比在这里似乎是在一个更为广泛的意义上谈论神学,也就是说,并非是在纯粹伊斯兰的意义上来谈论神学。除非特别注明,该词在本文中都作此译。
② 即,假定的和想象的哲学。
③ 字面意思是"设立习俗的人"(Wad Nawamis)。Nawamis(单数是 Namus),是 Nomoi(单数 Nomos)的阿拉伯语翻译,希腊文的意思就是习俗或法律。

工具。

111. 既然宗教通过唤起想象和劝说来教导理论性的东西,而那些依赖于宗教的人除了这两种方法以外,又不知道其他的教导方法,那么,依赖于宗教的神学技艺似乎就只注意到有说服力的东西,因此也只用说服的方法和论证来确认任何理论性的东西——尤其当其意图在于把真实东西的意象确认为它们本身就好像是真的一样。只有根据未经检验的意见并以普遍赞同和普遍接受的东西为前提,以省略三段论和例证,并且总体上以理论方法——无论是论据或外在的东西,才会产生劝说。

因此,神学家①仅限于根据未经检验的意见中的共同看法来确认理论性的东西。所以,他在这一点上跟大众是相同的。然而,他有时也仔细审察未经检验的意见;不过,他也仅仅以其他未经检验的意见之类的东西来仔细审察未经检验的意见。充其量,他对那种意见的仔细审察最终把它变得同辩证的东西一样可信而已。所以,在这方面,他在某种程度上又把自己与大众分别开来。此外,他还把通过神学技艺所能获得的东西作为自己的人生目标。因此,他在这方面也跟大众有所分别。

此外,既然他是宗教的仆人,而宗教的地位与哲学相比又是前述那样一种地位,因此,神学与哲学的关系,在某种程度上,就变成了一种奴仆关系,同样也以宗教为中介。因为,要获得一种所有人都公认的教义,它以所有人根据未经检验的意见而普遍接受的东西为手段,捍卫并为试图确认以前哲学靠论证来确认的东西。所以,他在这方面,也跟大众有所分别。

鉴于这种原因,就可以假设他是一位受拣选的人,而不是芸芸众生中的一份子。应该知道,他也是一位受拣选的人,但仅仅在与

---

① 原文是 mutakallim,因此与 kallam 相关,见注释 2。除非特别注明,尽管这个词通常译为"辩证神学家",该词这里在更为广泛的意义上译为"神学家"。

那种宗教的内行关系中才是如此,而哲人之为受拣选者,则是对所有人和所有国家而言。

112. 法学家类似于谨慎的人;他们的区别仅在于他们推导出关于特定实践事务的正确意见时所使用的原则。那是因为法学家原则上只使用那些在特定实践事务方面为宗教①创始人所采用并广泛接受的前提,而明智审慎的人原则上使用所有人广泛接受的前提,以及他自己在经验中获得的前提。由于这个原因,法学家在特定的宗教上就成为了一个受拣选的人,而明智审慎的人在所有人面前就成为了一个受拣选的人。

113. 因此,那些无条件就如此的受拣选的人,就是那些无条件的哲人。其他人也被视为是受拣选的,仅仅是因为他们与哲人有相似的地方。比如说,任何受命执掌政治统治大权的人,或自命执掌的人,自认为有资格执掌,或打算自命执掌的人,自认为就是一个受拣选的人。如是,既然实践性的统治技艺是哲学的组成部分,他就与哲人有着某种相似之处。

同样地,在每一种实践技艺的行家中,那种有水平的人之所以自认为是受拣选的人,因为他穷尽性地仔细审察了那门技艺的行家在表象的基础上所接受的东西。进言之,不仅每一种技艺的行家如此自我封号,而且有时每一种实践技艺的行家在那些并不懂得该门技艺的人面前,也把自己叫作"受拣选的人"。因为他仅仅用那些与其技艺特定相关的东西来讨论和研究自己的技艺,而其他人则仅仅靠未经检验的意见,以及靠所有技艺中对每个人来说都相同的东西来讨论和研究这门技艺。此外,医生也自称为"受拣选的人",要么因为他们自认为是在管理病入膏肓的疾病患者,因为他们的技艺拥有与哲学相同的自然科学,因为他们需要比其他技艺更为穷尽性地仔细审察自己技艺中那些未经检验的意见,

---

① 字面意思是"设立宗教的人",参注释4。

因为他们要避免因为自己极为微小的错误而给人们带来危险和伤害;要么因为医疗技艺要利用很多实践的技艺,比如烹饪和退烧的技艺,以及总体上对人的健康有益的技艺。

所以,所有这些技艺都在某种特殊方面与哲学有着相似之处。然而,除了打比方而外,这些人都不应该叫作"受拣选的人"。就无条件的善好而言,首先应确定的受拣选的人就是哲人,其次是辩证法家和诡辩家,然后才是立法者,然后才是神学家和法学家。俗人和大众就是我们所限定的人,而不管他们是否是自命为的政治统治者,抑或有资格自命。

[第二十章　民族文字和表达的出现]

114. 显然,俗人和大众在时间上早于受拣选的人。普遍享有的认识,也就是所有人都有的未经检验的意见,在时间上比特定的技艺更早,也比那些作为每一种技艺特定性质的认识更早;归拢而言,这些东西就构成了日常的认识。俗人和大众最先出现和形成。

他们生活在一定的住所和国家。就他们的身体而言,他们是根据一定的形式来制作和创造的。他们的身体有一定的特质和气质。他们的灵魂倾向于认知、概念和想象,其尺度根据数量和质量而变化。因此,他们就比其他人更早获得这些东西。而且他们的灵魂会根据数量和质量而在方式和尺度上受到影响。所以,他们[比其他人]更早获得这些东西。他们的肢体在特定的方向和方式上,也比其他方向和方式更容易移动。

115. 当一个人离开他最早受造之时,他就从事并转向了那种凭其构造就更容易移向的事情,而且这种运动对他来说也更容易。他的灵魂从事认识、思考、形成观念、想象或理解一切事情,对这一切事情来说,他的构造就让他有了一种更强烈和更大的倾向。因为这对他是最容易的事。而且他也会朝这个方向移动自己的身躯和肢体,根据这种运动,他的构造让他有了一种更强烈、更大也更完美的倾向。因为这对他来说,也是最容易的事。但他第一次做这些事情中的一件时,他是靠内在于自己构造中并且处于自然状态的能力来做这件事,而不是靠早先[所形成]的习惯,而且也不是靠技艺。当他多次重复同样的行为时,在他身上就出现一种要么是道德的要么是技术方面的习惯状态。

116. 如果他需要让其他人意识到自己脑中所想或意识到他的内在意图,就会首先用一种姿势来表示他脑中所想,以及表明他想从自己试图让人明白的随便什么人那里想要得到的东西,结果他想对之传递这种理解的那个人,就处在能够看到他的姿势的状态中。此后,他会用语词—声音。最先的语词—声音直接用来打招呼,因为他靠这种方法来警示那个他试图对之传递自己理解的那个人,而那个人就是意在那种理解的人,而不是别的什么人。那种情况出现在当他把自己限制在表明他用姿势想要表明的那种在他头脑中的感觉。

在那之后,他使用不同的语词—声音,每一种就表示他此前用姿势所要表明的一件事情,或者用姿势所要表明的感觉,结果他为每一个明确的用姿势表达的事情,建立起某种特定的语词—声音,并且不在其他任何事情上使用那种语词—声音。这在每一种情况中都如此。

117. 显然,这些语词—声音来自于用吸入的空气拍打咽喉的一个或更多的部分,或者拍打嘴、鼻或唇的内部;因为这些就是用吸入的空气来拍打的器官。首先,那种拍打就是一种让吸入的空气从肺部和喉腔吹出的力量,其阶段就是从嘴和鼻之下的喉咙一极,到达嘴唇之间[的空间]。然后舌头捕捉住那个气流,并把它推向嘴的内部,推向牙齿根部的这个或那个部分,并推向牙齿。它用气流来拍打那个特定部位;舌头向从每一个部分推出气流,并在每一个部位上拍打,某种特定的语词—声音就出现了。舌头用气流把这种语词—声音从嘴里的一个部分带到另一个部分,很多连续而特定的语词—声音就出现了。

118. 显然,舌头开始仅仅移向它更容易移向的部位。那些生活在同一个地方的人,他们的器官在性质上很接近,他们的舌头所具有这样的构造,在嘴里的某些部位上正好就有同样的运动,对他们来说,这比运动到其他部位更容易。而如果甚或在其他地方或国家的人的器官在性质方面,与前一种人的器官性质不同的话,那么,这些气团的构造就让他们能更轻易地把舌头移动到嘴里其他部分,而与生活在其他地方的人在嘴里移动舌头的部位有所不同。因此,他们设立用来作为相互表示他们脑中所想的信号的语词—声音,就会与此前用姿势表示感觉有所不同。这就是国家语言各不相同的第一个原因。因为这些最早的语词—声音就是字母文字。①

119. 假设这些文字在最先设定为符号的时候会很有限,不足以表示[说话人]脑中所想的一切东西。因此,他们会被迫把它们相互组合起来,让字母前后相接,直到两个[或更多]字母组成的表达法得以形成的程度。他们也会把这些表达法用作其他东西的符号。因此,最先的文字和表达就是可以用姿势表达的感觉的符号,或者是依赖于可以用姿势表达的感觉的可理解物的符号——因为属于每一个普遍可理解的个体,都不是属于另外可理解物的个体。很多不同的[简单的和复杂的]语词—声音会出现,有些是感觉的符号——这些是实在的名称;而其他的则表示普遍可理解的东西,这些东西有着属于它们的可感个体。恰当同样的语词—声音再次出现,指向特定的个体,并指向与那种可理解物相似的一切东西时,人们就开始理解到,这种或那种语词—声音表示这种或那种可理解物,然后另外的语词—声音又用来指向从属于另外特

---

① 也就是辅音和长短元音,它们由此而形成了不同的语言。

定可理解物的个体,指向与[其他]那种可理解物有某种相似性的其他任何东西。

[二十一章 国家语言的开端与完善]

120. 然后,一个国家的文字和表达就以这种方式从最先出现的文字中诞生了。这首先在人们中间偶然由人完成。如此,他们中的某个人碰巧就会用一种语词—声音或一种表达来表示某种东西,而听到的人就会把它记下来。听者在对最先构制出那种表达的人说话时,就会准确地运用那种[语词—声音或表达];第一个听者就会模仿第一个创制那种表达的人,以便赢得他的认同。这样一来,他们两人就会采纳那种表达,并就此达成一致。他们然后就会用它来向别人说话,知道它在一个群体中扩散开去。接下来,每当这些人脑子中出现了一个他需要让身边的其他人理解的想法,就会发明出一种[复杂的]语词—声音,向他的伙伴传达,并听伙伴重复它。

所以,这两人每个都把它记下来,而且他们两人也会把它固定下来,作为一个表明那东西的[复杂]语词—声音。[复杂的]声音—语词就靠那个国家碰巧出现的什么人而接着相继出现,直到有这样一个人出现,他管理他们的事务,并致力于让他们所需要的表示余下事务的[复杂的]语词—声音出现,余下的那些东西不再让他们中的什么人碰巧用语词—声音来表示。那么,他就会是设立那个国家语言的人。管理他们事务的那些人,会轮次做这件事,直到为他们的生活所需的一切事情都设定出表达为止。

121. 这首先出现在理论事务的共同感觉上,他们已经通过未经检验的共同意见和通过感觉意识到了那些理论事务,比如天空、星球、地球以及其中的东西;然后又出现了他们从中所推导出来的东西;在那之后,又凭天然的品性而具有的能力而产生的活动;然后出现了一些要么是道德习性要么是技艺的状态,这些东西是在那些活动中通过习惯而获得,通过习惯获得这些东西之后,又从这些状态而产生了一些活动;此后,又出现了他们靠经验一步步意识到的一些事务,还从他们靠检验而所意识到的东西中推导出了其他的东西;在那以后,又出现了各种各样的东西——工具以及其他,这些东西乃是每一种实践技艺的本质特征;然后又出现了通过每一种技艺而揭示和发现的东西——直到国家所需的每一种东西得以完成。

122. 如果这个国家[的人民的]天然品性是审慎的,并倾向于敏锐与知识,他们就会靠天然品性而不是靠机巧去试图用已设定的表达来表示这样的意思,并且让那些表达更为接近于相似的意义,以及接近存在着的东西。他们的灵魂凭借自身的天然品性,就会试图在表达法所允许的范围内并根据这些意思的组织去组织这些表达法。这样一来,他们就会努力让这些表达法接近于那种与这些意义的情况相似的东西。如果这项工作不是偶然有他们中的某个人完成,那么,管理他们事务的那些人就会在自己立法的言辞中这样做。

123. 从一开始就很明显,这里存在着由感觉所感知到的知觉对象,这些知觉对象包含相似的事物和不相似的事物,而相似的知觉对象之所以相似,是因为他们共享一种可知的意义,那种可知的意义是所有相似物的共同特征,为他们每一个人所理解,甚至也为其他人所理解。且把这种可理解的东西叫作"许多人的述语","普遍"和"一般意义"。另一方面,感知对象本身也有每一种独特的意义,这种意义不是许多事物的共同特征,甚至根本就没有两种事物因为它而变得相似。且把[这些东西]叫作"个体"或"特殊"。把所有普遍的东西叫作"种"和"类"。那么,有些表达法就是指称种和类的表达法,一般而言,也指普遍。而另外的表达法指称具体与个体。普遍的意义拥有一种普遍性和特殊性的等级秩序。当人们试图让表达法具有相似的意思,就会让这个表达法代

表一个可以适用于很多事物的意思,准确地说,就是让用一个表达法适用于很多东西;对于在普遍性和特殊性上具有等级秩序的意义来说,就会存在着在普遍性和特殊性上具有等级秩序的表达法;而对于那些不相似的意义来说,表达法也就不相似。正如在意义中有那种完全相同而其一致性却会随之而发生变化的意义,与此相似,表达法的字母有些是固定的,而另外的字母[要变化],尽管后一种字母会改变同一个表达法的一致性,每一个发生变化的字母表示某种发生了变化的一致性。这样一来,如果同样的意思虽还保存着,但其一致性随之发生变化,那么表达法就会[凭其基础字母]保持同样的说法,同时每一个发生变化的字母指称一种修订。如果意义是因为某种共同的一致性或条件而相似,那么这些意义就会通过也有相似模式、相似后缀和前缀的表达法来表达,而他们的所有后缀或前缀就会变成一个单一的字母,用来指称那种一致性。人们就以这种方式不断地寻求一种组织表达法的方式,意在用那些与意义相似的表达法来表达某种意义。

124. 寻找这种组织并让表达法与意义相似的这种努力,会达到这样的程度:同样的表达法会用来指称基本上不相似的意义,如果这些基本上不相似的意义因为别的某种东西而相似的话。还会让同样的表达法来代表那些它们即便[凭之而相似的那个东西]仅仅与它们有着很远的联系——这样,"模糊的"表达法就出现了。

125. 此外,我们不仅能在处理那些表达意义的表达法时,让表达法与意义相似并以表达法为手段来模仿意义,而且我们在处理那些不是用来表达那些意义的表达法时,也能模仿意义。这样,人们就试图让某些表达法适用于很多东西[而这些仅仅在名称上相同],就好像有些意义适用于[很多]事物并具有很多意义。这样一来,"模棱两可的"表达法就出现了:这些模棱两可的表达法没有那一种指称一种模棱两可的意义。与此相似,我们就有了不相似的表达法[但指称同样的东西],就好像拥有不相似的意义一样。如此,结果就是"同义的"表达法。

126. 准确地说,当表达法相联合时就出现了同样的东西,以便让表达法的联合变得类似于由这些联合表达法所指称的联合意义的联合。某些东西就会在联合的表达法中建立起来,当表达法指称相互联系的联合意义时,那些联合表达法就把它们相互联系了起来。而人们就会试图在灵魂中让表达法的安排符合意义的安排。

127. 当表达法被经常性地用来表示它们作为符号而设立的意义时——一个表达法表示一个意思,许多表达法表示一个意思,或者一个表达法表示许多意思——并且固定下来表示它们用来表达的意义之本质时,人们就会开始通过特许和修辞用表达法来表达自己。如此一来,一个意思就会由一个名称来表达,而不是用原来设立的东西来表达;而一个表示某些意思的名称,就固定下来了,并且用来表示它的本质,而当其他东西与前者有某种联系时,也会用来表示其他那个东西——即便这种联系要么因为仅仅依稀相似要么因为别的东西而显得很勉强,其他那个东西没有一个固定下来的名称来表达其本质。这时,就会出现(1)隐喻、(2)借喻、(3)省略,其方法就是,(a)通过把这种表达法用来表示某种意义,而且并不明确陈述那种表示第二种意义的表达法,而后者是通过前者才得以理解的,并且(b)明确地陈述那种表示很多意思的表达法,却不明确陈述那些与前者正常相关的表达其他意义的表达法,而后者可以作为理解前者的结果而得到理解;(4)还会出现通过激增表达法来扩大表达范围,用其中一些来代替其他,并且把它们安排确立下来的情况。这时就开始出现最初的修辞[的表达模式],然后逐渐出现诗学[的表达模式]。

128. 年轻人在发展他们[本国]字母发音的习惯、发展由字母而来的表达法、发展由这些表达法构成的句子中成长起来,在这样一种情况下,他们不会破坏自己的习惯方式,也不会偏离他们已经习惯使用的东西。他们的心理和语言习惯把所有这一切牢固地确定下来,结果他们并不知道其他任何东西,结果除了这些东西以外,他们的舌头避免其他每一种表达法,除了他们牢固确立的东西以外,避免这些表达法的每一种组合,除了他们已经习惯于使用的句子而外,避免每一种对句子的安排。通过习惯而在他们的舌头上和灵魂中牢牢固定下来的表达法,是从他们的长辈那里获得的,而长辈们又是从自己的长辈那里获得的,这些又是从长辈的长辈那里获得的,最终是从那些为人们原创了这些表达法的人那里获得的,[每一代人相继]完善了原来的创制——他们的这些表达法就是准确和正确的了;他们为国家制定了习惯用法;而他们与这些不一致的表达法就是不准确和错误的了。

[第二十二章 普通技艺的起源]

129. 很显然,这些人所理解的意义全然是修辞性的,因为它们都建立在未经审察的意见之上;它们的前提、表达法和句子首先也都是修辞性的。那么,修辞的方法就是最先出现的东西。随着时间的推移,出现了一些偶然的情况,要求他们[形成]话语或部分话语。对于三段论的技艺来说,这种情况会继续逐渐发展,直到修辞的技艺首先在他们中间出现。随着它的成长,或在它成长后,就开始有了范式和意向的意义之用法,好让它们能被理解,或代替它们,于是,诗学的意义就出现了。这种用法一点一点地继续成长,直到诗学逐渐被创造出来。对于三段论技艺来说,他们之所以发展出诗学的技艺,是因为人具有在每一种东西中寻求秩序和组织的自然倾向;因为表达法的节奏在他们说出这些表达法的过程中,会给他们带来修饰、和谐与组织。所以,随着时间的推移,诗学的技艺也发展出来了。如此一来,他们就发展出了这两种[修辞和诗学的]三段论技艺,而[三种]三段论技艺中的这两种,适用于每一个人。

130. 进言之,他们扩大了语词和诗歌的范围,把它们用于叙述他们需要[保存]的关于过去和现在事物的历史记载。这样,在他们中间,就出现了语词的口头传达者和诗歌的开头传达者,也出现了记录历史报告的人,而历史报告就是以这两种形式来叙述的。这些人就会是他们那个国家正确使用语言的人,也是那个国家的雄辩家:他们成了那个国家最初的聪明人,成了管理那个国家的人,成了那个国家在语言方面可以求助的人。

他们也是那种为那个国家合成此前没有合成的表达法的人,他们还把这些设定为跟当前表达法同义。他们大量而且经常用这种[方法],让他们熟悉不普通的表达法,他们互相学习这些表达法,而且每一代人都因长辈的权威而采纳这些表达法。与此相应,他们也转向了属于某一个种或类的事物,而那些事物恰好还没有被命名:他们又是注意到了某种巧合,并为它们创制名称。与此相似,他们转向了那些不急需而因此恰好没有名称的东西,他们就为这些东西合成(表达法以构制)名称。除了这些人以外,那个国家的其他人并不熟悉这些名称;因此所有这一切都会是非同寻常的。那么,这些就是反思国家的表达法并纠正有缺陷表达法的人。他们找出最先创制的东西中难以发音的东西,让那些东西更容易发音;对于那些让耳朵不舒服的东西,就让它们听起来更舒服。而且[他们寻找](1)在放进某些连接中难以发音的东西——原创者并没有注意到这种困难,因为这种东西在他们那个时代还没有出现而不可能对它很熟悉,或者寻找(2)让耳朵不舒服的东西,在这两种情况下,他们都采取补救办法,直到让前者更容易发音而让后者听起来舒服。他们寻找他们的表达法中各种各样可能的组合和安排,考察它们哪一个更完美地表示灵魂中意义的组合与安排,把这些挑出来,关注它们,把其余的撇在一边,除非在必要之时,绝不使用其余的东西。

在这一点上,这个国家的表达法就比以前更正确了,而这个国家的惯用法和语言现在也就完善了。然后,青年人就在老年人的权威下采纳了这些东西,就因为年轻人是从老年人那里听到这些东西的。年轻人跟这些东西一同成长,而且也跟他的同时代人一样,习惯了这些东西,直到这些东西在他身上牢牢地确立起来,结果除了最正确的表达法以外,他不会另外发音。后人们记录了语词和诗歌,以及包含在它们中的历史报告和道德教诲,这些都曾在他们的祖先那里流行。

131. 他们会继续凭记忆来传达,直到他们想记载下来的东西都变得广泛而艰深。这就让他们必须想些办法让这种传达变得更容易。这样就发现了写作。开始时写作会很混乱,然后会随着时间的推移而逐渐改善:写作就用于模仿和类比,更可能地接近于[口头]表达法,就好像以前处理[口头]表达法一样,尽可能接近于对意义的类比。然后他们会用它在书中记载他们发现难以记下来的东西,以及随着时间推移而有遗忘之虞的东西、他们试图为后代保存下来的东西,以及他们试图把他们已经理解的东西教给那些远离他们的国家和习惯的人。

132. 在那以后,关于语言知识的那种技艺一点点开始出现。有人会在记录下诗歌、语词和复合句子后,渴望记住[那门语言]无比重要的表达法。或者说,他也许希望把它们集中起来,他从许许多多的人那里听来,从那些在其所说每一种东西时都以使用最正确表达法而著称的人那里听来,从那些费力记住语词、诗歌和历史报告的人那里听来,或者从那些听过后者讲述的人那里听来。如此,他就会在一段很长的时间内从这些形形色色的人那里听来这些表达法,把他从他们那里听到的每一样东西写下来并记住它们。

133. 因此,人们也许就有必要知道这些[说话者]是谁,他在谁的权威下应该接受那个国家的语言。所以我们说,它应该在如下这样的人的权威下而被接受,这种人的语言习惯和心理习惯已经随着时间的推移而牢牢建立起来了,以至于他们除了自己的字母外,避免对其他字母作什么想象和发音,除了他们自己的字母所合成的表达法外,避免对其他表达法作什么想象和发音,他们除了自己的语言和惯用法外,不曾听过其他的,或者即便听到过其他的语言和惯用法,他们的头脑也避免去想象这些东西,他们的舌头也避免发出这些声音。对于那些巧舌如簧对他们所想的任何不同于自己的字母、任何不是自己的字母所组成的表达法、任何不是由自己的表达法所构成的句子发音的人来说,他们就在冒着按一种不同于他们已牢牢建立的习惯来说事的危险,而且还会习惯于这种说事的方式。这样一来,他们表达自己思想的方式就跟这个国家的表达法有所不同了;那就会是错误的、不合文法的和不正确的。如果他们此外还同外国有联系,听过外国的语言或发过外语的音,他们就甚至更可能犯错,他们还冒着接受了一种习惯的危险,而那种习惯跟他们所在国家的惯用法不一样。与此相似,如果习惯于避免对其他国家的文字和表达法作想象和发音的人——也就是说他们习惯于避免他们最先还不习惯做的事情,还不习惯于破坏他们自己表达法的模式和曲折变化,他们也冒着改变自己[原来]语言习惯的危险,而且他们从其他人那里听来的东西会在他们头脑中确立下来,结果会到人们无法依靠从这种人那里听来东西的程度。

134. 在每一个国家中,沙漠居民住在由头发或羊毛搭成的帐篷中,住在小帐篷中,住在树枝搭成的小屋里,他们也是粗陋的,不大可能放弃他们已经建立起来的习惯。他们的灵魂更可能避免去想象,而他们的舌头也避免发出其他国家字母和表达法的声音。而其他国家则因为这种居民未开化和野蛮,而不大可能跟他们打交道。

另一方面,住在城市、乡村和泥屋的人,适应能力更强。他们的灵魂在理解、构思和想象方面更开放,他们的舌头更乐于顺从发出他们还没有习惯的声音。因此,当这一个国家有这两种人时,最好让沙漠居民以之为权威来接受这个国家的惯用法。从这些人出发,人们就应该找出那种住在内陆中间的人,因为那些住在边境上的人,更容易同邻国打交道,结果他们的惯用法就会跟后者的惯用法相混杂,或者[他们更可能]把他们的邻邦想象成野蛮人。因为当他们跟邻国做生意时,后者就需要用一种他们自己舌头不熟悉的惯用法来交谈,他们的舌头不会适应很多这类字母,于是他们会借助于用对他们来说更容易的字母来表达,而把他们发现很困难的东西抛在一边。结果,他们自己的表达法就会变得不正确,并且会表现出从邻国那里接过来的奇怪要素和野蛮。当他们一直不断地从邻国那里听到错误的东西,并且习惯于把那些东西理解为好像是正确的,他们就冒着改变自己[语言]习惯的危险。因此,以这些人为权威来接受一个国家的惯用法,就不是很恰当了。如果一个国家没有沙漠居民,就应该以那些居住在国家最中心位置的人为权威来接受这个国家的惯用法。

135. 当你在这些事情上考虑阿拉伯人的情况,你就会清楚认识到所有这一切:因为他们是由住在沙漠中的人以及住在城市和乡村中的人组成。当阿拉伯人定居在城市中时,他们就开始把他们的语言发展成一门技艺,大多数地方在他们的纪元(译按:指伊斯兰的希吉来历)第 90 年到 200 年之间,他们就拥有这种技艺了。参加进来的人,就是伊拉克地方的阿拉伯城市库法(Kufa)和巴士拉(Basra)。他们是从沙漠居民而不是从城市居民那里引入了他们的惯用法和正确的用法,尤其是那些居住在内陆中心地区的人那里引入的,也从这些最原始最野蛮的人那里引入,也就是说,是屈服和顺从于最远的人——Qays,Tamim,Asad,和 Tayy,然后是 Hudhayl [的部族]因而得来;因为阿拉伯语在很大程度上是以这些部族为权威而传来的。没有任何东西是以其他部族为权威而接受下来,因为其他部族居住在阿拉伯土地的边界上,跟其他国家打过交道,而且他们的舌头适应了很容易地顺从他们周边国家的表达法,比如埃塞俄比亚人,印度人,说叙利亚语的人,以及叙利亚人和埃及人。

136. 所以[回到民族语言这一技艺的发展来说],他们首先使用的单纯表达法最终要被所有人接受,现在虽然还不通行,这些表达法会被收集起来并记录下来或写下来,接下来就是他们在诗歌和言辞中所使用的所有表达法的联合。在那之后,那个探究表达法的人会开始反思,这两者哪一个更近似于单纯的表达法或近似于联合的表达法,这个人还会确定相似表达法的不同种类,确定它们在每一个种类中因为哪一个而变得相似,以及确定每一个种类的伴生物。在这一点上,表达法的普遍[特征]和普遍规则就出现在他的灵魂中。由于这些已经在他灵魂中出现的表达法的普遍[特征]和普遍规则,人们就会需要表达法来表达它们,好让对它们的教授和学习得以可能。对此,人们还得做如下两件事中的一件:要么善于创造并把字母组合成以前根本就没有说过的表达法,要么偶然地并不因为任何原因或出于某种特殊的原因把他们以前使用的表达法转用来指称其他的意义。这两种办法都是可能的,也得到了普遍的运用,但最好是用跟这些规则最相似的[原始]意义的名称来命名这些规则,要为每一个表达法规则找出一个跟它最相似的原始意义,并且用这种原始意义来命名那种普遍[特征]和那种规则,如下反复,直到人们用人们已经拥有名称的那些相似的原始意义的名称来命名所有那些普遍[特征]和规则。

137. 这样,他们就完成了他们的语言和惯用法,把它变成了一种可以通过言辞进行学习和教授的技艺,而且甚至也可能为他们所说的每一样东西找出原因。他们用来写自己表达法的书写方式也与此完全一样。如果有跟它们相关的普遍[特征]和规则,所有这些东西就是确定无疑的了,也会为它们找出名称,好让它们能被清晰表达,也有可能通过与此而进行教授和学习。现在用来表达那些规则的表达法,就会是第二种环境中的表达法了,而原来的表达法就是原始的表达法——也就是说,第二种环境中的表达法是从原来所指称的意义转变而来的。

138. 所以,他们现在就会拥有五种技艺:修辞的技艺,诗学的技艺,记载历史报告和诗歌并口头传达的能力,关于他们语言知识的技艺,以及写作的技艺。在大众用有限的观念来处理他们以未经审察的意见为基础而普遍认同的前提,以及处理他们习惯于在原始的环境中使用的表达法时,修辞就是劝服大众的最佳手段。诗学技艺正是通过这些东西的言辞而设计出一些意象。语言知识的技艺在原来的环境中仅仅构成大众熟悉并处理的那些指称意义的表达法,以及构成在第二种环境中表达[上述]意义和规则的表达法。写作的技艺也是这样一种技艺:准确指称这些意义的[书面]表达法由之而精确地被标示出来和保存下来。

139. 因此,那些从事[这五种技艺]的人就会被算成是大众,因为他们都在自己的技艺中都不关注任何理论性东西,也不关注在严格意义上统管所有技艺的那门技艺的任何部分。他们也许有统管者和统管的技艺:人们用后一种技艺来管理他们的事务——这种技艺通过照管他们所用的技艺来为他们服务,好让每一个人都能从他所用的技艺来达到自己的目标,而不会妨碍他的目标,或者他们的统治者靠这种技艺来在他们的技艺中利用他们,统治者通过这种技艺就可以达到自己的目标,并达到他所渴望的东西,比如财富或荣誉。统治者对他们所处的地位,就跟那种管理农业工人的地位一样,那种管理农业的人有能力在充分利用农业工人方面做到高人一等,也擅长于在农事方面指导他们,好让他们在干各种各样的农活时,自己却能达到自己的目标,获得自己所追求的东西。这也是他被算作是他们中的一员的原因。大众的统治者,以及那个管理大众事务的人,在特定实践技艺方面利用大众时,会采取同样的方式,通过为他们照管他们的技艺而为他们服务,而且一般而言为了他们自己的利益或为了他本人的利益,或者为了两者的利益而利用他们。如此看来,他也是他们中的一员;因为他的终极目标也是大众的目标。那么,他的技艺在种和类方面完全就是大众的技艺,除了在种和类上最高的技艺之外。大众的统治者为他们服务,因为他们是大众,就要为他们照管这些东西,又因为他们是大众,还要在这些事情上利用他们。如果统治者的目标是通过为大众照管这些技艺来为他们服务,并且在这些技艺方面利用他们,那么,统治者的目标就跟大众的目标是一样的。无论这只是为了统治者自己,还是为了他们所有人,他都是他们中的一员。那么,大众的这一类统治者,也是大众的一份子。这正是另一种大众的技艺。它也是一种普通的技艺,除非是那种践行和从事这门技艺的人把自己算作是精英。因此,大众的君王,也属于大众。

[第二十三章 三段论在国家中的起源]

140. 实践技艺和所有的日常技艺都完成了之后,人类的灵魂就想熟悉世界之中、地球之上和它周围的可感物的原因,以及所感觉到的在天上出现的每一种东西的原因,还想熟悉实践技艺所揭示的很多东西,比如,形状、数字、平面所反射的可见光线、颜色,以及诸如此类的东西。如此一来,就会产生那种寻找这些东西原因的人。首先,他们会用修辞的方法来研究这些东西,并验证这些东西的原因,验证对它们的看法,把他们在研究中所验证到的东西教给别人,因为这些就是他们意识到要由此开始的三段论方法。如此,就会出现对数学的和自然的物体的研究。

141. 研究这些物体的那些人,还会继续使用修辞的方法,随后还会获得不同的意见和学说。他们经常互相讨论问题,还会互相质疑每一个人独立确证的意见。每当其中一人面对一个反对他所持意见的对手时,就需要捍卫自己所用的方法,试图让这些方法变得不可反驳或者难于反驳。他们会继续付出真诚的努力,找出越来越牢靠的方法,直到他们认识到辩证的方法为止。他们把辩证的方法跟诡辩的方法区别开来,而他们此前不加区别地使用这两种方法,因为这两种方法都具有且混合着修辞的方法。因此,修辞的方法就会被拒绝,而会使用辩证的方法。因为诡辩的方法似乎跟辩证的方法相似,很多人就会用诡辩的方法来研究并确证那些意见。接下来,对理论事物的探索、研究和确证,就以变成辩证的事物而告终,诡辩的方法就会被取缔,而只用于检测。

142. 这样,辩证的方法会一直用到辩证的讨论达到完美的程度。然后,辩证方法的应用就会让人清楚,辩证的讨论还不足以获得确定性。到这个程度时,就会出现对教导方法的研究和确定科学的研究。同时,人门就会认识到数学的方法,而这些方法就会变得几乎完美,或接近于完美。与此同时,对他们来说,辩证方法和确定性的方法之间的区别就会变得很明显,而这两者也会有所区分。进一步说,人们由此会转向政治事务的科学——也就是说,转向那些其原则在于意志和选择的事物——他们用那种辩证的方法并混合着导向确定性的方法来研究这些事物——因为辩证的方法已经变得尽可能牢靠,已经达到几乎是科学的程度。这个过程会继续,直到哲学的条件达到它在柏拉图时代的样子。

143. 然后,所有这些都会受到争论,直到这件事得以了结,就像它在亚里士多德时代得以了结那样。对所有方法的区别标志所做的科学探究,就会达到这个目标;理论哲学,以及普遍的实践哲学,就会得到完善,不再留下任何研究的空间。因此,哲学就会变成一种只是被学习和被教授的技艺。哲学会用一种适用于被拣选者的教导方式以及另一种普通的也就是适用于所有人的教导方式来教授。对拣选者的教导只用论证方法,而适用于每一个人的普通教育,就用辩证的、修辞的或诗学的方法。然而,修辞的和诗学的方法更可能由于教大众那种已经为证明所确定和确证的理论的和实践的事情上。

144. 这些事情之后,就会需要制定法律,需要在已经为论证所发现、充分处理和确证了的理论事物方面,以及在已经为审慎的能力所揭示的实践事物方面教导大众。制定法律的技艺需要在形成这样一些大众难以构想的理论可理解物方面具有高人一等的能力,要擅长于发现每一种有益于获得幸福的政治活动,还要擅长于运用所有手段来劝导那些适宜用来教导大众的理论和实践事物。如果制定了那些处理这两类事物[也就是理论和实践事物]的法律,并且还给法律加上了劝说、教导和形成大众性格的手段,那么,宗教[milla]就会得到认可,大众凭借宗教就会得到教导,性格就会形成,它的产生,就是为了获得幸福而做一切事情。

145. 如果在那以后,出现了一群反思宗教内容的人,包括一些从事创始人在那个宗教中明确阐述的特定实践活动,并试着从创始人碰巧没有明确阐述的东西中推导出那些特定的实践活动;并且,在作出这样一些推导时,把创始人在其明确的阐述中所揭示的意图用作模型,那么,这就会产生出法学的技艺。如果还有一群人试图在创始人明确阐述的基础上推导出创始人并没有明确阐述的理论的和普遍实践的事物,把创始人明确的阐述作为模型,那么,也就会产生出某种另外的技艺:且把它称作神学的技艺。如果碰巧有一群人试图拒绝这种宗教所包含的东西,神学的实践者就会需要一种[更高的]能力来捍卫那种宗教,保卫那些支持这种宗教的人,并反驳各种各样的错误理念,其他人用这些错误理念来拒绝那种宗教明确阐述的东西。有了这种能力,神学的技艺就会变得完美,而以这两种能力为基础的技艺就会出现。很显然,除了普通的方法,即修辞的方法而外,所有这一切都办不到。

146. 那么,这就是国家按照自己固有的天赋和自然的性情来行事时,三段论技艺在国家中出现的顺序。

[第二十四章 宗教与哲学]

147. 如果一种宗教依赖于一种哲学,这种哲学在所有的三段论技艺以这种或那种方式按照我们再三阐释的方法相互区分开来之后而变得完美,那么这种宗教就会是一种极其有效的宗教。

然而,如果哲学在论证性和确定性方面还没有变得十分优秀,反而继续用修辞的、辩证的或诡辩的[论证]来确证它的意见,其结果就很可能是所有的、大多数或大部分内容就在不知不觉中包含着完全错误的意见,结果它就是一种以信仰和错误推理为基础的哲学。如果除此而外,很多这类错误意见得以形成,并且形成了它们范式(而不是它们自身)——正如宗教经常处理大众难以构想的那些东西一样——那么,那种宗教离一种真正的宗教还有相当的距离,就会是一种败坏的宗教,而这种败坏却未能为人所意识到。接着,当出现了一个立法者,他不在他的宗教意见中采纳他那个时代碰巧存在的哲学,反而采纳此前宗教所设立的意见,假定那些意见才是真的,把它们形成意象,并采纳它们的范式来教育大众,那么,就会产生一种比那种宗教更败坏的宗教。如果在他之后,还有另外一个以第二个立法者为基础的立法者,那么这种败坏还会更加严重。

因此,只有当人们根据第一种方式认识到那种宗教后,一种有效的宗教才会在国家中得到认可;根据第二种方式认识来认识宗教,那么,一种败坏的宗教就会在国家中得到认可。然而,在这两种情况中,宗教只会在哲学之后才出现,而不管是在确定的也就是真正的哲学之后出现,抑或是在以信仰为基础的哲学之后出现——这种哲学被认为是哲学,尽管它并不是真正的哲学。那么,这就是宗教在一个国家自身固有的天赋和自身的天然性情中出现的情形。

148. 另一方面,如果宗教是从一个本身没有宗教的国家中转而来——或者如果一种本属于某个国家的宗教被采纳了,并通过增补、删节或其他某种改造而改进了,这种宗教就变成了一个国家的宗教——而它的性格也就为那种宗教所形成,受到那种宗教的教导和统治,那么,那种宗教在这个国家中很可能在哲学得到认识之前就出现了,甚至在辩证法和诡辩术之前就出现了。对于哲学来说,如果它不是出自于一个国家自身固有的天赋,而是从其所属的另一个民族那里传来,那么,它在这个国家中就会在宗教传入之后才出现。

149. 如果[原来的]宗教依赖于完美的哲学,而这种哲学中的理论事物在宗教中并不是像它在哲学中那样确定下来了,运用那些表达哲学的表达法;相反,宗教采纳了所有或大多数理论事物的范式;

如果这种宗教从其他国家传来,而这个国家并没有认识到宗教依赖于哲学,或者起内容是哲学通过某些论证而确证的理论事物的范式;相反,所有这一切都悄悄地发生,结果让那个国家相信那种范式包含在真正的宗教以及理论事物本身之中;

如果随后这种宗教的优越性所依赖的那种哲学是传到这个国家来的[假设这一系列事情发生了];

那么,就有一种危险:宗教将会与哲学相矛盾,它的信徒会反对哲学,并且抛弃哲学。哲学的信徒也会反对这种宗教,因为他们不知道这种宗教包含着哲学中的范式。一旦他们知道这些范式是哲学中的范式,他们自己也就不会反对宗教了。然而,宗教的信徒还会反对哲学的信徒。哲学及其信徒就不会对宗教拥有权威性,对宗教的信徒也不会拥有权威性;相反,哲学会被抛弃,哲学的信徒也会被抛弃,而宗教就不会得到哲学的巨大支持。而且哲学及其信徒就会有受到宗教及其信徒之手的巨大伤害的危险。因此,这一点上,哲学的信徒也许会为了自身的安全而被迫反对宗教的信徒。他们会试图反对宗教信徒认为宗教与哲学相对立的这一信仰,而不是反对宗教本身;他们会诚心诚意地通过让宗教徒理解到他们宗教的内容就是哲学内容的范式,来医治宗教徒的这一信仰。

150. 另一方面,如果传到他们手上的这种宗教,原来依赖于一种更早的、败坏的——修辞的、辩证的或诡辩的哲学;

如果接着一种有效的和论证性的哲学传到他们手上;

在这种情况下,哲学就会在每一个方面反对那种宗教,而那种宗教也会全然反对这种哲学。它们都会试图除掉另一方。不管这两者哪一个获胜,并在他们的灵魂中固定下来,它都会除掉另一方;不管这两者哪一个征服了这个国家,它都会把另一方从这个国家剔除出去。

151. 如果辩证法或诡辩术传入了一个已经有宗教的国家,这种宗教在这个国家中扎根并牢牢地固定了下来,那么,这两种[技艺]中的每一种都会伤害这种宗教,还会在信仰者的灵魂中轻视这种宗教,而不管这种宗教是否是建立在一种真正的哲学之上,或者是建立在一种仅仅被认为是哲学的哲学之上。因为,假设这些[两种技艺,即辩证法和诡辩术]有能力证明和反驳同一件事物,那么就会发生这样的事情,把辩证的和诡辩的方法运用到那些通过宗教而在[人们]灵魂中牢固建立起来的意见上,就会破坏人们对这些意见的持守,对它们产生怀疑,并且赋予它们以尚未有效而是等待有效论证的状态,或者把它们变成一些让人困惑的东西,其困惑到了让人认为它们及其对立面都根本不可能得到有效确认的程度。这就是为什么的大多数立法者都要禁绝并努力禁止辩证法和诡辩术。与此相似,受命维护宗教的君主——无论是什么宗教——努力禁止宗教徒运用这两种方法,并且最为严格地告诫他们要抵制这两种方法。

152. 就哲学而言,有些人认为应该追求哲学;另外的人允许哲学;还有其他人悄悄地忽略哲学。最终,其他人出于以下原因而禁止哲学。这里所讨论的国家不是这样一种可以按照理论事物本来面目或以一种纯粹的方式来教导真东西的国家;相反,由于其人们的自然性情,或由于这种性情所追求的目标,或者由于[立法者或君主有意]通过这种性情而获得的目标,这个国家不会碰到本身是真的东西,而仅仅会用真东西的范式而专门形成其性格。或者说,这里所讨论的国家就是这样一种国家,其性格可以由活动、职业和实践事物来专门形成,而不是由理论事物来构成,或者无论如何,很少由这些理论事物来形成。

还有一种情况,创始人所引入的宗教是败坏而无知的:他并没有运用宗教来寻求国家的幸福,而是运用宗教来寻求自己的幸福,想把宗教专门用作自己幸福的手段。因此,假如他允许宗教去研究哲学,他害怕整个国家就会认识到他试图在他们灵魂中建立起来东西的败坏性质。

153. 在每一种反对哲学的宗教中很明显的是,那种宗教的神学技艺会反对哲学,而且那些追求神学的人会反对那些追求哲学的人,结果,宗教就会反对哲学。

[第二十五章 创铸的和转借的名称]

154. 如果一种宗教会出现在一个以前没有宗教的国家,而且那种宗教并不属于一个更早的国家,那么,很显然,这种宗教中的律法(Sharia,沙里亚)此前就不为那个国家所知,因此也就没有名称来指这些律法。如果宗教创始人需要为这些律法设置名称,他要么为它们发明一些这个国家在他之前还不熟悉的名称,他也可以转借他们有名称的那些事物的名称来指它,与他所设立的律法几乎相似。然而,如果他们在此之前已有另外一种宗教,那么,他也许就会把第一种宗教的律法名称转用于他自己宗教相似的律法上。而如果他的宗教或其中一部分是从其他国家传来的,那么在改变了那些表达法,让它们的字母和结构跟他自己国家表达法的字母和结构一样,好让它们更容易做出判断,他也许就会用[外来的]名称来指称传来的律法。如果辩证法或诡辩术在这个国家出现,而且那些追求辩证法或诡辩术的人需要表达他们并没有的名称所要表达的意思——因为这些意思此前还不为这个国家所知,那么,他们就要么会从他们国家自己的字母中构造出那些意思的表达法,要么就转借他们最熟悉的事物的名称来指那些意思。相似地,如果哲学会出现,那些追求哲学的人就必然需要表达此前还不为他们所知的意思,他们就会相应地按照上述两种方式之一来行事。

155. 然而,如果哲学是从另一个国家传到他们这里来的,那么,那些擅长哲学的人必须寻找第一个国家用来表达哲学意义的表达法,并且让自己熟悉两个国家共同认可的[日常]意义,由此第一个国家把那些表达法传了进来。当他们熟悉这些表达法,他们必须采纳这些表达法,他们自己的国家就用这种表达法来表达同样的日常含义,并把它们设定为表达那些哲学意义的名称。

但如果发现哲学包含着第一个国家传来表达日常意义的名称,这些名称不为第二个国家所知,因此第二个国家还没有名称,而且如果[哲学]意思与第二个国家所知的另外某些日常意义相似,而他们的确有表达这些意思的表达法,那么,最好的办法就是不理会他们原来的名称,并在第二个国家中寻找与哲学意义最相似的日常意义,采纳他们用来表达日常意义的表达法,并用这些表达法来指称它们的哲学意义。如果发现哲学包含着第一个国家使用日常意义的名称来表达的某种意义,在哲学对事物进行想象的范围内,那些日常意义与哲学意义非常相似,但在第二个国家对事物进行想象的范围内,这些哲学意义与另外的日常意义非常相似,而另外的日常意义与第一个国家的日常意义不同,那么,这些哲学意义在第二个国家中就不应该用第一个国家所拥有的名称来指称。的确,人们不应该在第二个国家中谈论这样一些名称,反而应该在第二个国家所涉及到的范围内用跟这些哲学意义最相似的日常意义的名称来指称这些哲学意义。但如果哲学包含着第二个国家并没有与之相似的日常意义,尽管这种情况很少出现,那么,人们要么从这个国家的字母中构造出表达法来表达这样的意义,用[指称]其他任何偶然的意义[的表达法]来含糊地表达它们,或者为了让第二个国家更容易做出判断而改变第一个国家的表达法之后,用第一个国家的表达法来表达它们。这样一种哲学意义在第二个国家中会显得极其稀奇古怪,因为第二个国家既没有这样的意义,也没有任何与它相似的东西。而如果一种哲学意义碰巧与两个国家都拥有名称来指的日常意义相似,即便那种哲学意义与其中一个国家的日常意义更相似,在第二个国家的语言中,与我们用与之更相似的名称来指称它相比较,我们用与它更不相似的名称来指称它,就显得更合适,那么,它就应该用那种与它不那么相似的名称来指称它。

156. 今天在阿拉伯人中存在的哲学,是从希腊人那里传来的。那些把哲学传入[翻译]过来的人在命名它所包含的意义时,曾试图采用我们刚才提到的方法。我们自己却发现,有很多人夸大其词,爱走极端,认为哲学意义应该全部用阿拉伯语来表达。有时他们的确允许一些保留着希腊语的名称,他们通过改造这些东西使之阿拉伯化,以便于阿拉伯人更容易发音,比如,*al-istaqis*[即希腊语的 stoicheion, 基本元素], *al-hayuna*[物质]。(然而,他们也试图用阿拉伯语来称呼这两种东西,他们把 *al-istaqis* 叫作 *al-unsur*,把 *al-hayuna* 也叫作 *al-unsur*,和 "al-madda" 一样,却从来不把 *al-istaqis* 叫作 al-madda。不过[这很可能会引起一些混乱]这些人有时用 *al-hayuna*,有时又用 *al-unsur* 来代替 *al-hayuna*。)然而,他们允许其保留希腊名称的事物可谓少之又少。现在,那些最先进行命名程序的[外来的]哲学意义,被说成是因如下假设而采用的,它们分别由两个国家的表达法所表达;而如果从哲学意义而来的日常意义应该在所有国家中都有名称的话,那么,采纳哲学名称是基于这样的假设:它们分别由每一个国家的表达法所表达。对于其他进行命名程序的这些意义来说,它们的采纳是基于这样的假设:它们只是由第二个国家的表达法所表达。

157. 哲学意义的采纳,应该要么是因为它们根本不为任何表达法所表示,而是仅仅因为它们可以理解;要么,如果它们是因为由表达法所表示而得到采纳,那么人们就应该因为它们为表达法所表示而采纳它们——任何偶然的表达法或任何偶然国家的表达法,仅仅[碰巧]当用于教导时,人们随便什么时候在表达哲学意义时,都要特别小心,因为他们与日常意义表面看来相似,那些用来表达哲学意义的表达法正是从那些日常意义转变而来。因为哲学意义有时要跟日常意义搞混,所以人们就会想象,哲学意义简直就跟日常意义完全是一回事,而且由于表达法同时表达两种意义,所以人们就会认为它们是同义的。因此,有些人就认为,他们不应该用表示日常意义的表达法来表达哲学意义——尽管它们很相似;相反,他们认为最好的办法就是根本这个国家以前的表达法来为他们创造一些名称,而是重新组合一些字母,并用其表达法中的惯用词组。而这些各种各样的相似性在把这门[哲学的]技艺教给新手时,也有一些用处,因为这可以让新手在表达与它们相似的日常意义时更快地理解哲学意义,让新手在接触这门技艺之前就熟悉它。然而,人们应该警惕这些导致错误的表达法,就好像要警惕模棱两可说出的名称所导致的错误。

158. 大家都模棱两可地用很多从日常意义转到哲学意义的表达法来来表达许多日常意义,而那些表达法在哲学中也被模棱两可地用来表达很多东西。具有相同名称的意义(1)有时同音而异义,只有那个模棱两可的名称才是相同的。(2)在另外一些情况中,它们与很多[不同的]东西有着相似关系。(3)而在另外的情形中,它们与某个东西有着系统的关系——也就是说,它们与那件东西(a)要么在等级上具有并列的关系,它们(b)要么在等级上具有差异关系,结果有些意义的地位与那件东西更近,而有的则更远。在这两种情况下(a 和 b),他们要么用那种与他们不同而却又相关的名称来命名,要么他们和那件东西都可以准确地用同样的名称来命名——那个东西就会有很充分的理由处于领先的位置,而它的领先要么可能是实际存在着的,要么也是人们所熟知的。如果它们中间有一种东西在熟悉程度上处于领先地位,剩下的每一个就会以熟悉程度来排列顺序:每一种东西都会以那个领先的东西为准来衡量,在这方面就更接近所有人都最熟悉的那个东西,也就是最有资格处于领先位置的东西,尤其是还在更熟悉的情况下,那个领先的东西还是其他东西存在或更熟悉的原因。当那个东西同余下的东西都用同样的名称来命名时,那么,在严格意义上最当得起那个名称或最值得拥有那个名称的,就是那个东西。然后,在余下的东西中,最合适[拥有那个名称]的就是那个更熟悉的东西,或那个既更熟悉又是余下熟悉存在物原因的东西——直到用那个名称来命名的每一种东西都涵盖在内。同样地,如果它们中间有一种东西在存在方面领先,或者是余下东西存在的原因,那么它就最值得并适于在最严格的意义上拥有那个名称,后面紧跟着任何在存在方面最接近那个东西的事物,而接下来最接近的一系列东西更当得起那个名称,尤当更完美的一个是另一个的存在原因时,在这种情况下,前一个就比后面的更当得起那个名称。在很多事物中,很可能出现的情况却是在熟悉程度上最领先的在存在方面却远为落后,而最隐蔽的[即,最不熟悉的]却在存在方面更有资格处于领先,而两者却因为它们的与很多事物的相似性而拥有同样的名称,或者因为它们都与一个东西相联系,而不管它们是并列的还是在等级有差别的,也不管那个东西是否跟它们一样用相同的名称来命名,或者用跟它们不一样的名称来命名。这些就与同音而异义的东西不同,也与同义的不同;它们就是这两者的中介,有时就叫作"模棱两可"。

哲学的兴起(残篇)①

一

阿布·纳撒尔·阿尔法拉比(Abu Nasr al-Farabi)全名 Abu Nasr Muhammad Ibn Muhammad Ibn Uzalagh Ibn Tarkhan。他出生在法拉布(Farab),呼兰珊(Khurasan)的一个土耳其人地区的城市。他的父亲是一名具有波斯血统的军官。他在巴格达居住过一段时间,后来迁到大马士革,在那里直到去世。

他——愿真主慈悲——是一个完美的哲人,也是一个完美的伊玛目(Imam),他精通哲学性的科学,在数学方面也出类拔萃。他追随古代哲人,心地纯洁,智慧超群,颇为厌世,满足于生活的简单必需。他对医学相当熟悉,懂得一些医学的普遍原理,尽管他从来没有行过医,也没有试图学一些医学的细节。

赛义夫·阿尔丁(Sayf al-Din Abu-l-Hasan Ali Ibn Abi Ali Al-Amidi)告诉我说,阿尔法拉比最先在大马士革当园丁,但他却在继

---

① [译按]本文选自后来的编撰者 Abi Usyabi'ah(卒于1270年)的著作,该书介绍了阿尔法拉比的生平,还包含了阿尔法拉比已佚著作《哲学的兴起》(*Fi Zuhur al-Falsafah*)。译自法赫里的英译本,见 Majid Fakhry. *Alfarabi: Founder of Islamic Neoplatonism*. Oxford, 2002, pp. 156-160。

续从事哲学(hikmah)的学习,研究哲学,搜寻古人的意见并阐释它的含义。他资源有限,以至于他靠守夜人的灯光在夜间阅读和写作。他就那样持续过一阵子,然后情况有了好转,他的品行为大众所知。他的著作开始出名,从学者渐众,直到他被认为是他那个时代独一无二的(哲人)和最博学的学者。

他遇到了赛义夫·道莱(Sayf al-Dawlah),也就是台格利卜(Taghlib)族的阿布哈桑(Abu'l-Hasan Ali Ibn Abdullah Ibn Hamdan),他对阿尔法拉比礼敬有加,阿尔法拉比的地位在道莱眼中逐渐上升。阿尔法拉比就是他最爱戴的人。

我从前辈学人的手书中抄录来的材料说,阿尔法拉比在希吉拉历338年(公元949年)到过埃及,然后又回到大马士革,于希吉拉历339年(公元950年)的拉嘉伯禁月(Rajab)在道莱的宫中逝世,当时的哈里发是拉迪(al-Radi)。道莱带领他亲自挑选的十五个朝臣,主持了阿尔法拉比的葬仪。

据说,除了道莱赏赐的东西之外,阿尔法拉比每天从道莱那里只接受不超过四个银迪拉姆的钱,他用这点钱来购买生活必需品。他并不关心自己的相貌、家庭或谋生手段。

据说,他习惯于以羊羔心脏的汁水为食,仅仅就着莱哈尼(Rayhani)酒。还说,他早年曾当过法官,但当他发现了(哲学)学问的优点后,就弃官不做,并把全副精力用于获得那种学问。他从来没有屈身于任何世俗的职业。

据说,他习惯于夜晚离开家里,就着守夜人的火炬读书。他获得了音乐的理论,也学会了演奏,并成为了最高水平的大师。据说,他曾创制了一种奇怪的乐器,这种乐器可以发出丰富的声音,能够打动情感。

据说,他之所以从事哲学著作的阅读,是因为有人曾经托他照管一套亚里士多德著作的选集。他碰巧翻了翻这些书,就喜欢上了。他于是继续读下去,一直到他掌握了书中所有的内容,并成为了一个真正的哲人。

我曾经抄录过阿尔法拉比谈论哲学这个词的含义的话。他写道：

> 哲学这个名称来自于希腊人，在阿拉伯语中是一个外来词，而他们的语言中叫作 filusufia，意思是"智慧之爱"。它在他们的语言中，由 fila① 和 sufia 组合而成；fila 意思是"爱"，sufia 意思是"智慧"。"哲人"一词来自于"哲学"，在他们的语言中就是"philo-sophos"。这是他们语言中一种常见的派生方式。它的意思是热爱智慧的人；这种人穷其毕生精力去追求智慧。

二

阿尔法拉比在他的《哲学的兴起》中说过下面的话，我逐字抄录：

> 哲学在希腊诸王统治时期出现了第一次繁荣。在亚里士多德去世后[按，即公元前 322 年]，哲学在亚历山大里亚生了根，直到那个女人[按，指克丽奥葩特拉(Cleopatra)，卒于公元前 39 年]的最后日子。在他②逝世之后，教导(ta'lim)一致持续着，未曾变化，直到十三个(托勒密)国王先后相继的时期。在那个时期，活跃着哲学的十二个导师，其中一个叫作(罗德岛的)安德罗尼科(Andronicus，鼎盛于公元 40 年)。最后一个(托勒密的)统治者就是那个女人[即克丽奥葩特拉]，她被罗马国王[皇帝]奥古斯都打败。奥古斯都杀了她，夺取

---

① 或 filu (philo)。
② 即指亚里士多德。

了王位。当奥古斯都感到安全可靠后,就调查了书籍的汇编,并为它们进行分类。他在其中发现了亚里士多德的著作,这些著作在亚里士多德生前或特奥弗拉斯托斯(Theophrastus,卒于公元前288年)①时代编纂而成。奥古斯都还发现导师们和哲人们曾撰写过其他著作,跟亚里士多德讨论的是同样的问题。他下令,誊抄亚里士多德生前或他的学生时代编纂而成的这些书,用作教导的基础,下令扔掉其余的书。

他[奥古斯都]把这项工作交给安德罗尼科,命令他抄录一些复本,他好带到罗马去,其他书可以留在"教导中心"(Center of Instruction)。② 他还命令安德罗尼科指派一位导师接替他在亚历山大里亚的职位,并让他[似指安德罗尼科]随他[按指奥古斯都皇帝]去罗马。如此一来,那个时代就有两个学问中心,一直持续到基督教的兴起。随后,罗马的教导终止了,但在亚历山大里亚还继续着,直到基督教的国王(们)有时间来过问这个事情的时候。

主教们聚在一起,商量那种教导中什么应该保留而什么又该抛弃。他们决定,对于[亚里士多德的]逻辑学著作[即《工具篇》(Organon)],教学生时应当只教到(三段论的)"存在式"(existential moods),③但不能再往下了,因为他们认为那会对基督教构成威胁。他们觉得,核准了的东西可以用来支持他们的宗教。就这样,(逻辑)教导的公开部分(public part)就保持不变,而其余的就藏了起来,直到很久以后伊斯兰教的出现。于是,教导就从亚历山大里亚移到了安条克

---

① 接替亚里士多德担任吕克昂(Lyceum)的主持。
② 或,亚历山大里亚。
③ 也就是《前分析篇》(Analytica Priora)第一卷所讨论的范畴。那种课程包括《范畴篇》(Categories),《前分析篇》第一卷,以及波菲利的《导论》(Isagoge)。这就是所谓"四书"(four books),把《后分析篇》(Analytica Posteriora, Kitab al-Burhan)排除在外,Abi Usyabi'ah 的摘要后面提到了此书。

(Antioch),在安条克持续了很久,直到只剩下一位导师。有两个人从学于这位导师,其中一个是从哈兰(Harran)来的人,另一个是从 Merw 来的人。这两个人带着书籍离开了。

那个来自 Merw 的人有两个学生,易卜拉欣·马瓦兹(Ibrahim al-Marwazi)和海兰(Yuhanna Ibn Haylan)。主教伊斯拉伊尔(Isara'il)和库伟里(Quwayri)受教于那个哈兰人。这两个人移居到了巴格达,易卜拉欣在那里从事宗教活动,而库伟里从事教学活动。海兰也从事宗教活动,而马瓦兹后来也移居到巴格达,在那里定居下来。云安(Matta Ibn Yunan)受教于马瓦兹。① 那个时候的教导止于三段论的"存在式"。②

阿尔法拉比自己说,他受教于海兰,学到《后分析篇》(*Analytica Posteriora, Kitab al-Burhan*)的末尾。"存在式"之后的部分习惯于被人叫作未读部分(*unread part*),直到那时才为人研读。此后,一旦穆斯林导师们得以可能,人们有能力研读存在式时,就开始研读那种规则。阿尔法拉比说他就研读到了《后分析篇》的末尾。③

我的叔父拉什德(*Rashid al-Din Abu'l-Hasan Ali Ibn Khalifah*)——愿他的灵魂安息——告诉我,阿尔法拉比于希吉拉历 339 年(公元 950 年)的拉嘉伯禁月(*Rajab*)在道莱的宫中逝世,当时阿巴斯哈里发穆克塔迪尔(*al-Muqtadir*)在位。云安(*Abu al-Mubashshir*④ *Matta Ibn Yunan*)跟他同时代;他比阿尔法拉比年长,但阿尔法拉比更敏锐,也更善于谈吐。

---

① 也叫作云努斯(Ibn Yunus)。
② [译按]法赫里在翻译时,用引号来指阿尔法拉比的原话,但只有上引号,没有下引号,不知道阿尔法拉比的"原话"在何处终止。译者根据其内容判断应该是在这里结束。而所谓"原话"云云,本亦待考。
③ 这里似乎是一种重复。
④ 通常叫作 Abu Bishir。

《修辞书》英译者导言

西方修辞学史的标准说法,一般把中古修辞说成一个持续了2500年之久且在很大程度上从未断裂的一元化修辞传统的一个部分。中古修辞本身被说成是一个固定、同质、以种族为中心且自我指涉的文献总和,修辞学的研究者读得到这些精心编纂的选集,最有名的就是《修辞传统》,由比泽尔(Patricia Bizzell)和赫兹伯格(Bruce Herzburg)新近修订的文选汇编。① 比如,除了模模糊糊顺带提到了"阿拉伯古典学术,尤其是亚里士多德学说传入欧洲"之外,比泽尔和赫兹伯格把中古修辞表述成古典修辞学的自然产物,而且丝毫没有提到阿尔法拉比(Alfarabi, 970-950)、阿维森纳(Avicenna, 980-1037)和阿威罗伊(Averroes, 1126-1198)对亚里士多德《修辞术》的评注。②

然而,修辞史家肯尼迪(George Kennedy)和墨菲(James Murphy)却注意到了那些游离于西方修辞学"传统"文献之外的重要修辞传统。肯尼迪在《古典修辞及其从古至今的基督教传统和世

---

① Patricia Bizzell and Bruce Herzburg, eds., *The Rhetorical Tradition: Readings from Classical Times to the Present* (2nd edition, Boston, MA: Bedford Books, 2001).

② Patricia Bizzell and Bruce Herzburg, eds., *The Rhetorical Tradition: Readings from Classical Times to the Present* (2nd edition, Boston, MA: Bedford Books, 2001). p. 439.

俗传统》一书中劝告说,希伯来和阿拉伯修辞传统"不应被漏掉"。① 墨菲在他的论文《修辞的史撰:挑战与机遇》中指出,很多欧美历史学家对希腊—罗马传统表现出浓厚的兴趣,这常常让他们忽视了阿拉伯的修辞,而正如墨菲所认识到的,这种修辞"实际上起到了希腊修辞和欧洲修辞之间的桥梁作用",②墨菲为那些打算考察其他文化和修辞传统的人打开了很多的可能性。

墨菲认识到的这座桥梁,实际上是并不一以贯之的复杂知识链条中重要的历史关头,而西方历史学家往往忽视了这一点。事实上,墨菲的《中古修辞:研究文选》和《修辞的复兴:短标目录》收录了诸如阿尔法拉比、阿威罗伊和阿尔巴基拉尼(Al-Baqillani)等穆斯林学者著述的一些重要信息。③ 尤为重要的是,墨菲在其《中世纪修辞》中提到了阿尔法拉比、阿维森纳和阿威罗伊等中古穆斯林评注家的贡献,正是他们对亚里士多德《修辞术》的评注"把这本书重新引入到西方生活的主流之中"。④

评论家阿尔斯(David Aers)在其引人入胜的文章《重写中世纪:一些建议》中认为我们需要重写中世纪的历史,因为它一般被我们说成是"一个融洽的世界,由连贯的基督教教义体系所统摄,包含没有争议的性别、性和社会秩序的学说。"⑤阿尔斯所提倡一种历史要揭示矛盾、冲突和任何可辨识的变更力量,这些东西潜藏

---

① George Kennedy, *Classical Rhetoric and Its Christian and Secular Tradition from Ancient to Modern Times* (Chapel Hill: University of North Carolina Press, 1980), 194.

② James J. Murphy, "The Historiography of Rhetoric: Challenges and Opportunities", *Rhetorika* 1 (1983): 1-8 (p. 6).

③ James J. Murphy, *Medieval Rhetoric: A Select Bibliography* (Toronto: University of Toronto Press, 1971); Renaissance Rhetoric: A Short-Title Catalogue (New York: Garland, 1981)。[译按]阿尔巴基拉尼(Al-Baqillani, 950-1013),艾什里尔派学者。

④ James J. Murphy, *Rhetoric in the Middle Ages: A History of Rhetorical Theory From Saint Augustine to the Renaissance* (Berkeley: University of California Press, 1974), 91.

⑤ David Aers, "Rewriting the Middle Ages: Some Suggestions", *JMRS* 18.2 (1988): 221-240 (p. 221).

于他称之为表面上"内含于静态文化之中的同质的和无争议的教权传统"之下,而且他还提议我们要放弃"把中世纪表述成静态文化的所有模式"。①

由墨菲和阿尔斯提出的这些论证路线,应该可以鼓舞我们提出这种主张:扩大修辞的传统正典范围,在修辞学大纲中把中古阿拉伯世界对亚里士多德《修辞术》的评注传统包含进来,会拓宽这个学科的范围。它会为解读亚里士多德传统提供一个新的文化维度,因为它会把基督教欧洲世界的观点与阿拉伯—伊斯兰世界的观点并置起来。结果,研究修辞的学者会逐渐欣赏到中古修辞传统,而不仅仅是有机会发现,从雅典到中古欧洲在巴黎和牛津的大学这一路线,其实还穿越了巴格达和科尔多瓦的庭院。正如评论家普拉格在她的文章《"作为 Bla Mon 的黑人":中古英语中对非欧洲人印象的反思》中所解释的,到 21 世纪初,三分之一的美国学生其实都是非洲裔美国人、西班牙裔、美洲印第安人和亚洲人,以及其他少数民族。② 普拉格认为,美国学生不断增长的多样性会不可避免地在学术话语共同体之内和之外,就研究西方创造性表现的理论基础所产生的争论来说,造成严重的挑战。她总结道:

> 如果我们认为研究欧洲更古老的文学很重要,那么,我们必须找到一些途径吸引学生的兴趣,而不是诉诸传统的论据,即诉诸这些作品中最优秀著作内在的和普遍的价值,不管这种价值有多么确定无疑。③

---

① David Aers, "Rewriting the Middle Ages: Some Suggestions", *JMRS* 18.2 (1988): 221-240, p. 239.
② Carolyn Prager, "'Black as a Bla Mon': Reflections on a Medieval English Image of the Non-European", *Studies in Medieval and Renaissance Studies* 1-2 (1990): 43-57 (p. 54).
③ Idid.

学术话语共同体中越来越意识到多元文化主义的重要性,这就让如下的主张变得合理合法:中古阿拉伯对《修辞术》的评注传统,在这个学科发展史的争论中,值得严肃关注。

对阿拉伯—伊斯兰世界的历史所作的传统解释,告诉我们,当阿拉伯的穆斯林于公元前650年前后第一次征战罗马帝国时,就占领了叙利亚、埃及、北非和小亚细亚的部分地方,以及罗马的南部行省。在以大马士革为中心的伍麦叶王朝(Umayyads)治下,阿拉伯的穆斯林于公元664年继续征服的步伐,席卷了北非,一直到达大西洋边。他们跨越地中海,征服了西班牙,挥师向北,到达普瓦捷(Poitiers,法国西部城市),于公元732年在那里战败。

阿拔斯王朝(Abbasids)于公元九世纪取得统治地位,建都于巴格达,那里在近五十年中成为了世界范围内的文化中心。① 在一段战乱时期之后,阿拉伯穆斯林在赖世德(Harun al-Rashid, 786-809年在位)和他的儿子麦蒙(al-Ma'mun, 786-833)的带领下把自己的时间和财富都用在对知识的各个分支的研究上——其帝国乃是东西方富有成效对话交流的好地方。阿拔斯容纳了一种重要的文化多样性,在兰道看来,这种多样性"绝佳地熔铸成一个混合体",从而形成了一种新的阿拉伯—穆斯林特性。② 先知穆罕默德敦促穆斯林"学问虽远在中国,亦当求之",穆斯林学者尊奉这一众所周知的传统,极富成效地从地中海邻近文化中寻求知识。因此,赖世德在位时,与查理曼大帝(Charlemagne)保持着良好的外交关系,与这位欧洲君主互换礼物,互派使节,穆斯林帝国向西方敞开着胸怀。阿拔斯哈里发的王宫就是学问的殿堂,科学家、神学家、音乐家和诗人在那里对艺术、文学和科学做出了巨大的贡献。

赖世德的儿子和继承人麦蒙极为热爱哲学论著,慷慨资助艺

---

① [译按]作者可能未把东方同样辉煌的长安考虑在内。
② Rom Landau, *Islam and the Arabs* (New York: Macmillan, 1959), 53.

术和科学,接续其父的工作,在巴格达建立了著名的 Bayt al-Hikma
[智慧宫],集图书馆、研究院和翻译所于一体。编年史家纳迪姆
(Ibn al-Nadim)的《索引书》(Kitab al-Fihrist)是 10 世纪研究伊斯
兰文化的包罗万象的著作,其中讲到一个故事,说麦蒙有一次梦到
了亚里士多德,这事因其重要,值得一提:

麦蒙梦到一个人,肤色白皙,充满活力,天庭饱满,眉毛相
连……,一个品质优良的人……。麦蒙解释道,他一出现,我倍感
敬畏,就问:"阁下何人?"他说:"我是亚里士多德。"见到他,我欣
喜若狂,说:"好哇,智慧的人,可以向你请教吗?"他说:"可以。"我
问:"何为美?"他说:"理性判断者即为美。"我问:"还有别的吗?"
他说:"律法判断者亦为美。"我问:"可还有其他的?"他说"公众
(general public)判断者即为美。"我问:"尚有别者否?"他说:"没
有了。"①

亚里士多德的"造访"显然让麦蒙欣喜万分,尤其是这位希腊
哲人给他带来了玄奥的理智工具,帮助这位哈里发阻止年轻的伊
斯兰国家土崩瓦解,那时这个国家已经被诸如阿修阿里派
(Ash'arites)和 Manawites 派等等各种各样神学流派的内在冲突搞
得四分五裂。这个故事的含意似乎是说,对伊斯兰国家来说,
"美"必须以理性、律法和大众的一致意见为基础。

在麦蒙统治时期,希腊文化的影响非常重要,结果,很多希腊
哲学和科学著作被翻译成了阿拉伯语。于是,希腊哲学传统披上
了阿拉伯—伊斯兰文化术语的外衣,流布于巴格达,远至北非和西
班牙,即将唤醒欧洲的文艺复兴。还是在这个时期,阿拉伯—伊斯
兰文化乃是异质性的,因为它吸收了非阿拉伯的文化,即波斯人、
土耳其人、操拉丁语的人、安达卢西亚人(Andalusians)和北非人的
文化。结果,阿拉伯—伊斯兰在天文学、神学、数学和医学方面的

---

① Ibn Al-Nadim. *Kitab al-Fihrist*, ed. Riza (Teheran: Dar Al-Masira, 1988), 303-304.

著作成就了阿尔法拉比、阿维森纳、阿威罗伊和哈兹姆（Ibn Hazm）名声，这些著作处处出现在诸如罗杰尔·培根（Roger Bacon）和托马斯·阿奎那等中古和文艺复兴时期学者的著作中。

在巴格达的翻译所（Bayt al-Tarjama），大量的著作从希腊语、波斯语、叙利亚语、希伯来语、阿拉姆语（Aramaic）和埃塞俄比亚语翻译成了阿拉伯语。音乐、艺术、建筑学、文法、数学、医学、天文学、化学以及其他几种学问形态就在这个"智慧宫"中得到研究和培育。亚里士多德的几乎所有哲学著作，以及新柏拉图主义者对它们的评注都翻译成了阿拉伯语。历史学家法基赫（Irfan Faqih）用麦蒙的教育来为这段启蒙运动作了历史合理性的辩护，他解释说，麦蒙早年受教于当时最博学的鸿儒，精通经院神学和各种社会科学，最终让他具有了一个嗜好哲学的头脑。①

从9世纪到11世纪，穆斯林的与基督教的译者和评注家中很多人都是新柏拉图主义派的学者，对毕达哥拉斯、柏拉图和亚里士多德之类的希腊哲人充满了极大的敬意，他们积极地致力于把希腊思想传播到阿拉伯世界。例如，肯迪（al-Kindi, 801-866）在西方以其拉丁化的名字 Alkindus 而著称，曾被阿拔斯王朝的很多哈里发指派去监督当时把希腊语的哲学、医学和占星学翻译成阿拉伯语的工作。另外一些哲人，如阿尔法拉比、阿维森纳和阿威罗伊，把他们的评注和论述建立在当时已经能够搜集到的阿拉伯语翻译之上。

中古翻译家中最著名的是 Yahya ibn al-Bitriq（770-830），伊沙齐（Hunayn ibn Ishaq, 807-877）和他的儿子侯奈因（Ishaq ibn Hunayn, 845-910），他们把希腊著作从叙利亚文翻译成阿拉伯语。波菲利的《导论》（*Eisagoge*）以及（亚里士多德的）《范畴篇》、《解释篇》、《前分析篇》、《后分析篇》、《论题篇》、《辨谬篇》

---

① Irfan Faqih, *Glimpses of Islamic History* (Lahore: Kazi Publications, 1979), 258.

(Sophistica)①、《修辞术》、《论诗术》、《物理学》、《论生成与消灭》、《论灵魂》、《论感觉及其对象》、《动物志》、《形而上学》、《伦理学》,以及柏拉图的《王制》,大部分阿拉伯译本都是出自这些叙利亚的基督教学者之手。纳迪姆在其目录学著作《索引书》中,称颂过这些人,称他们为"百科全书式的学者"(encyclopedists),这样就强调了翻译的学科特性,及其在文化生产中的重要贡献。研究文艺复兴时期人文主义的学者克里斯特勒(Paul Oskar Kristeller)在评价这种一般性地关于希腊哲学而特别针对亚里士多德著作的文化活动时,承认亚里士多德在中世纪阿拉伯—伊斯兰文化中获得了一种"权威和学说上的优势地位,而他在古代希腊直到其末尾也从未也有过那种权威和地位。"②

在 12 世纪,很多从希腊语译过来的拉丁文献在西西里的诺曼王朝(Norman kingdom)问世。正如普拉格指出的,大约公元 1152 年,西西里罗杰尔二世(Roger II of Sicily)治下的西西里王庭是诸如阿德拉(Adelard of Bath)和萨里斯伯里的约翰(John of Salisbury)等英国著名学者经常造访的地方。普拉格认为,这些学者的工作起到了"希腊和阿拉伯文化一般性地引入欧洲以及特别引入英国的重要知识导管"的作用。③

西班牙托莱多(Toledo)的翻译学派还是西方另一个把阿拉伯文本和评注翻译成拉丁文的重要中心。赫尔曼努斯·阿勒曼努斯(Hermannus Alemannus)在 1243 年到 1256 年之间,把阿威罗伊和阿尔法拉比用阿拉伯文写成的大部分亚里士多德《论诗术》和《修辞术》评注译成了拉丁文。翻译家和评论家福兹(Clara Foz)在其

---

① [译按] 从作者行文来看,似乎与《辨谬篇》(Sophistical Refutations)不是同一篇著作,下文作 sophistics。此书似不见于现有的亚里士多德全集中。
② Paul Oskar Kristeller, *Renaissance Thought and Its Sources* (New York: Columbia UP, 1979), 35.
③ Prager, "'Blak as a Bla Mon'", cited in n. 9 above, p. 52.

博洽多闻的名为 Pratique de la traduction en Espagne au Moyen Age: les travaux tolédans 的文章中,把 12 和 13 世纪生活在托莱多的人——由西班牙人、阿拉伯人和犹太人组成——描述成一个多种语言和多元文化的肥沃土壤,为互不相同的文化对话提供了一个重要的平台。① 福兹告诉我们,阿方索六世(Alphonse VI)占领托莱多之后,拉丁文才被引入那里。中古西班牙这种语言上和文化上富有成效的联系,对于我们理解中世纪史来说,应该具有重要的含义,因为它挫败了现有关于中古西方社会的观点,这种观点认为那种社会基本上是欧洲的和基督教的。福兹解释道:

> 因而,托莱多这个阿拉伯文化的伟大中心,随着基督教徒于 1085 年再次占领这片土地,就成了东方和西方(Occident)的交汇点,后者(按指西方)与前者相比,在文化上和科学上都颇为落后。②

因此,仔细研究亚里士多德的《修辞术》和《论诗术》等论著从希腊语变成阿拉伯语然后再变为拉丁语这种文本流变的复杂性质,比如说当然就可以为修辞学和文学进程卓有成效的研究打开一个新的视域。把这些著作涵盖进来,就会为人文科学中的修辞学和诗学历史作出巨大的贡献,因为这就会指明应该好好地欣赏阿拉伯—穆斯林哲人的学术努力,他们的努力在于与诸如忒米斯提乌斯(Themistius)和文法家约翰(John the Grammarian)等希腊评注家紧密合作,他们与这些评注家就亚里士多德的著作展开了学术争鸣。

---

① Clara Foz, "Pratique de la traduction en Espagne au Moyen Age: les travaux tolédans", in Roger Ellis, ed., *The Medieval Translator II* (London: Westfield, 1991), 29–43 (p. 29).

② Ibic, p. 30.

很多传记都指出,阿布·纳撒尔·阿尔法拉比于870年生于(土耳其斯坦的)法拉布地区。尽管他的家庭是穆斯林,他在巴格达从学于两位著名的聂斯脱利派逻辑学大师,在他们那里接受了哲学和逻辑学的教育。第一位是云努斯(Abu Bishr Matta ibn Yunus, 870-940),他把侯奈因翻译成叙利亚语的亚里士多德《后分析篇》再翻译成阿拉伯文。马塔(Abu Bishr Matta)也把《论诗术》和《论智术》(Sophistics)翻译成了叙利亚文。第二位是海兰(Yuhanna ibn Hailan, 860-920),此人在哲学、基督教神学和逻辑学方面学识渊博。阿尔法拉比也与阿迪(Yahya ibn Addi, 893-974)同时代,后者把《范畴篇》、《论题篇》和《辨谬篇》(Sophistical Refutations,按:直译为"驳智术")从叙利亚文翻译成了阿拉伯文。值得指出的是,这些通晓叙利亚文和阿拉伯文的聂斯脱利派逻辑学和哲学大师从希腊化时期的亚历山大里亚学派最后代表人物手中继承了基督教的新柏拉图主义传统。借用雷谢尔的话说,阿尔法拉比的这种教育背景让他处于"叙利亚基督教逻辑学家的逻辑学著作的继承者"位置之上。①

阿尔法拉比通晓土耳其语、波斯语、库尔德语和阿拉伯语。尽管他不懂叙利亚语和希腊语,但他仍然被认为是伊斯兰哲学中第一个把希腊逻辑学变成阿拉伯逻辑学的人,因为他让亚里士多德的逻辑学体系贴近阿拉伯—伊斯兰人的头脑,这让他在亚里士多德这位在阿拉伯—伊斯兰哲学圈子里被称为"第一导师"(al-Mu'allim al-Awwal)的人之后,以"第二导师"之名而著称。阿尔法拉比也以音乐理论著称,因为他撰写了名为《音乐大全》(Kitab al-Musiqa al-Kabir)的里程碑式著作。他在伊斯兰世界游历广泛,访问过巴格达、阿勒颇、大马士革和开罗的语言学家、辩证法家、文学

---

① Nicholas Rescher, *Al-Farabi's Short Commentary on Aristotle's Prior Analytics* (Pittsburgh: University of Pittsburgh Press, 1963), 19。按:参本书。

评论家和希腊哲学著作评注家的学术圈子。他在道莱(Sayf al-Dawla,卒于967年)的宫廷中受到优厚的礼遇,道莱是阿勒颇的哈马达尼(hamadani)统治者,也是文学艺术的伟大恩主。阿尔法拉比在阿勒颇呆了很长一段时间,在那里著述和教学,然后去了大马士革投奔他的恩主,于950年在那里逝世。

阿尔法拉比在其论述亚里士多德传统的里程碑式著作中,特别关注逻辑的普遍性。例如,他为亚里士多德《前分析篇》的短注所撰写的导言中,解释道:"在这方面追随[亚里士多德]步伐,是要使用人们所熟悉的例子将他的书中的经典解释给每一技艺领域、每一种科学领域的人们以及每一个年龄段的学者。"①对于阿尔法拉比来说,正如科学真理既是独特的又是普遍的,逻辑的目标也是如此,因为即使时间、地点和民族有所差异,逻辑学都会达到一个普遍的真理。值得一提的是,阿尔法拉比除了对亚里士多德感兴趣外,还吸纳了柏拉图和普罗提诺(Plotinus),这一智识努力结果成为基于他自己哲学统一性观念的不同哲学观点的综合。这就解释了他为什么要调谐柏拉图与亚里士多德的哲学观念,并最终把宗教和哲学调和起来。阿尔法拉比在其论著《获得幸福》如是结尾,以引起读者对如下结论的注意:"所以你们[读者]要搞清楚,在他们[柏拉图和亚里士多德]所表述的东西中,他们的目标相同,并且他们打算给出一个完全相同的哲学"(第一部分,第64节)。阿尔法拉比在《亚里士多德的哲学》开篇第一部分重申了相同的想法,他说:"亚里士多德如同柏拉图那样看待人的完美性,甚至更有过之"(第三部分,第1节)。后来,哲学统一性观念也成为阿维森纳和阿威罗伊思想奋斗的基础。至于宗教与哲学的关系,阿尔法拉比把哲人说成是最高统治者和立法者,其职责在于通

---

① Muhsin Mahdi, trans., *Alfarabi's Philosophy of Plato and Aristotle* (New York: The Free Press of Glenco, 1962).

过自己所掌握的"理论德性、审议德性、道德德性和实践技艺"(第一部分,第1节)来教导和引领人民,从而让宗教与哲学相融合。

阿尔法拉比清楚伊斯兰国家的深刻分歧,而他把亚里士多德与柏拉图调和起来的努力,也是由其建立统一性的旨趣所激发。因为伊斯兰世界更为复杂、相异和文化多元。也因为阿尔法拉比相信人类思想的统一性,在他看来,哲学的统一性就为理性和启示的统一铺平了道路,而伊斯兰国家的未来最终就依赖于这种统一性。由此,我们能够找到三个层次的调和:柏拉图与亚里士多德、希腊哲学与伊斯兰信仰以及理性与启示。第三个层次的调和最为重要,因为它宣告了政治国家(political state,或译"政治状态")的统一性,而那种统一性既以理性为基础,又以宗教为基础。显然,这种思想上的努力让他赢得了伊斯兰哲学奠基人的美誉。

阿尔法拉比的《各科举隅》(kitab Ihsa'al-'Ulum)是一种百科全书式的著作,对艺术和科学的所有分支都作了简短的解释,他在该书中把亚里士多德的著作分成两类。① 第一个大类例举了八个方面的研究,每一种都与亚里士多德一部书相关:《范畴篇》、《解释篇》、《前分析篇》、《后分析篇》、《论题篇》、《辨谬篇》、《修辞术》和《论诗术》。阿尔法拉比采用了亚里士多德著作晚期亚历山大里亚评注家的做法,把《修辞术》和《论诗术》视为亚里士多德"工具论"的一部分。阿尔法拉比把《修辞术》和《论诗术》列入这第一大类,这相当重要,因为如布莱克所解释的,"对于中世纪的哲人来说,亚里士多德的'工具论'代表着逻辑思辨的源泉,也是他们的认识论学说的灵感之源。"② 在第二个大类中,阿尔法拉比算上了亚里士多德论自然事物的著作,也把《形而上学》、《伦理

---

① Abu Nasr Alfarabi, *Kitab Ihsa'al-'Ulum* (*The Book of the Enumeration of Sciences*, Beirut: Dar wa Maktabat al-Hilal, 1996).
② Deborah L. Black, Logic and Aristotle's Rhetoric and Poetics in Medieval Arabic Philosophy (Leiden: E. J. Brill, 1990), 1.

学》和《政治学》三部作品包括了进来。

阿尔法拉比在对亚里士多德《修辞术》的简短评注中,为使用阿拉伯语的穆斯林读者重建了一个希腊人的文本,所以他在解读亚里士多德的论著时,并没有逐字逐句按顺序来。相反,他寻找恰当的论题和问题,并把它们视为完全独立于其文化语境之外。这样一来,那些问题和论题马上就被置于一种具有新意义的新语境之中了。阿尔法拉比知道自己是在讨论一份来自异教文化的文献,于是就从亚里士多德全集中挑取和选择那些他认为有用的东西。他把逻辑学视为一种完全独立于其使用者和文化语境之外的工具。逻辑学在他这里就被视为一种不带有意识形态的普遍工具。但摆弄这种工具却是为了意识形态的目的。逻辑学与启示并肩而置,以便让伊斯兰国家消除任何内在的矛盾和纷争,因为那种矛盾和纷争有拖垮伊斯兰国家的危险。

这种"评注"(al-Sharh)在阿尔法拉比的哲学体系中,的确是一个重要的隐喻。曼祖尔(Ibn Manzur,卒于1311年)在其辞典性著作《阿拉伯语语言》(*Lisan al-Arab*)中,撰写了一个条目专门讨论 al-Sharh(阐明)的各种含义。首先,al-Sharh 和 al-Tashrih 意为"仔细分-析"。而 al-Sharh 还尤其指"打开"。我们当然可以假定这位穆斯林哲人一开始就能接触到这部原典,即使他事实上并不能阅读希腊文和叙利亚文,并且他只能借助希腊文献的叙利亚文翻译的阿拉伯文译本来工作。但 al-Sharh 一词的意思表明,评注者的作用是"打开"原典。Al-Sharh 一词出现在《古兰经》大量语句中,以表达心灵的"敞开"。[1] 例如,"牲畜"章(Al-An'am,音译为"艾奈阿姆",6:125)曰:"真主欲使谁遵循正道,就使谁的心胸为伊斯兰而敞开"(按:中文为马坚译文,下同,楷体为引者所加)。

---

[1] *Holy Quran. Text, Translation and Commentary*, trans. Yusuf Ali (Beirut: Dar al-Arabiyya, 1968).

"开拓"章(al-Sharh)曰:"难道我没有为你而开拓你的胸襟吗?"(94:1)"队伍"章(al-Zumar)曰:"真主为伊斯兰而开拓其胸襟,故能接受主的光明者,难道跟胸襟狭隘的人一样吗?"(39:22)在这种意义上,敞开文本的视界必然意味着海纳新观念、新背离和新读者的宽阔胸怀。在这种语境中,阿尔法拉比为了给那些说穆斯林—阿拉伯语的读者打开和指导这部希腊文献,就为它创制了一个新的语言学和文化的空间,以便它适应阿拉伯的语言和文化,结果,这种做法就使得这部希腊文本甚至比它原来更大。

福柯(Michel Foucault)在《事物的秩序》(Order of Things,按:即《词与物》)中,认为有几个术语描述了文本和评注之间的深刻关联:毗邻、接近、并置、相似、方便、联结和调适。这些术语的含义就是一种"接触区"之意,或者用 Abdelkebir Khatibi 的术语,就是在古典希腊文本和中古阿拉伯—穆斯林评注之间的"第三条道路"。[1] 评注取代了原典,但在取代之前,得创造一个与原典毗邻的空间。因此,评注和原典就变得"方便"了,因为它们相互走得很近,并创造了一种并置的关系。福柯告诉我们,"毗邻不是事物之间的外在联系,而是关系的标志,尽管它可能很隐晦。"[2]在这种语境下,评注所要努力获得的,就是一种与原典相似的关系。福柯解释说,这种相似性总是试图变成"相似对应物(double),一旦人们试图去阐明它。"[3]评注为原典提供"方便",并调节自己以适应原典。评注也保证了连续性,把文本的论证路线延长到将来,同时也打破那种连续性,因为它试图取代原典本身,并且作为其相似对应物而起作用。在这种情况下,评注作为一种从原典到原典的批评的转移,差不多就是在试图超越(efface)原典。

这篇译文以朗哈德(Langhade)和格里格纳什(Grignaschi)所

---

[1] Abdelkebir Khatibi, *Maghreb Pluriel* (Paris: Denoel, 1983), 50.
[2] MicheFoucault, *The Order of Things* (New York: Vintage Books, 1973), 18.
[3] Ibid.

准备的极为优秀的研究版为基础,他们用上了新近发现的两份抄本:伊斯坦布尔 Hamidiye 图书馆的 812 号抄本,以及布拉迪斯拉发大学图书馆(University of Bratislava Library)的 231TE41 号抄本。[1] 朗哈德和格里格纳什在他们名为 *Al-Farabi: Deu xouvrages inédits sur la rhétorique* 的研究版中,加上了标点符号,划分了段落,好让这篇文本更易读。我在努力把这个阿拉伯文本译成英语时,常常找来他们的法语译本相助,尤其是当我碰到阿尔法拉比的文风似乎非常隐晦的段落时。

阿尔法拉比的评注可以分为以下几个部分:

一、导论

阿尔法拉比把修辞学界定为三段论的技艺,其目的在于说服。他还把说服与论证技艺中的教导作了比较。说服是一种意见,那么它必有反对的对象,无论大小,无论显隐。

二、导致信念和确定性终结的东西

阿尔法拉比在这一部分中,讨论了古人关于确定性的观念,得出结论说我们不可能同时对同一个东西拥有两种相反的信念。

三、意见有两种

阿尔法拉比区分了两类意见:一种是人们不知道其对立的意见。阿尔法拉比给出了一连串例证来阐明这种情况。至于另一种意见,人们知道其对立。

四、强烈的意见

阿尔法拉比解释说,每个人身上的强烈意见就是那种没有对立的意见。

---

[1] J. Langhade and M.Grignaschi, eds., *Al-Farabi: Deu xouvrages inédits sur la rhétorique* (Beyrouth: Dar El-Mashreq, 1971).

五、怀疑的定义

阿尔法拉比把怀疑定义为一种灵魂在两种对立意见之间停止的时刻,它来自于在明晰性和确定性(firmness)上都相等的两种东西。他还提到了一些古人(很可能是智者),他们依赖于修辞学方法,直到亚里士多德出现,而亚里士多德是第一个用这种方法来建构普遍法则的人,这种法则是用技术性方法来编排的,他坚定地把这种法则纳入逻辑学中。

六、省略三段论(enthymeme)的构成

阿尔法拉比把"省略三段论"界定为一种由两个相关联前提构成的陈述,我们在使用这种推理方法时,省略了一个前提。

七、例证

阿尔法拉比解释说,例证具有三段论的含意,可以用于说服。

八、三种听众

阿尔法拉比把听众分为三类:我们想说服的听众,反对者,和评判者。

九、反对者

反对者可以是真实的,也可以是表面的。反对者的作用在于让说话人提出的论证更具有说服力。

十、成为一个评判者所需的条件

阿尔法拉比讨论了公正评判一个论证所需要的条件,其中最重要的是有能力很好地区分两个相反论证中哪一个更有说服力。

十一、省略三段论的重要性

阿尔法拉比认识到说话人德性的重要性,但他还认为,德性如果没有很好地建立起来,说话人就需要论证来表明自己道德品质上高人一等,以此为手段说服他的听众。说话人只

可能以省略三段论为手段来实现那个目标。

十二、符号(sign)与证据

阿尔法拉比区分了两类符号：第一种普遍词项(common term)比谓项和主项加起来都更为全称。第二种普遍词项比谓项和主项加起来都更为特称。

十三、最可靠的证据

对于阿尔法拉比来说，最可靠的证据是因其存在某物必然存在的东西。证据的种类根据原因的种类而有所不同。

十四、比较

阿尔法拉比在这个部分中讨论了比较的构成，并指明比较大多数都是三段论或省略三段论。

十五、结论

阿尔法拉比以赞颂真主而结束自己的评注。

修 辞 书[①]
——亚里士多德《修辞术》评注

以至仁至慈的真主之名。

修辞是一种三段论技艺,其目的在于用所有十种范畴来说服。听众脑中作为说服的结果所发生的东西,就是这些修辞行为的最终目标。

说服是一种意见。一般而言,意见就是相信某物存在或不存在;我们所相信的东西与事物本身可能有区别。

在还没有获得相互联系的两个东西中其中一个真实确定性的时候,它就是一个研究对象。如果一种东西还是一种研究对象,那么它的真就是未知的。如果意见不是相信能够证明为非真这一真理的信念,而是相信那种无法证明为非真的东西的信念,那么,意见就不是意见,而是确定性,就可以说在命名它时犯了错误。在相信上也一样,对于肯定或否定命题而言,要么必定为真,要么必定非真。同意关乎的是那种除了自身外无法成为他者的东西。而那就是科学。

---

① [译接]译自 Alfarabi's *Book of Rhetoric*: An Arabic-English Translation of Alfarabi's Commentary on Aristotle's *Rhetoric*,刊于 *Rhetorica: A Journal of the History of Rhetoric*, Vol. 26, No. 4 (Autumn 2008), pp. 347–391,英译者 Lahcen E. Ezzaher。

在修辞技艺中,说服与论证技艺中的教导相似。它与学习者在学习中所获得的知识相类似。听众对说话人的注意,他的坚持的意愿,他对听闻的反思,所有这些都与学习相似。Al-qanāʿa[满意]一词的含义已经转换来表示这种"对某物满意"的涵义,就如同它的一个部分或一个不充足的部分,即便有可能获得它的更多内容。事实上,当人们面对自己的事务和生计时,已经满足于相互相信他们自己正在论说的东西,并且引证相互的说法,到了把这种东西称为"科学"的地步。

意见和确信都有这样的含义,即它们都是一种观点。拥有一种观点就是相信某物是或不是。观点是意见和确信两者的属,而后两者又是观点的种。人们所论述的并借以表达自己观点的论题,要么是必然的,要么是可能的。对于必然的东西而言,有些是绝对必然,另一些则是在某个时代必然,而在那些时代之前,它们有可能存在,也有可能不存在。我们用"偶然事件"(contingent)来归类这些东西。确信只存在于必然命题当中。根据不同类型的必然命题存在有不同类型的确信。因此,既存在绝对确定的东西,也存在某个特定时刻才确定而后又不确定的东西。可能命题中绝对不可能有确信。我的意思不是说我们关于可能的知识,是一种非确信的可能。我的意思仅仅是说,如果某物未来可能存在,也可能不存在,那么我们就不可能确定地知道它究竟存在或者不存在。因此,我们关于某物可能存在的信念,就绝对不可能是确信。

一般来说,说服和意见可以针对不同类型的必然存在物以及可能存在物。"可能"一词首先有两种涵义:第一种指不知道的东西,其涵义必然暗示着要研究应该研究的东西。第二种涵义指未来会存在的几种情况的一个方面。我们的无知还没有强加给研究对象的两个反对面——即适当与真——只是来自于我们自身的可能事物,而不是外在于我们的概念。意见所必需的可能,不是外在于灵魂而存在的事物的可能;而是那种仅仅(可能)来自于我们自身的东西。这就意味着,我们并不知道我们所相信的与那种存在或不存在的东西是否一致。因为那种东西与从外界进入灵魂的东西不可分割,意见就变得好像在它与科学相关的方面存在着无知:我们的信念就是这样一种东西,因为它依赖于从外界碰巧进入灵魂的东西。在那种情况下,它就像一种科学。我们在其中相信自己灵魂中的东西与灵魂之外的事物相一致——我们本来并不确信这一点,就像我们不知道自己的信念与存在物是否相一致一样。这关系到来自于我们自身的必然和可能的事物的存在。它同样是在某种方式上由可能性构成,比如我们说:"扎伊德正站着"。既然他正站着,那么这段时间内就是必然的;然而此前却是可能的,因为可能是这样,也可能不是这样。

纯粹必然性不受任何可能性的损害,同一个人在同一个时间不可能对之既有意见,又有确定性。但必然性却要受可能性的损害,同一个人在同一个时间可能对之既有意见,又有确定性。实际上,这个人既对当前的存在具有确定性,又对其将来的存在拥有意见。我们之所以无知,原因就在于我们从我们自身构造了关于纯粹必然性的意见;至于说被某物损害了的必然性,如果当前存在,那么,这种意见就来自于我们自身,如果它将来才存在,那就来自于它本身,这是因为它们的可能存在以及可能不存在取决于我们的意见和信念。

意见可以很强,也可以很弱。它可以让人感觉不到对立,也可以让人感觉到要么由自己单独得出的要么在与别人谈论时得出的对立。对立越少,意见越强,对立越多,意见越弱。人们对于对立的感知无法削弱说服。

人们在与他人交流时会加强说服,或者通过彻底的省察或其判断为更有用的宽恕(原谅)取消说服。如果他从最低等级的说服中受益,就会止步不前。如果他发现最低等级的说服无法达成所需,就会彻底省察并加强它。如果他发现能从中更有助益地取消掉某种东西，那么就会反对它，因为他明白说服的力量。

说服——即便我们从中找到了更具断定性的东西——也要有反对的对象，无论大小，无论显隐。从正在相信与讨论中的人身上消失的反对意见，也会从正在讨论的事物中隐去。它基于这样一个事实，观点会遭遇数个反对意见，它们的作用在于引导他并使其注意其观点中的错误——要么部分，要么全部——以及其所相信事物的真。如果他没有意识到这些对立，那么要么是因为粗心大意，耽于思虑；要么是因为他为生活必需所误，无法通查这些对立；要么是因为太过专心于专一研究，从而忽视了它的对立；要么限于理智能力，这或者由于还很年轻，或者由于自然禀赋不足。他用来理解那种通常用三段论来理解的东西之自然禀赋，要么在一定程度上很有限，要么仅仅局限于某一类东西上。如果他要试图超越那种局限——要么在每一种事物上，要么在某一类事物上——那么他的力量就会变弱。因为研究以前的事物，其力量就会由于耗竭而变弱。

如果他已经开始考虑这一点，并且全力以赴省察过它，那么他可能已经找出了其对立面，找出了事物依靠体力发生的方式。当一个人省察某物，并且对它有了一种看法，还尽自己最大努力去探求那种看法，都没有看到那种观点的对立，也没有看到其对立的真，因为与其观点相对的东西已经从他的视界中隐去，那么，他就已经根据自己的能力证明了那个观点的真。

对立也可以从事物本身中隐去——对于事物的原因与状态而言——就像一个人如果从打算要观察和检测的东西中拿掉了对立面，他就遭遇到一种障碍，这一障碍阻止他去观察和检测它们，这要么是因为那些东西在时间和空间上都有距离，要么因为其他障碍。例如，我们研究动物解剖学，就需要观察动物的几种内部器官，但这不可能做到，要么因为没有设备，要么因为律法不允许我们那样做。

　　有时,对立很模糊,一个人要察觉到它们,就需要从他不具有的另一种技艺中借来另外的力量;或者说,全称命题中的错误是如此微妙,而它的对立又是如此之少。如果一个人无法察觉一个观点的对立,但知道这种对立面仅仅是从自己的视界中隐去了而已,那么,他必定会怀疑那个观点,而且一定不会完全相信它。

　　人们很难知道一个模糊对立会从哪个方向钻出来,不知道究竟是从他这里,还是从事物本身之中。而且一个人远不会怀疑自己的信念,因为他相信自己的观点,尤其当他长期追求自己所相信的东西之后,都还没有看到对立出现。

　　最确定的意见由人之间的关系断定,而不是关系本身。最确定的意见是人们殚精竭虑研究之后仍未碰到其对立或已经摧毁了其对立的意见。他的信念变得绝对没有任何对立,尤其是他并不怀疑自己在那方面的想法的话。

　　古人正是以这种方式来证明自己在思辨方面的观点。他们会去找恰当的三段论,而后用它来达成一个观点。然后他们就会继续追问那种观点,找出其对立,拿它与对立比较。如果他们没有找到任何对立面,或者说找到了能够摧毁和驳斥的对立面,那么,他们就会采纳那个观点,并认为它就是真的。这适用于每一个特定人物的观点。

　　对可靠的意见(solid opinions)的研究更多地通过辨证方法而非修辞方法来进行;然而,这并不保证可靠意见能与事物的真一致。

导致信念和确定性终结的东西

　　有很多东西会导致信念的终结:如死亡,也就是说那个有着某种信念的人死去了;或心灵的堕落;或遗忘;或证据的疏忽;或人们所相信的那个东西消失了,通过毁灭,或者通过转化为曾经所是者的对立面,或里面有了谬误,但相信者却没有察觉到那种谬误,或一个真的对立面让他看到了自己信念中的错误。同样的情况也适用于确定性:它随那个相信者的死亡而终结,他心灵的堕落,或他的遗忘。但正如 Kitab al-Bruhan [《证据书》](按:指亚里士多德《后分析篇》)所指出的,确定性并不随着事物或其对立面的终结而消失。以一种绝对的方式来考察确定性的性质——如果那种确定性出现了的话,就会发现,它的存在与神智健全头脑清楚的相信者一样长久。然而,暂时的确定性随事物的终结或转变为其对立面而消失,尽管相信者神智健全且头脑清楚。至于意见的性质,它会在将来终结,尽管相信者神智健全、头脑清楚、事物完整且没有忘掉它。

总而言之,所有在某个时间获得的会在将来被其对立终结的信念都是意见。每一个在某一时段存在然后被对立面终结的信念在其终结之前,都是意见。而且持有那种信念的人并没有感觉到那是一种意见。

某些古人提出了对每一个人都很特别的观点方面的话题,并且说:"你确信你今天所相信的,不会转身走开去拥抱它的对立面?"相似的问题是:"你过去难道不曾有过你认为是真实的观点?而后来你又抛弃了它,结果其对立面今天就已经变成了其对立面昨天所是的那个样子?你有什么理由保证自己不会抛弃这种观点而青睐其对立面?"这些古代问题上还有另外一些相似的问题。所有这些问题的目的无非是要表明,这些观点其实就是意见,在思辨上还存在着不足,这是由于观点具有一定程度的确定性,并且它们不应该被视为具有一定程度的确定性。

从这些问题中获得的不充分答案是因为对于确定性方式的知识的匮乏。于是,有些人说:"只要我还是处在这种心灵状态,我就不会转身抛开这种特定的观点。"这不是一个可以让他的观点变得确定的回答，因为他的说法和下面这个说法没有丝毫区别："只要我不知道一个可以毁掉它们[观点]的对立面，或者只要那些让它们在我头脑中显得真实的证据没有被证明错了，我就不会抛弃它们。"这就是意见的状态。因为如果一个意见没有出现其对立面，那种意见对于相信它的人来说，看起来就像是确定性。

另外一些古人认为，这个问题不应该有答案，因为它是假问题而应予以丢弃。此前，他们还声称，这些问题以及其他相似的问题会导致所有其目的在于使其他人的观点无效的提问者的观点无效，并且他们能让所有的观点无效，从而不允许人有任何的观点。不允许这一点倒是不可能的，因为每个人都有观点，至少当他这样说时："绝对没有任何观点"，他这种陈述仍然是一种观点。这些古人关于这些问题必须被丢弃而且不值得回答的主张，就是出于他们上述的理由，他们还说那些问题是无效的，因为它们与那些人的观点相关联，但是那些关于问题的观点是错误且荒谬的，因为如果提问者的观点全都是意见，并且如果他觉得或承认那些观点乃是意见，那么那些意见不会与他不利，也不会让他的观点无效。提问者在提出那些问题之前，会简单地给出他的问题的涵义。他的目的在于表明那个人并没有感觉到或并不承认其观点的确是意见（本来也如此），而是认为它们就是确定性，或者让人相信它们就是确定性。此外，如果提问者的观点是确定性，或者其中有确定性的因素，那么，即便让他的观点失效——或者让他的每一个观点或所有的观点或每一个人的观点失效，那些观点也不会不利于他——因为确定性绝不可能被对立面所取消，只有对于那个没有看到或不承认这种状态下的观点其实只是意见并且也应该保持为意见的人来说，那些观点才是无效的。对于其观点乃是确定性的人来说，或者他的观点虽是一种意见，而他自己承认他的意见就是一种意见，那么，这些问题并不会让他的观点失效。

为何这样的问题不值得回答？难道这不类似于如下的情况

吗,即一个广为人知的说法会让一个命题变得真实可靠,而一个三段论式的说法则会让其对立面变得真实可靠,就因为那个广为人知的说法与那个三段论式的说法相互对立?这难道不类似于如下的情况吗,即如果有两个三段论式的说法,其中的含义恰恰就是另一个的对立面?我们要拒斥两种说法其中的一个吗?难道我们不要听从它或听从在其论述中使用它的人吗?我们是否要满足于说这里有另外的证据来确证那个说法使之无效的东西?然后,我们会寻找一些方法来使之变得无效,并用某人的证言、用他的名声和其他人代表他所提出的证据来驳斥一个观点的真理性,指出它出错的地方。另一种论证用三段论式的说法来反对那个说法对立面的真理性,就像两种矛盾的证据,其中一种的含义正是另一个的对立面。同样的情况也适用一个人所提出的这样的问题:"你在一个事物中所相信的东西,是否有可能与那个事物本身并不相同?"他的意思仅仅是:"你在一个事物中所相信的东西,是否有可能与灵魂之外所存在的那个事物正好相对立?"我们用这样一个问题,也试图在这类观点中证明:这类观点是意见,而非确定性。

有些古人在思辨中检测自己的观点,把那些观点进一步延展到这样的地步,即那些观点没有找到自己的对立面。那些古人夸大了自己的观点,居然承认那些观点就是意见,但是,当他们沉思这件事情时,发现他们的观点就是这么一回事,或者发现他们的观点并不具有确定性,因为这样的观点与这件事的存在样态正好相对立。他们在回答这个问题时给出了这样的假象:他们的意见就是确定性,并用自己的观点来驳斥问话者打算赋予的东西。他们提到问话者所用的词藻来驳斥,而不是引用问话者脑子中所想到的那些词汇的含义。

而如果有人问他们:"某人相信如此或不如此的东西,是否有可能与他所相信的东西相对立?"他们会做出模糊的回答,给人这样的假象,好像他们的观点就是确定性,即"我相信如此或不如此的东西,不可能与我所相信的有所不同。"这是一种可以有不同的用法的模棱两可陈述,其中一种用法是说,"不可能"这个陈述的含义在于:要相信那个与他一直相信的有所不同的东西,这不在他的能力范围之内,或者不是他的头脑能够办到的,哪怕他尽最大努力找到了其观点的真正对立面,他也无法发现它的真。即便他是真诚的,这不是一个能够让他的观点变成一种确定性的回答。

"不可能"这个模棱两可陈述的意思还可能是说,如果我们相信某物是如此,那么,我们就不可能在同一个时刻相信那个东西本身不是如此。这种情况无非是说:我们不可在同一个时间对同一个东西具有相反的信念。这是一个对不同于他所问的东西的回答。

意见有两种

有两种意见。一种是一个人不知道其对立面的意见,要么因为他根本就没有去找;要么因为他没有省察它;要么因为他并没有试图去找一个出来;要么因为他虽然试图找出一个对立面,却没有找到。要么因为他出于自己的能力,拒斥任何碰到的对立面。至于另外一种意见,这个人知道其对立面。知道与之对立的意见在某个时刻与某个特定的人、特定的团体或与所有人相关,或者在某个时刻与一个人或一个团体相关。

对立的意见不可能在某个时刻在一个人面前隐藏起来,又在另一个时刻显现在他面前,或者在某个时刻或者之后显现给另外一个人。对于团体也是如此。一种每个人都知道的意见不可能是那种谁也没有意识到其对立面的东西,也不可能是其中某些人后来才认识到其对立面的东西。

强烈的意见

每个人身上的强烈意见是那种没有对立面的意见。这种意见有不同的程度:最弱的是那种我们不知道其对立面的意见,因为我们由于疏忽、漫不经心、思想不集中或信心满满而没有去找寻。最强的是我们努力去省察并与其对立面相比较且拒斥任何找到的对立面的意见。

获得了更多支持的意见比其对立面更占上风。一种更少支持或其支持不那么明显并且去对立面更多更明显的意见,就叫作怀疑和猜疑,这种意见是要抛弃的。一种意见的支持方与对立面在数量和明晰性上相等,这种意见就与其对立面一起用于推测(conjecture)的技艺,① 不是说它们会在一个时间上用于同一个东西之上,而是在不同的时间用于不同的情形中。这样的意见如果用于科学中,而且我们没有意识到它们所包含的错误,就会在其中产生出怀疑和混淆来。

怀疑的定义

当灵魂停留在两个相对立的意见之间时,怀疑就产生于明晰性和确定性都相等的两种东西中。当两种意见各自推导出的结论之必然性相等的时候,它们的确定性就是相等的,而且它们存在的必然性或可能性也是相等的。当它们广为人知,或者当有人知道它们,或者以相等的方式获得关于它们的意见时,它们的明晰性就是相等的。如果没有人对相互对立的命题任何一个拥有意见,那么,这就需要研究,而且也不是怀疑。

---

① 另参柏拉图《斐勒布》55e。

一种作为探究对象的意见,一直被省察到我们对自己的观点知觉不到任何对立面时,它就是真的。我们既可以用修辞的方法、也可以用辩证的方法来做到这一点。一个人在意识到辩证的方法之前,会首先意识到修辞的方法,因为从孩提时代以及从他第一眼所见的东西所获得的第一次经验开始,就已经习惯于修辞的方法。至于辩证的方法,他要到后来才能意识到。证明的方法甚至比辩证的方法更不明显,因为人们几乎不会同时意识到它们。古代哲人在其思辨事物的研究中用了很长时间的修辞方法,因为他们没有意识到其他方法,直到最终意识到了辩证的方法,结果,他们在哲学中拒绝了修辞方法,转而使用辩证方法。这些哲人中有一些用的是诡辩(sophistry,按:又译"智术"),一直持续到柏拉图时代,柏拉图最先意识到证明的方法,因为他把证明方法与辩证方法、诡辩方法、修辞方法和诗学方法区别开了。然而,柏拉图只是在不同的用途和不同的领域上根据闲暇时间和更高级直觉(instinct)的要求把它们区别开来,并没有为它们规定普遍的法则。亚里士多德在其《证据书》(Kitab al-Bruhan)及其原典(即《后分析篇》)中做到了这一点。

事实上,亚里士多德是第一位掌握这些方法的人,他为这些方法构建了普遍法则,用专业技术手段安排它们,并坚定地把它们纳入逻辑学中。哲人们从那时起开始拒绝使用古人在思辨事物中用来寻求确定性的旧方法。他们在数学和诡辩中使用辩证法来磨砺和警告,而且他们把修辞术用在所有技艺都共有的普遍事物上,也就是用在了我们不可能不考虑其他技艺就用一个专门的方法来研究的事物上。因而,修辞就是所有技艺共有的,可以用来教导大众不同的思辨问题,也可以用来教导并不精通某个特定技艺的人懂得那些适合用这种技艺来研究的东西,如果他需要这种技艺的话,而且修辞也用于市民事务(civic matter)的辩论上。

推测的技艺主要用在从已经断定的论题中获得意见上。它们就是修辞、审慎和实践技艺,就好像医学、农业、航海和其他相似的技艺。这些技艺中的每一种,除开修辞之外,都努力探求每件事情中人们不得不做的正确东西,或者是要搞清楚该在哪里做正确的事情。正确的观点是一种真意见。每一种技艺都有特定的论题。他只创制什么是正确的东西,或者在特殊的论题中进行说服。修辞术是一种单独的技艺。

实际上,修辞的构建仅仅是为了说服,而不是反思,甚至也不是发现人们要说服的那件事。其他推测技艺用反思来发现作为其说服对象的那个东西。修辞虽然不是说服中的特殊领域,但我们却在所有类型的事物上试图去说服。修辞的任务(business)就是要么在意见的领域——也就是意见本身可能涉及到的东西中,要么在确定性的领域,也就是必然的东西中,创制出意见来。我们依靠其他技艺在意见中仅能获得意见,而不是确定性,因为它们的论题是关于可能存在的东西。

如果一个人打算去发现自己在某个特殊论题下的事情上应该做些什么的正确观点,而这个论题又由他自己仅有的技艺中获得的法则所支配,那么,这些技艺中每一种都用在他的反思中。如果他想去说服别人,而那些人又精通他这门技艺,并且对于支配那种技艺的法则拥有同样程度的知识,那么,为了进行说服,他能够用得上的方法就是使用他用来发现那种正确观点的同样的法则。如果其他人并不精通自己的技艺,那么,他就需要使用修辞术,修辞术对所有人都适用。他不会用那种技艺的特殊方法,除非人们同意那种技艺也对所有人都适用。如果他无法使用对所有人都适用的方法,又想说服其他人,他就会委托一位修辞家来帮他做这项工作。

修辞术用的是对所有人都适用的方法来说服,因为它的目的就是在所有类型的事情上进行说服。修辞术不使用特殊的方法,除非那些特殊方法也对所有人适用。那就是为何在医学方面也可能用得上说服的原因,人们用的不是那种专属于医生的方法,而是医生和不是医生的人共同使用的方法。另外一些技艺中的每一种都是如此。那就是为什么它(修辞术)有能力在所有事情上说服所有人。那就是为什么拥有这种技艺的人——这种技艺不管是思辨性的还是实践性的,如果他的目的在于纠正使用他所拥有的技艺发现的不具有同样技艺的人的错误,那么就不会有空闲时间(来研究那种技艺),或者说不再适合研究那种技艺,他就需要成为一位修辞家(rhetor),或者需要委托一位修辞家。

一种在先的和共有的观点,就是那种当它突然出现在一个人面前时在那个人对之进行任何探究之前所显现的那个样子。对一种观点进行探究,就是说一个人竭尽所能去研究那些加强和强化那种观点的东西。如果他发现那些东西,那么,他的观点就会更强烈,自己也会增强对那种观点的相信。如果他碰到了与自己观点相反的东西,就会试图去驳斥它们。如果他驳斥了那些相反的东西,他原初的观点就会得到确证。如果那些相反的东西没有被驳斥,他要么彻底拒绝自己原初的观点,要么他的注意力会被自己原初观点的对立面吸引到那个或那些最先可能忽略了的条件上去。这就是我们所谓的省察原初观点。

修辞在这方面与辩证法和诡辩相同,因为它们全都需要继续研究,作为一种结果错误的观点就会一览无遗。

省略三段论的构成

省略三段论是一种由两个相关联的前提所构成的陈述,通常我们在使用省略三段论时会省略相关联前提中的一个。它之所以叫作省略三段论,就因为使用它的人隐藏了某些前提,不再显明它们;说话人还把省略三段论用于自己已经省略了的前提的知识上。省略三段论推理在那个普遍显然的观点上之所以有说服力,仅仅因为一种省略,而如果没有那种省略,其推理就不会有说服力。

例证

当我们试图证实某物在某状态下的存在的时候,我们给出在相似状态下另一事物的存在,那么这时候我们就有了一种例证。公众把一个例证叫作三段论。这两者(即省略三段论和例证)中的前提,考虑到它们自身,由它们的数量和构成来考量,其任务都是在最初的共同观点中进行说服,无论是真正的三段论还是表面的三段论。

在(产生意见的)其他推测技艺中,用来创造正确观点并且具有说服力的前提数量以及命题构成,当接受检验的时候,都必须是三段论为真的。有了这种方式,修辞术也就与其他的推测技艺有所不同了。因此,如果演说家想要在一种属于其他技艺的事情上说服听众,在他说服时,就必须避免用那种特定属于该技艺的方法;相反,他必须使用根据最初共同观点的方法。一种观点也许优先于所有特定观点,演说家千万不能把这种观点用于自己技艺中的任何东西上。一种观点也许是整个国家共同的观点,为其成员所共有,仅对他们才是恰当的。

三种听众

听众有三类:我们想说服的听众,反对者和评判者。我们想说服的那类听众,要么已经开始有了纠纷,并要求说话人在特定的事情上说服他们,要么是说话人挑起了纠纷,要求其他人接受某种东西或者听他不得不说的东西。要求说服的那种人,其目标在于听到论证,好让他听到一种能够确认自己所喜欢的东西的论证,或者在两种相反的论证中接受最有效的论证。

反对者

反对者要么是站在说话者——其目的在于发表言论说服听众——对立面的对手,其目的在于阻止说服,要么是表面上的对手,检验说话人的言语,对说话人提出的东西给予深刻的思考。他的意图在于使说话人提出的论证更有说服力。

成为一个评判者所需的条件

成为一个评判者所需的条件之一,就是具有很好地区分两种相反的论证中哪一种更有说服力的能力。很显然,评判者对两个对立者讲话的方式,不同于对立者之间讲话的方式。一个评判者如果不能很好地遵守评判者所使用的方式,就很可能变为一个充满敌意的反对者,而当评判者在评判其中一个对手时使用了两个对手相互之间所用的论证,就会出现这样的情况。这就是为什么一个没有能力遵照评判者条件的人,千万不能被推举到评判者位置上的原因。

如果一个反对者因其自身的不足而对一个问题的论证缺乏说服力,并且如果这位评判者掌握有能够加强那个反对者的论证的东西,因此它更有说服力,并且如果他(评判者)想依靠自己所知的对那件事情更有说服力的东西,而不是反对者论证中显明的东西,来评判反对者,那就是一个让人怀疑之点了。评判者是根据反对者论证中显明的东西来评判,还是根据自己所知道的那件事情上所具有的说服强力来评判呢？但如果评判者仅仅根据那两位反对者来评判那件事情,他就绝不能根据自己所知道的东西来评判,而丝毫不理会两位反对者。如果他根据事情本身,或者根据城邦中的公序良俗(good),或者除了根据城邦的公序良俗之外还根据对两位反对者更好的东西,并且根据他所知道的最好的东西来评判那件事情,那么他就会根据自己对那件事情的了解进行评判。

所有这一切都必须从那位行使评判权的评判者的立场获得了解。也必须从他在评判者中的地位来了解。那时,会根据那位评判者的等级赋予他在这个案子中的评判权。一个人以什么权利和什么能力与技艺通过修辞成为两个反对者的评判者,我们对此概述如下:对于那些构成说服的东西来说,我们拥有省略三段论和例证。省略三段论在修辞中的地位,就像证据在科学的地位以及三段论在辩证法中的地位。省略三段论是一种修辞性三段论,而例证就是修辞性归纳法。

省略三段论是一个由两个相关联前提构成的命题,它首先根据明显的观点,而后通过由前提得出的结论来说服我们。由于说话人隐藏了两个前提中的一个,并且不再陈述它,因而省略三段论就变得具有说服力。由于这个原因,它被称做省略三段论或叫作隐藏了的推理,因为隐藏其中一个前提就是为了让它更有说服力。

省略三段论的重要性

当省略三段论用在演说和著作中时,我们并不称之为辩证的证据和三段论;大多数时候,删去两个前提中的一个是为了简洁,或者因为删去的是听众显而易见的前提。这都不叫作省略三段论。

这里同样还涉及说话者的德性问题以及站在他的反对面的对手的能力品质问题。这是一种在说话者的言辞中导致相信的东西。即便说话人并没有在说服中使用省略三段论或例证或其他什么东西,但他已经在听众中建立起了道德卓越的绝佳声望,并且其反对者也被揭示为缺乏德性,然后他又对争议问题给了了纯粹而简单的信息,这也有助于获得完美的说服。如果他在使用省略三段论和例证的同时展示了自己的德性，那么他的话语就更有说服力，也更能为听众所接受。如果他的德性还没有很好地建立起来，他就需要论证来展示自己高人一等的道德品质，以及反对者德性的缺乏，而且他还需要用那种旨在说服听众的手段来表达这件事。

人们常常犯错，并把所有这一切都用于科学中，尤其是在自己的观点中反驳其反对者时，正如盖伦（Galen, Claudius Galenus of Pergamum, 129-199）想要驳斥对手的观点时所做的那样。他着手展示自己在要反驳的事情上比对手的道德品质要高得多。

演说家也可以寻求展示自己的道德品质优越性以及对手的道德缺陷，这不是就他正在言说的问题而言，而是要在他们正在论辩的问题之外的其他事情上表明自己的优秀道德品质以及对手的道德缺陷，就像盖伦所做的那样：他通过高谈阔论自己父亲和祖国的卓越道德品质来展示自己高人一等的道德品质，并通过提到对手的祖先和祖国德性匮乏而表明对手缺乏卓越道德。实际上，盖伦在其著作 hilatu al-bar（《论自然能力》，其字面意思是"康复妙方"）中就提到了这一点，他在书中提到了医生泰勒斯（Thales）的父亲所从事的卑贱职业，以此来反驳泰勒斯。他在其论著的最后一卷中，论述希波克拉底（Hipocrates）和柏拉图观点的过程中，反驳门达伯里乌斯（Mendaberius）时也是这样做的，门达伯里乌斯批评了其论著中的某些东西。他说门达伯里乌斯在一个远离大都市的村庄中长大，以此来表明门达伯里乌斯卑贱的道德品质，而说自己生活在"大罗马"（Greater Rome）来表明自己在道德品质上更为优秀，但正如很多诗人早就说过的，"大罗马"其实是一个很小的世界。

同样还有诉诸于听众的情感，听众的心理更趋向于相信说话者，而不是其反对者。由此，就可以诉诸评判者和听众，以利于说话人而不是其对手。由此，也就可以试图在反对者灵魂中播下情感，削弱他反对说话人时所持的立场，削弱对说话人的反驳，比如说雷霆之怒将会让他分心。由此,最后就可以让说话人通过煽动起他们的情绪努力去影响他意图说服的听众的心灵,因此听众会被说服,比如奉承、愤怒、怜悯、残忍或任何其他说话人相信那时会成功的情绪。

这类说服模式更为有效,可以加强听众灵魂中的观点和论证,产生同情和狂热,让说话人的品质和观点得售,以达到屈服听众灵魂的程度。说话人将要提出的观点,本身就要说到这样的高度:它们达到了确定性的程度。

这种类型是演说性的,但它也可以用于诡辩性的论著中。辩证法家自身也许就用过这种类型,要么是因为他们搞错了,要么是出于诡辩。

还有一种方法,就是调动观众,煽动他们的观点,好让他们相信他(说话人)说的都是一些道德命题。这些论证促使他们服从某些道德价值,即便他们并没有这些价值,把他们等同于那些知道和仿效有德有知者行为的人,即便他们其实并不拥有那些东西。这种类型乃是演说性的。它可以用于诡辩性论著中,但决不能用于辩证法,除非搞错了,或者是为了诡辩。盖伦经常用这种方法,他说"他们能够理解我的论述,欣赏它,并且接受它,不过这只针对那些聪明且热爱真理的人、那些天性就绝不倾向于追随怪念头的人、那些头脑没有被错误观点和其他这类论证败坏的人"。我们在一些古代和现代学者的著作以及他们对大众发表的演讲中发现了这种论述。

还有就是对问题的夸大、缩小、润饰或诽谤。如果说话人在言辞中赞美真和善的东西,贬低假和恶的东西,并且如果他还夸大对手论述中假和恶的东西,那么,他的论证就会更易为人接受,而其对手的论证就会被拒绝。这种模式用于诡辩中。在辩证法中,它可能是出于错误或出于诡辩而用之。

还有就是对反对者论证进行误述(falsification)和歪曲,使之显得唐突无礼,易于驳斥,比如说,说话人在驳斥对手的几个论证时,歪曲它们的意思,或者在可能的地方狡猾地闪躲对手的论证。这种模式在高估灵魂中的观点方面也很有力,特别针对诸如狂热和热情以及同情和爱恋等不利情绪的时候。

还有书面的证言。这些证言对谁作证有利,谁就要加强它们而他的对手就需要表明那些证言是伪造的,或者从有利于自己的论证方面来阐释它们。对于说话人使用证言来支持自己的主张,你就会更多地在很多不正确地转向了科学的人或增加自己证据的人所写的书中发现这种情况,比如盖伦即是如此,他试图表明感觉欲望是在肝脏上,于是就说出这样的事实:他们国家惩罚淫棍的传统做法就是摘去他的肝脏。某些古人也采取这种方法,他们试图证明灵魂不死,证明灵魂在离开肉体后还继续生存着,就因为有一种上坟的传统。

还有就是证人了,人们把另一个他相信其言辞的人或者他所相信的一群人当做证人,他们随时都可以提供证言,他们将要说的东西加强他的论证,并证明对手论证的错误。盖伦在其 Akhlaq al-Nafs(灵魂诸性)中坚持认为理性存在于大脑中,就把人们用来说一个白痴的话用作了证言:"他没有脑子。"盖伦还坚持认为勇气存在于心脏中,就用上了人们用来描述一个懦弱者的话:"他真没心。"

还有说话者的欲望和恐惧。那就是说话者如果说真话,乃是对于良善的欲望,而如果说谎,就会害怕有恶报。于是,大家都知道他害怕被人逮着在说谎和说什么其他东西这一恶名,他的话就会是真实可信的,就好像有人在严刑拷打下所说的一样。他说真话来摆脱那一恶名,因为他害怕人们发现他是在说谎,就会再次遭到拷打。同样地,而如果他为了得到好的结果而说真话,那么他就会说真话。同样地,如果他希望某种好东西而改变了自己的话语,或者没有改口,并且我们发现他还坚持原来的话,我们就会认为他是真诚的。同样地,如果一个人因为害怕说了什么样的话而厄运缠身,并且忍受那种降临到头上的厄运而说了那样的话,我们就会认为他的真诚的。同样地,如果他想以说了什么或者对什么三缄其口为条件而获得某种很大的好处,并且嘲讽那种好处并且不会保持沉默,或者说了某种与第一个说法相矛盾的东西,那么,他的话语就更能为听众所接受。同样地,如果他说了一种并不给他带来任何益处的话,并且宁愿如此说而不愿意说那种能够有益处的反话,那么,他在各种眼里就更有说服力。

还可以悬赏和契约的形式表示蔑视。盖伦说,他悬赏一万第纳尔,只要有人能够从解剖学的角度向他证明,神经起源于心脏。还有一种情况就是说话人给出一种陈述时要发誓。

还有就是人的面部表情、外表、身体的形态和外观,或者他说话时的行为,比如说,他在宣布一个可怕的事情即将来临时,就装出恐惧的表情和逃跑的样子。或者说他要推荐某件事情,就做出他本人就正在做那件他向别人推荐事情的样子。这会表明他真诚。这种类型用于德性和缺少德性的论述之上。面部表情、外貌、形体和行为表明一种状态,让陈述更可信,同样也表明出对手的状态,使得对手的陈述不可信。

最后还有一种说法方式、音质和声调,以表明在论述的事,比如说一个人在谈到曾发生在自己身上的悲剧时,就使用自己深受触动的语调,或者如果他要威胁一个人,就用一种腔调表示自己很生气。

但省略三段论和例证是论述中的主要修辞模式,因为它们最能够产生说服力。它们迄今比其他说服类型都更先出现,因为它们是修辞性的。亚里士多德把其他类型说成是在论述之外才有说服力的类型。省略三段论和例证是迄今更高贵的方式,因为它们单独构成修辞技艺。但是,其他外在模式无法构成一门技艺,因为它们是省略三段论和例证的附件,是展示的工具。

有些人使用情绪打断对手来帮助省略三段论和例证,比如害羞,有效表述自己的无能,恐惧。对于评判者而言,他们让他偏向于其中一方,其手段要么是煽动,要么是恐吓,要么是偏见,要么是爱恋,要么是其他情绪。出于这种原因,当他们无法有效地说服对手时,就需要用情绪来支持省略三段论和例证。

亚里士多德说有些国家的某些演说家并不允许在演讲中使用非本质性东西(non-essential things),并认为演讲中只能使用省略三段论和例证。他自己认为它们是被允许的。没有必要在省略三段论和例证之外得出结论,除非我们是偶然且顺带得出了结论。

省略三段论和例证就是以我们从三段论自身中得出必然结论的同样方式得出结论的三段论,除非那些结论依赖于原初的共同观点,因为所有人都认为只有非本质性东西才具有说服力。有些人一直想放弃使用例证,而只用省略三段论。但绝对不可能废除掉省略三段论,因为如果结论被取消,也只是被省略三段论取消;那些不可能的结论本身就足以说明这一点。

我们必须解释省略三段论和例证,并逐个讨论。也就是说,讨论它们的条件和一般结构,讨论每一种类型的数量,每一种类型的结构,以及它们的使用方式。

省略三段论在例证之前出现,因为它确立了例证,它更接近于三段论,并且从中得出的结论也更具有必然性。这在《三段论书》(*Kitab al-Qiyas*,按即《前分析篇》)中也很显见。

有些人一直认为例证非常弱,古代和现代的另一些人则认为例证毫无用处。实际上,只有那些以"三段论取消者"而著称的神学家和辩证法家,才会认为例证毫无用处。他们只用三段论这个词来指例证,而他们之所以用三段论来指称例证,是因为它们在含义上的相似。对于公众来说,例证这个词首先指两个数量之间的比较,以获知它们是否相等,或者其中一个是否比另一个更优秀,哪一个比另一个更大;该词也指其他两个东西之间的比较,以了解哪一个更好、更强或更其他什么;也就是说,比较其他任何东西,只要有可能看出哪一个更好。那就是为什么任何时候两个东西的例证,都更接近于两个数量之间的比较,因而三段论这个词就更为适合。

然而,逻辑学家用这个词项来指称能够得出必然结论的相关联前提,无论它们是限定性的、条件性的或会得出荒谬结论的。他们把它叫作三段论,不包括归纳和比较在内。在他们看来,省略三段论更当得起三段论这个词项而不是比较这一词项。这与公众和很多辩证法家(按即 mutakallimin,穆台凯里姆,又作"辩证神学家")的看法相反。他们也把诡辩论证叫作三段论,虽不是很严格,但他们把诡辩论证叫作诡辩三段论,并把省略三段论叫作修辞性三段论。至于"三段论"一词,他们在严格的意义上用它来指从中可以得出必然结论的陈述。

省略三段论包含真正的三段论和表面的三段论。省略三段论在直接的常识中就是三段论,而常识是一种未经检验的观点。然而如果强制性地使用常识性观点,我们就不再理会省略三段论是否真正的三段论,因为我们假定那些它们就是论证,要么由强力,要么由行为联合起来,并对每个人都有说服力。

省略三段论最先的划分与三段论最先的划分相同,因为它们都是限定性的或条件性的。它们在实质上和形式上也都必定具有说服力。同样的道理也适用于它们中每一个的数量、排列以及质量,《三段论书》(*Kitab al-Qiyas*,按即《前分析篇》)所提到的例子即是如此。

每一个三段论都由两个前提构成,不多也不少。它们的联合是它们有一个共同的要素,它们的排列是:其中一个是小前提,另一个是大前提。其中一个前提给予三段论以得出必然结论的属性。另一个前提则作为结论和结论成为必然的前提之间的纽带。每一种的量是它是全称的或特称的。每一种的质是它是肯定的或者否定的。至于这些前提的材料,它们是对之或其中有问题的存在物。如果它们连在一起,就成为前提。必然前提在其存在上拥有最高等级的可信度。可能前提是最不一致的。那些不确定前提存在于两者之间。由于这个原因,它们有些可以确切地知道;另一些就是意见的对象;其余则是可感知的。确知的那些在理解上处于最高的等级,那些意见的对象在理解上最不一致,那些感知到的东西处于这两者之间。因此,可感知事物的确定性只存在于感知那一事物的时候。当它从我们的感知中消失,我们也就无法确认它是否还是我们所感知的那种状态。对于前提而言,有些完全为真,有些则完全为假。有些部分为真,有些则部分为假。对于特称前提而言,有的前提中的最大部分为假;有的前提中的最大部分为真;有的前提真假部分等同。

在此之后,前提会根据十种不同的类型——问题存在于其中,并因其而存在,以及这些类型的不同种属区别开来。比如说,有的前提两个部分都是本质的,如我们所说"人是动物"。有的前提两个部分都是数量,如我们所说"这些面有十个"。有的前提两个部分都是性质,如我们说:"每一个正方形都是一种形状。"同样的情况也适用于其他范畴。其中一些碰巧一部分处在一种范畴之下,另一部分又处在另一范畴之下,如我们说:"人是白色的。"

前提也根据不同的技艺有区别,那些技艺包含了每一种特殊类型的存在物。这些就是省略三段论的类型,以及一般而言三段论的类型。

省略三段论以其形式和材料而产生说服力。当它们中间还存在有一个反对点的时候,它们就变得非常具有说服力;如果没有反对的观点,那么它们就超出了说服的界限,越过了它的等级,从而进入了确定性的等级和界限内。

只有当我们首先考虑限定三段论这种真正三段论时,当我们已知每一个给予它们的结论以必然性的前提,那些从开始就明显地给予必然性并被我们去除以及隐藏的东西,就像在第一限定式中那样,那些只有它们建立了之间的联合,并且结论被显明的东西,限定性三段论才进入到说服的范围。例如,第一式的全称大前提就明显地给予它们的结论以必然性。在第一式的三段论中,如果我们想把它们变成省略三段论,那么我们应该删去大前提,把它隐藏起来,并且只显明小前提。如果我们有时认为应该显明它(按指大前提),那么,也要用一种不确定的方式。

这就是三段论凭其形式就变得有说服力的方法之一,要么首先在命题中为结论的必然性保留一个反对的空间,而只有当赋予命题必然性的那个前提没有说出来的情况下,这才会发生,而如果说出了那些前提,也不要搞得来前提的结果基本上就可使之变得必然;要么其次就让明天变得可能不真,即便它的不真实性乃是明显而清楚的,听者会觉得它是假的,那么,那个论证就不再有说服力了。如果说话者对之保持沉默,那么,他的沉默就会造成这样的假象:因为那个命题显然为真,所以他只好保持沉默。如果那个命题为真,他就不会认为它仅仅部分为真;而如果说话者不得不把它说出来,就要以一种不确定的方式来提到它。在大众的直接常识中,不确定的前提就取代了全称前提,其中不真实的对象就被隐藏起来了,而既然里面还有反对之点,它就变得有说服力。

但在其他形式的三段论中,每一式的必然前提的位置都是隐藏着的;不过,绝对不会出现大前提是必然的,但是可能会出现小前提给予结论以必然性。如果把两个前提变得不确定,以至于它们的结构中还有反对的空间,那么,说出三段论中的两个前提也无妨。如果我们对必然前提保持沉默,而以不确定的方式提到排除的前提,那么,这些前提就变得更为隐匿,就会有反对者。

如果我们说出所有的前提,把必然前提变成全称前提,并且满足它们每一个所需的三段论的条件,那么,我们就从说服的程度转向了确定性的程度,在形式上就没有反对的空间。然而,说服力却以另外的方式消失了,即,我们就怀疑使用它的人已经赢了,他用的不是首次的手段,而是用的逻辑技艺,他靠逻辑技艺而对这个论题进行过研究。他或者用了一种不同的技艺，而不是靠很好地使用那种方法的能力——那种方法是他与向他所有说出那个论题的人以及与他的所有对手所共有的。如果人们认为一个人获胜是因为他用的是一种和对手不用的技艺，那么，他的话语就没有说服力，因为我们会认为他用来获得说服力的东西，不是事情本身之功，或者不是他在话语中所用的命题之功，而是他从另外一种技艺中获得更高级的力量，就像两个摔跤手，其中一个在自己的体力之外，还用了对手用不上的武器或其他手段。这就表明他这个技艺（按即摔跤）上很差劲，或者他根本就算不上摔跤手。两个用相同方式来解决纠纷的人也是如此。

在此之后，我们来检验非三段论的合取模式，并且我们要把那种凭其外表就认为是三段论的东西区别开来，并使用之。由此就有了一种合取模式，其前提在第二式中全部是肯定性的。乍一看，它似乎是一种三段论，我们已经说过其前提，无论这些前提是否被认为是全称前提，也不管它们是否已经做了不确定的处理。如果其中一个前提被删除了，而另一个前提又以不确定的模式所提到，那么，误述问题就更为隐匿，而实际上其中就有很多的反对洞见。全称三段论还有第三种形式，它们的结论也必须被视为是全称的。而且即便它们是三段论式的，它们得出的也不是全称的结论，而是特特称的结论。因此，它们用这种技艺所得出的结论就不是三段论式的，即便它们的结论是全称的结论。必须把它们的前提视为不确定的，好让它们内部的反对空间稍稍有所隐藏。

还有一些非三段论的模式，其中一个前提是肯定的，另一个前提是否定的，并且二者中间有一个是全称前提。比如，A 包含所有的 B，而 B 不包含 C，这并不必然得出 A 不包含 C 这一结论，尽管 A 也许不包含 C。但如果我们彻底颠倒这些前提，结果就是：C 不在 A 中。出于这个原因，我们可以依照这种方式得出错误的推论，就会让人认为我们能够推断出：A 不在 C 中。除此之外，这是一种难以察觉的说服手段,因此,它几乎从未被人使用过。

假言省略三段论是如何构成的？如果给出的其中一些形式是联言式,另一些则是选言式,那么它们通过何种方式变得具有说服力？

只有当我们显明它们中的假言形式,并且隐藏那些排除对象的时候,联言省略三段论才具有说服力。然后,我们给出结论。在这种技艺中,假言联言式的结论可能与后件相反,也可以与前件相反,这取决于说话人认为什么才对他更为有用。通过对排除的对象保持沉默,他在所有这些结论中隐藏起诡辩的位置。也就是说,他几乎没有意识到大众,没有意识到他将需要使用排除的方式,或者没有意识到哪一种排除产生哪一种结论。所有这些都对公众隐藏了起来。

如果结论与后件相反,那么小前提(即排除的对象)就与前件相反。这种结构得出的结论,表面上非真。如果我们显明排除的对象,那么我们就无法把握听众能否意识到它,也就不会有任何说服力;这就是我们为什么必须对之保持沉默并把它隐藏起来的原因。如果结论本身就是前件,那么我们就只会认为它来自于这样的事实:后件就是提出的排除对象。实际上,这并不产生真的结论。这种结构很少被使用,而如果使用时,说话人也宁可赋予它一种说服性的作用,在这种情况下,他必须把排除的对象隐藏起来,好让我们感觉不到它的糟糕结构,而它的说服力也就失效了。如果结论是前件的反对,那么很显然,排除的对象就是后件的反对。这种结构是正确的,但只有在剔除了排除的对象的情况下,它才有说服力。这里,如果我们显明了排除的对象,那么我们就必须对假言前提保持沉默,以留出反对或质问的空间。如果结论就是后件,那么排除的对象就是前件。这种结构也是合理的,除非排除的对象是以一种不明晰的方式表现出来,并且它还需要被阐明。如果我们显明了它,而我们无法确定我们是否意识到隐藏这一事实,并且三段论不再具有说服力,那么我们必须把它隐藏起来。或者另一方面,排除的对象以一种不明晰的方式显现出来,那么为了让结论合理,我们就需要阐明排除的对象;如果我们没有那样做,那么结论就不会合理。亚里士多德在《三段论书》(*Kitab al-Qiyas*,按即《前分析篇》)中解释了这一点。

总之,我们剔除了——当显明与表明之后,为了使得结构一致的有效性——需要诉诸于逻辑技艺的东西,因此这种结构是有效的,而不是未被剔除的只是为了简洁因此演讲不会太长。这既是为什么第一限定性形式的大前提必须予以删除,也是为什么假言联言式中的小前提必须删去的原因,这两个原因其实是同一个原因。

当我们试图寻求反驳对手的陈述的时候,在这一技艺中,假言联言式更多地被用在反对中。

至于我们以划分的方式来使用的假言虚拟式(subjunctive),我们一般不去除其中的任何东西,既不去除假言选言式,也不去除排除的对象。但如果承认其中的对立方多于两个,那么,说话人有可能没有在划分的时候穷尽所有的种类,而且里面留下了对手发言的空间。除此之外,说话人有可能还没有穷尽所有对立的排除,而是做了某些排除,没有做其他的排除。因而,在排除的对象中,给对手留下了攻击的空间。

如果我们把自己仅仅限制在假言前提上,那么我们的陈述就没有说服力;那种陈述会成为研究的对象,或者成为不具有坚实观点的可疑陈述。如果这个假言前提中充溢着反对,并且需要排除的事物之中也充溢着排除,那么,结构的这个部分中就不会出现任何反对的空间。我们就会从材料这个部分来找寻对立面。

也许人们在这种模式中把自己限制在假言前提上,并隐藏另外一个。并且结论会帮助我们理解什么是排除的对象,如果它已经非常清楚,或者要么在感觉上、要么在思想上就在眼前的话。结论就像人们旨在误导对手时所说的"我们中的一个"一样。这个陈述(说法)的力量就像另外此个陈述的力量："犯错的人要么是我,要么是这个人。犯错的人不是我,因此,犯错的是这个人。"这类陈述用来含沙射影。

这个事情也许会变得很成问题,除非它在排除的对象中说得清楚。因此,就必须充斥着那种事情,除非排除的对象已经很清楚了。如果人们有时必须那样做,他就得说出什么东西导致排除,或者得出结论,好让我们知道排除的对象必须是什么。

否定句中使用假言选言的模式,就好比说"扎伊德没有在伊拉克,因为他在叙利亚,"这种情况就与假言合取式一样,就像我们在大多数情况下仅限制在假言前提以及隐藏起排除的对象一样,因为排除的对象也许会让必然性变得无效,而初看上去就是结论中的必然性。那就是为什么我们暗中略过它的原因,好让听众察觉不到它。如果排除的对象让它们中的任何东西变成了对立面,这个结论就不是必然得出的,或者初看上去,我们在这种情况下必须把排除对象隐藏起来。如果说话人打算引用后件或前件,他只有先提出另一个对立面的排除才会引用到它。如果我们想到了那一点,就千万不要把自己限定在假言前提上,而是必须在结论中把它说出来,并且把排除对象隐藏起来。否则,就不会有任何说服力,因为该结论要靠听众来做出排除,针对的是你所提出的那个东西,而那个东西会让你的结论无效(null and void),或者因为听众并不知道你想得出的结论,因为他有可能会怀疑你已经把那个能够导向结论的排除对象隐藏起来了,而不是怀疑你想得出的结论,那么,你的说法从一开始就很成问题,其说服力也荡然无存。但如果有人想得出一个与它们中的一个小贩的结论,他就会通过提出排除和阐明结论来得出结论。他的说法因此就变得更为简洁。那种说法的含义就是实际上的三段论的含义,因为它要求一种限制的模式。

任何说服的东西,并且其中还有反对、质问或研究的地方,都更适合于修辞术。这种情况也适用于假言联言式,如果我们改变它并把代入否定式中的,就好比说:"没有白天;或者太阳升起来了",以及"没有鞋底;或者有皮革",以及"这种人如果不是动物,就不是人",以及"除非阿米尔发话,否则扎伊德不会去"。这些类似的命题来自于假言联言陈述。在这些例证中应该做出排除的地方,以及应该得出真结论的地方,常常出错。立马从这些命题中所得出的结论可能是它以及它的反对,不管它是前件还是后件。在这些例证中,说话人必须把他认为未被承认的东西当做结论,而且必须小心不要显明排除的对象,尤其当他显明的那种排除对象就正好表明了结构上的瑕疵,而且消除了后件的必然性时。

这样一些假言命题可以用在谓指性形式中,或者用在命令式中,就比如我们说:"扎伊德,阿米尔不发话,就别去。"

至于假言选言式,我们多数时候绝不能在所有部分中都充斥其反对;相反,我们必须把自己限制在那些更明显的东西上,抛弃那些更为隐匿的东西;然后我们将会发现哪一部分会让听众警觉到结论中或论述的结构中对立的地方,并且确信不要把它显明出来了。

至于荒谬的三段论,它更多的时候是用来让某些陈述和反对变得无效,比如我们说:"如果每一个人都没有感觉能力,那么,每一种动物就都没有感觉能力,就是荒谬的。"在荒谬三段论中,我们必须显明所怀疑事物的位置,然后从中推导出荒谬,并且我们隐藏真正的前提,那也是我们怀疑的东西。当那种限制不很明显时,说话人也许还是被迫要说出真正的前提。他必须把那种陈述放在论述的末尾,就好比我们说:"如果每一个人都没有感觉能力,那么,每一种动物就都没有感觉能力,因为人就是一种动物;所以那是荒谬的。"

接下来,我们来谈一谈说服力是如何从其材料这个部分产生的。既然前提的性质在于赋予那些说法以正确连接的结论,那么,它在论述中就比其他前提更占优势,也就必须更为关注,并且既然其他前提的作用在于不让自己的性质变得明确、确定、完整或有说服力,那么,省略三段论从材料这个部分所获得的说服力就必定来自于这一事实:赋予后件以必然性的那些前提就是首要的。如果是这么回事,那么,省略三段论的作用就是要赋予其前提以正确连接的结论,省略三段论的前提就必须在所有一开始就持有的共同观点中变得广为人知。我们已经解释过原初观点的含义。

这些前提包括那些实际上广为人知的前提,包括那些只在表面上而非实际上广为人知的前提。广为人知的前提包括那些真正的和那些不是真正前提的前提。但如果修辞术使用它们,也不是因为它们是真正的东西而使用它们;如果是这种情况,修辞术就会使用那些它发现并不广为人知的真正前提。但修辞术不那样做;如果那些确定的前提并不广为人知,修辞术就会拒绝它们。而且,如果修辞术使用那些实际上广为人知的前提,也不是因为它们广为人知而使用它们,不是因为辩证技艺的方式使用了它,而是因为它们乍看上去为所有人普遍了解,而且人们都认可它们是广为人知的前提。当它(修辞术)使用了仅在表面上广为人知的前提,也不是因为它们本身,更不是因为诡辩的方式使用了它,而是因为它们广为人知,因为它们对所有人来说都是最初的共识,而且人们都同意,它们表面上广为人知。人们也许会同意,这些前提包括另外几种真正和确定的前提;它们也可能包括全部为真或部分为真、假定的或已知的、必然的、绝对的或可能的前提;它们也可能包括那种与数学、自然科学或任何其他无论理论性抑或实践性技艺相关的前提。但(修辞术)这种技艺并不是因为它们的类型而使用那种前提,而是因为它们在直接的常识中广为人知。但有些前提就有着这些另外的性质。

至于那些在直接常识中广为人知的前提,有些是位置(place),另一些是类型(type)。位置就是我们使用其功能的前提,即它的部分,作为任一三段论中的特称大前提,但是我们并没有使用。类型就是那种按其本来面目使用的前提,就像每一个三段论中的特称大前提。在位置前提中,没有什么是以另一个存在为代价而特别属于某个存在的东西,也不以另外的种属为代价,也不以另外的科学为代价。它们每一个都是无数科学和无数种属共同的前提。它们也包括特定情况的范畴,每一个范畴特定属于一个以其他种属为代价的种属,或者属于一门以其他科学为代价的科学。至于说种属,它们每一种都适合于特定的三段论和特定的省略三段论。它们的每一种范畴都适合于以其他种属为代价的一些特定范畴,或适合于以其他科学为代价的一门特定的科学。

有两种特称位置前提:其中一种的谓项是特称位置谓项,其主项是特称位置主项;第二种的谓项是特称位置谓项,但其主项就是位置主项本身。对于其主项是特称位置主项且其谓项是位置谓项本身的前提来说,其位置的强力或其部分是不予考虑的。但它是从大前提(就)是位置本身性的三段论所得出的结论,并且其小前提由大前提的主项——特称位置主项——构成,并成为位置主项。位置主项因而就是中间的限制。

至于说类型,有些是常识中的偏爱或者值得赞赏的东西,其次,是所有人常识中基本的东西和符号。它们的主项具有全称的含义,我们在其中找到某种为了另一物而存在的东西,或者不是绝对无条件为了另一物而存在的东西。而且,也要以不确定的方式来对待它们。内中有某物存在或者有顶多在将来才不存在的东西,表明它们在做大前提时,会得出可能的结论。至于值得赞美的东西里面的某种东西被认为是为了另一物而存在,或者不是绝对且无条件为另一物而存在,那么,就要以不确定的方式来对待它们,并且把它们当做全称前提。它们中有些个体主项是明确的和自然的,有些个体主项是意向性的。对于个体主项明确的前提,感觉所纠正的东西就是真的。而且当只有它广为人知这一事实让这个命题广为人知时,那个命题就是可能的(probable),并且由之得出的三段论也会得出可能的结论。如果同意说它是确定的,但没有人意识到那一点,那么,它的确定性也就是偶然的。这就是亚里士多德为什么要在其《证据书》(*Kitab al-Bruhan*,按即《后分析篇》)中规定确定性必须以一种并非偶然的形式予以确定的原因。

证据和符号在这一点上是相同的:它们每一种的存在都必然会导致另一者的存在。当凭靠某个东西的存在,谓项就在主项之中,而这个东西比谓项和主项加起来还更全称或更特称的时候,它就被称作符号。当这个东西比主项更一般,而比谓项更特殊或与之相等,它就被称作证据。

符号与证据

证据只由第一种形式构成。

有两类符号。第一类是其中的普遍词项比谓项和主项加起来还更全称。第二种是其中的普遍词项比谓项和主项加起来还更特称。其比两个端词都更全称的普遍词项以第二种形式构成,而且不可能化归为第一种形式,

因为如果通过换位法化归,那么其中一个的换位将会使主项等同于谓项,它也就不再比任一个端词更全称。换位只发生在这两种模式中:要么其中一个或者全部两个前提都是全称肯定前提,其主项等同于谓项,要么它们都是全称否定前提。如果中项比端词更为全称,那么两个前提中的一个就不存在了,不管它们是全称否定前提,还是谓项等于主项的全称肯定前提。

至于第二种符号,其普遍词项比两个端词更为特称。它必然由第三种形式构成。更为全称的符号和更为特称的符号明显凭其存在就会让人相信谓词和主词的存在,而不必真是如此。这是因为更为特殊的符号根据其结论或根据另外一个符号,都实际上绝

对不是三段论式。至于更为特殊的符号,即便它三段论式的结构,因为已经像那个样子被做成了符号的东西即便它是三段论式的并且得出了不同的东西,也仍然不是三段论,因为它仅仅让每一个事物中所存在的东西变成了一个符号。第三种形式无法得出一个全称结论。

但那种比主项全称比谓项特称或与之相等的东西,就是合理的证据,因为它的结构是三段论式的结构,并且它也是基于构成事物的证据的三段论。结构正确的证据有两种。第一种处理的是因其存在某物才存在,因其省略另一事物被取消的事物,或者因其存在某物作为主项的谓项存在,因其省略那一事物从那一主项中取消的事物。这种证据就是关于相等的证据。

第二种处理的是因其存在某物才存在,因其省略另一事物不被取消的事物,或者因其存在某物作为主项的谓项存在,因其省略谓项不从那一事物中取消的事物;这种证据事更为特称的证据。两种证据都为真。

最真实的证据

最真实的证据是那种因其存在某物必然存在的证据,无论何处,无伦何种学科,无论何种时刻。因此还有因其存在某物才存在的事物,要么存在于我们使用证据的最大量的东西中,要么存在于我们使用证据的大多数时候。

除了这两种证据,还有一种证据,因其存在某物必然存在,因其存在某物的对立也必然存在,因为第一个东西同时是该事物与其对立的证据。那种能够证明对立面的其中一个比另一个更可靠的东西,或者能够证明二者等同的东西并不属于这个范畴。所有这些证据都以三段论的第一种形式构成,除非在这种三段论中发现的弱点来自于它的材料,而非来自于它的结构。

我们在前面所谈论的关于此唯一的事物的证据与符号的作用在于形成中项。但那个因证据的存在本身必须存在的东西,要么是绝对地存在,要么是在一个给定的主项中存在,那个东西是已经得到证明的东西。它是任何形式和任何模式中的大项。同样的情况也适用于符号,适用于那种一个符号因其而成为符号的东西。符号就是中项。在任何可能的模式或形式中,因之或由之从而产生符号的东西,就是大项。

证明因事物而不同。因此,证据可以当做一个在被证明之后才出现的东西,事情与原因联系的方式证明了原因。那些来自于原因或与原因相联系的东西,就可以是那些原因的证据。

有三种广为人知的原因:动力因(agent)、质料因和目的因。形式也是原因之一,它无非并不广为人知罢了。凭动力因而存在的就是证据,好比艺术证明了艺术家(的存在)。一种结果的状态就指明了动力因的状态。质料的结果指明质料因(的存在)。我们在织物状态中所看到的东西就表明了纱线的质料因,也就是说,它是那一类纱线和那一类质料。它也表明了纺织它的人的状态。总之,质料的结果表明了它们的动力因和质料因。

还有几种东西指明它们的目的和效果,究竟是哪种效果;以及它们的目的,给它们赋予了什么样的目的。

证据的类型依赖于原因的类型,正如雨是云的证据,可感知的烟和燃烧是火的证据,即便我们并没有看到火。

证据可以出现在要被证明的东西之前,就像事物的原因出现在事物本身之前一样。事物的原因也表明事物(的存在),就像我们如果没有看到燃烧,但火就表明我们在看到火的地方有什么东西在燃烧。证据也可以附属于要被证明的东西之上,既不在它之前、也不在它之后出现,既不是它的原因,也不是来自于它的东西,好比乌云表明有雨。云的乌暗不是雨的原因;它是雨云的偶性,要么总是如此,要么经常如此。

在此之后,前提由证据以及被证明为证据的东西共同组成,好比我们说:"有烟必有火",或者说"有火必燃烧"。在此之后,三段论的大前提是这个前提,小前提是被称之为证据的关联。

这种三段论的结论就是已经证明了的东西。与此相似,他们用"符号"一词首先指谓比这两个端词更全称和更特称的普遍词项,而我们用"因符号而知的东西"一词指谓把那种中项变成两个端词的符号。因此,我们也把符号叫作前提,它由中项以及由符号获知的东西构成。其中项为符号的三段论,也被称作符号。

很清楚,所有这些证据都是直接的常识。无论什么东西是用的这种方式,它都可能不是真正的证据,或者它是真正的证据,但是我们并没有意识到它,如果我们仅仅按照它广为人知的方式来看待它。这些证据是从那种被证明是意见的东西中呈现给我们的。省略三段论因为这些证据就有了说服力。

比较

比较就是说服一个人,让他相信某物就是为了一个特殊的事情而存在的,因为那个东西就存在于相似的事物中,而它在某个相似东西中的存在甚至比它在那个事物本身中的存在还更为人所知。很显然,从前面的条件来看,这个相似的东西必定在所有人的常识中都相似。我们也就必须显明那个相似的东西,并隐藏起那个造成两个东西相似的东西,而且决不能把它显明出来,除非必须如此,要么因为它隐藏得很深,要么因为否认两个事物之间相似性的对手所造成的麻烦。

相似可以是语词上的,或者仅仅是语词的形式上的;或者也可以是涵义上的。涵义上的相似出现在当两个事物要么由于偶然要么由于其他原因共用一个涵义的时候。或者是两个事物归属于一个东西,或者归属于两个相似的东西;也就是说,要么它们以同一种方式归属于一个东西,要么两者中的一个归属于另一个,就像另一个归属于其他东西一样。这两者中的每一个都具有或近或远的相似性,就像扎伊德和阿米尔。这两个人在人性、动物、生理特征上彼此相似。如果我们在两个事物中的一个里面发现了什么东西,我们在另一个事物中也必定会找到同样的东西。最有力的相似是当我们考虑因为涵义——要么全部,要么大部分——而存在的事物的时候,那种我们通过涵义在两个事物中找到的相似的东西。如果是这种情况,比较几乎就是一种省略三段论或三段论,而且它超出了比较的定义。

此外,如果第二个事物在任何使得二者相似的涵义上都相似于第一个事物,即使从部分涵义来看,第一事物并不存在那一元素,如果这种模式在比较中隐藏得不是很深,那么其中反对之处就会变得非常多。

除此之外,两个东西在语词上也具有相似性。说话人必须特别选择那种在听众面前隐藏起自己的事情的语词。所有这些都是说服的模式,都用于修辞术。

至于比较的结构,它首先是限定性的,因为它的含义就是一种限定性三段论,正如《三段论书》(Kitab al-Qiyas,按即《前分析篇》)中所解释的。一个使用比较方法的人也有可能用联言条件式来构建比较,但基于联言条件式的形式的东西,大多数都用于反对、驳斥和谴责;在肯定式中,比较的结构常常是限定性的。

至于限定性比较前提,如果两个东西之间的相似非常明显,那么我们必须显明模式,得出结论,并隐匿相似性。如果这种相似性并不明显,那么,我们就必须显明它。我们如果显明了相似性,那么就会出现三个前提。首先,一个前提把第二个前提本身的主项作为主项。它的谓项就是结论的谓项。第二个前提把两个东西之间相似的东西当做谓项。第三个前提把那个东西本身当做谓项,并把第二个东西当做主项。

亚里士多德《前分析篇》短注[①]

[①] [译按]译自 *Al-Farabi's Short Commentary on Aristotle's* Prior Analytic, University of Pittsburgh Press, 1963, 英译者为匹兹堡大学哲学教授雷谢尔(N. Rescher)。

英译者前言

这一《〈前分析篇〉短注》的英文版本译自提克尔（Mlle Mubahat Türker）的阿拉伯语新版本（*Revue de la Faculté de Langues, d'Histoire et de Géographie de l'Université d'Ankara*），并且这是第一次以一种欧洲语言形式出现。我希望这一翻译能够给非东方学者提供一种英译的阿拉伯语逻辑学文本，以便使他们能够在原有的研究基础之上继续有效地进行关于阿拉伯给予逻辑的贡献——鉴于现在依然有如此之大的未知领域存在——的更为深入的研究。

感谢卡西斯（Shukrieh Kassis）夫人特别是卡利尔（Seostoris Khalil）先生对于这一翻译的帮助。感谢麦克考勒（Storrs McCall）先生、阿克里尔（J. Ackrill）博士，特别感谢邓禄普（D. M. Dunlop）教授阅读打印稿并提供有益的建议。尽管这一工作得益于其他人的帮助，但是其中的缺点与错误皆由我个人负责。

感谢海勒（Dorothy Henle）小姐繁重但高效准确的打字工作。

这一翻译是阿拉伯对于逻辑学的贡献研究系列的一部分，这一研究得到国家科学基金的支持，是她促成了这一翻译的完成以及出版。谨以我至高的敬意感谢基金的资助。

英译者导言

1. 阿尔法拉比

公元870年稍晚,阿尔法拉比,或其全名为阿布·纳撒尔·穆罕默德·伊本·塔克汗·伊本·乌扎拉吉·阿尔法拉比（Abū Nasr Muhammad ibn Muhammad ibn Tarhān ibn Uzalāj al-Fārābī）,出生在法拉布（Farab）地区（在土耳其斯坦境内①）。尽管阿尔法拉比出生在（古老的土耳其）穆斯林家庭,但他却在基督教教师（聂斯脱利教派②）的指导之下接受哲学与科学教育,最先在呼罗

---

① [译按]土耳其斯坦（Turkestan）,又称突厥斯坦（以区别今天土耳其共和国内相关民族和地区）泛指亚洲中部地区突厥人（土耳其人以及众多使用阿尔泰语系或突厥语族的民族的祖先）的发祥地,其范围东起戈壁沙漠,西滨里海,南邻西藏、印度、阿富汗、伊朗,北接西伯利亚。19世纪欧洲的地理学家开始使用这个名词,并扩大描述的区域,将中亚俄罗斯部分称为西土耳其斯坦,将中国新疆地区称为东土耳其斯坦。

② [译按]聂斯脱利教派（Nestorian）：基督教一派,源于小亚细亚与叙利亚。起初,431年以弗所会议和451年卡尔西会议先后谴责聂斯脱利及其教义,随后这个派别就脱离正教会而另一门户。该派强调基督的神人二性各自独立,两个位格若即若离,仅在道义上合二为一。现代该派的代表是东方教会亦即波斯教会,西方通称之为叙利亚教会或聂斯脱利教会。该派信徒约有十万人,大多数居住在伊拉克、叙利亚和伊朗。原来基督教徒在波斯不断受压迫,424年波斯教会 （转下页）

珊(Khorasan),其后大部分时间在巴格达。阿尔法拉比将自己的主要精力放在了逻辑学学习与研究之上,特别是在跟随一位重要的聂斯脱利教派逻辑学家、学者云努斯(Abū Bishr Mattā ibn Yūnus)学习的时候,而正是这位学者第一次将亚里士多德的《后分析篇》(*Posterior Analytics*)与《论诗术》(*Poetics*)翻译成了阿拉伯语。

纵观其学术生涯,阿尔法拉比大部分时间以学者的身份活跃在巴格达与阿勒颇(Aleppo)。他同时也是一位相当重要的哲学教师。据说他曾经(同其他同学一起)"读过"40遍亚里士多德的《物理学》(*Physics*),200遍《修辞学》(*Rhetoric*)。

在阿尔法拉比的著作中,对亚里士多德著作的诠释是相当重要的部分。它们使他获得了"第二导师"的称号,即第一导师亚里士多德的继承者。他的诠释比之亚里士多德著作所涉更为广泛,因为它囊括了许多其他的希腊哲学与科学著作,其中包括托勒密的《天文学大全》(*Almagest of Ptolemy*)①。阿尔法拉比也撰写原创性的论文,他在音乐、政治哲学以及物理科学中某些方面的见解,非常有意味,并且具有相当的分量。

在取得了相当高的声望与影响之后,阿尔法拉比卒于公元950年,鉴于当时人的寿命,他是一位非常高寿的人,不过据说他是在旅行中被来自邻邦大马士革的劫匪杀死的。

作为最伟大的穆斯林哲学家之一,阿尔法拉比同阿维森纳(Ibn Sīnā[Avicenna]),阿威罗伊(Ibn Rushd [Averroes])以及卡

(接上页注②)正式宣告与外界基督教会断绝关系,自此才摆脱里通外国之嫌。486年波斯教会承认聂斯脱利派神学权威狄奥多乐为正道卫士。巴拜任牧首时期(公元497—502年)波斯教会再次肯定狄奥多乐的地位,于是正式成立聂斯脱利组织。自7世纪至10世纪聂斯脱利教派在中国十分兴旺,称景教。

① [译按]希腊亚历山大时期的天文学家、数学家托勒密(Ptolemy,约公元100—约170年)著,是托勒密的主要天文学著作。其希腊原名 Μαθηματικὴ Σύνταξις,意为"数学(即天文学)汇编",其后被非正式地称做"大汇编",大约是为了与此前的一部关于初等天文学的希腊文著作"小天文学汇编"相区别。后来阿拉伯人将其译为 al-majisti,这便成为后来中世纪拉丁译文 almagesti 或 almagestum 的来源。

尔敦(Abn Khaldūn)这些伟大的人物一样经常为世人所提及①。由于迈蒙尼德(Mainmonides)的热切推崇,阿尔法拉比的著作在中世纪犹太思想中占据着非常重要的地位。同时由于其他作家的援引,他有将近一半的著作在中世纪时期被翻译成为拉丁文,故此阿尔法拉比在基督教经院哲学研究中也起到了间接以及随后的直接推波助澜的作用。

比之哲学或者科学的其他任何一个分支,阿尔法拉比在逻辑学方面取得了更大的成就。他被视为阿拉伯逻辑学研究的先驱,不过他的老师云努斯则应当排除在外,因为他的学术生涯植根于古叙利亚的社会环境,而且与其说他首先是一位逻辑学研究者,还不如说是一位逻辑学著作的翻译者。

2. 阿尔法拉比的逻辑著作

追寻着亚历山大里亚学者们的足迹,阿尔法拉比以一种典型的阿拉伯注释家的方式对亚里士多德的全部逻辑学著作(包括《修辞学》与《论诗术》)进行了诠释。依照这种方式,注释被分做三种形式(即概要,也就是短注,中注以及长注)。对于著作中的一些特殊部分,他同时也做了一些简短的研究。阿特斯(Ahmet Ateş)②对阿尔法拉比的著述进行了颇具参考价值的考证研究,他列举了40多

---

① 现存有两部有关阿尔法拉比哲学的研究著作:斯泰因施奈德(Moritz Steinschneider)的世纪经典著作,*Al-Fārābī: DesArabischen Philospphen Leben und Schriften* (Mēmoires de l'Acadēmie Impēriale des Sciences de Saint-Pētersbourg; VIIe sērie, vol.13, no.4; St. Pētersbourg); Ibrahim Madkour, *La PalcedʼAl-Fārābī dans lʼÉcole Philosophique Musulmane*(Paris, 1934)。如需有关阿尔法拉比全面详细的文本讨论,可参见 N. Rescher, *Al-Fārābī: An Annotated Bibliography* (Pittsburgh, 1962)。

② Ahmet Ateş, "Fārābī bibliografyasi", Türk Tarih Kurumu Belleten (Ankara, Vol. 15, 1951),页175—192。一部列举了阿尔法拉比所有已知著作的参考文献,并尽可能地给出了手稿与版本的日期。

篇阿尔法拉比有关逻辑问题的论文,而且其中不少于 20 篇现在依然具有极其重要的价值。以下是已经出版的部分:

《逻辑初步》*Kitāb al-tauti'ah fī-'l-manṭiq*) 或者是《逻辑引论》*Kitāb al-madkhal ilā-'l-maṭiq*)

1. (编本)邓禄普(D. M. Dunlop)《阿尔法拉比入门》(Al-Fārābī's Eisagoge),《伊斯兰季刊》(*The Islamic Quarterly*, Vol. 3, 1956),页 117—138。

2. (编本)提克尔(Mubahat Türker),(土耳其语,《法拉比的一些逻辑著作》) (Fārābī'nin bazi mantik eserleri, *Revue de la Faculté de Langues, d'Histoire et de Géographie de l'Université d'Ankara*; Vol. 16, 1958),页 165—286。

3. (英译本) D. M. Dunlop,见上 1。

4. (土耳其语译本) Mubahat Türker,见上 2。

《有关该书(?)起始的论文》(*Risālah sudirah bi-hā al kitāb*)

1. (编本) D. M. Dunlop, (Al-fārābī's Introductory Risālah on Logic),《伊斯兰季刊》(*The Islamic Quarterly*, Vol. 3, 1956 – 1957),页 224—235。

2. (英译本) D. M. Dunlop,见上。

《亚里士多德〈范畴篇〉诠释[以述评的方式]》*Sharh kitāb al-maqūlāt li-Arisṭūṭālīs (alā jihah al-taālīq)*)

1. (编本) D. M. Dunlop,《阿尔法拉比对于亚里士多德〈范畴篇〉的解读》(Al-fārābī's Paraphrase of the Categories of Aristotle),《伊斯兰季刊》*The Islamic Quarterly*, Vol. 4, 1958),页 168—197, (Vol. 5 1959),页 21—54。

2. (编本)科克李珂(Nihat Keklik),"Abū naşi al-Fārābī'nin Katagoriler Kitabi."《伊斯兰研究学会评论》(*Review of the Institute of Islamic Studies*, Istanbul University; Vol. 2, 1960),出版是是书信集,第 2—4 部分;页 48。

3. (英译本) D. M. Dunlop,见上 1。

《亚里士多德〈解释篇〉[长]注》(Sharh kitāb al-'ibārah li-Aristūtālīs)

1. (编本)考茨以及麦罗(W. Kutsch & S. Marrow),《阿尔法拉比论亚里士多德〈解释篇〉》(Al-fārabī's Commentary on Aristotle's Peri Hermēneias (De Interpretatione), Beirut, 1961)。

《三段论[即《前分析篇》中三段论部分]短书[即短注]》(Kitāb al-qiyās al-şaghīr)

1. (编本) Mubahat Türker, "Fārābī'nin bazi mantik eserleri." (土耳其语《法拉比的一些逻辑著作》),(Revue de la Faculté de Langues, d'Histoire et de Géographie de l'Université d'Ankara; Vol. 16, 1958),页 165—286。

2. (土耳其语译本) Mubahat Türker,见上 1。

3. (英译本)拉塞尔(Nicholas Rescher),工作正在进行中。

《答问录》(Risālah fī jawāb masā'il su'ilāan-hā)

1. (编本)迪艾德里奇(Friederich Dieterici), Alfārābī's Philosophische Abhandlungen. Leiden, 1890。

2. (编本)麦卡维(Abd-al-Rah īm Makkawī), Majmūfalsafah Abī Naşr al-Fārābī. Cairo (Sa'ādah Press),伊斯兰纪元 1325 年(1907),页 176。开罗再版,1926 年。

3. (编本)无名氏(编撰),《阿尔法拉比》(Al-fārābī: Risālah fī masā'il mutafarriqah. Hyderabad (da'irah al-ma'arif)),伊斯兰教纪元 1344 年。

4. (编本)无名氏(编撰), Rasā'il al-Fārābī. Hyderabad (Dā'irah al-Maarif),伊斯兰教纪元 1350 年(1931)。

5. (编本)无名氏(编撰), Rasā'il al-Fārābī. Bombay,伊斯兰教纪元 1354 年(1937)。

6. (德语译本) Friederich Dieterici,《阿尔法拉比的哲学论著》

Alfārābīs Philosophische Abhandlungen. Leiden, 1892。

7. (土耳其语译本;仅翻译了一部分)博尔斯兰(Kivameddin Burslan),*Uzluk oğlu Farabi'nin eserlerinden seçme paraçalar.* Istanbul (devlet matbassi, 1935),页87。

8. (土耳其语译本)博尔斯兰以及乌尔肯(Kivameddin Burslan & Hilmi Ziya ülken),(土耳其语)《法拉比》(*Fārābī*, Istanbul, 1941)。

9. (研究著作)Nicholas Rescher,《一位九世纪的阿拉伯逻辑学家论'存在是谓词么'》(A Ninth-Century Arabic Logician on: Is Existence a Predicate?),《观念史杂志》(*Journal of the History of Ideas*, Vol. 21, 1960),页428—430。

《论论证的条件》(*Kitāb sharā'iṭ al-burhān*)。摘录——《逻辑技艺之需求》(*Fuṣūl yuhtāj ilai-hā fiṣinā'ah al-manṭiq*)

1. (编本;摘录)D. M. Dunlop,《阿尔法拉比论逻辑的导言部分》(Al-Fārābī's Introductory Sections on Logic),《伊斯兰季刊》(*The Islamic Quarterly*, Vol. 2, 1995),页264—282。

2. (编本;摘录)Mubahat Türker, "Fārābī'nin bazi mantik eserleri."(土耳其语《法拉比的一些逻辑著作》). Revue de la Facultē de Langues, *d'Histoire et de Géographie de l'Université d'Ankara*;(Vol. 16, 1958年),页165—286。

3. (中世纪拉丁语摘录译本)赛尔曼(Dominique H. Salman), Fragments inédits de la logique d'Alfarabi, *Revue des sciences philosophiques et théologiques*, (Vol. 32, 1948年),页222—225。

4. (法译两个摘录本)乔尔(Khalil Georr), "Bibligraphie Critique de Fārābī, suivie de Deux Textes Inédits sur la Logique, accompagnés d'une traduction fran? aise et de notes." Unpublished doctoral dissertation submitted to the Faculté des Lettres of the Universite de Paris, 1945.5,页265。

5. (英译摘录本) D. M. Dunlop,见上 1。

6. (土耳其语译文摘录本) Mubahat Türker,见上 2。

7. (只是对摘录本研究) 布拉姆伯格(Harry Blumberg),《阿尔法拉比逻辑五章》(Alfarabi's Five Chapters on Logic), (*Proceedings of the American Academy for Jewish Research*, 1934—1935),卷 6 页 115—121。

8. (研究著作) Nicholas Rescher,《论"阿尔法拉比逻辑学"的来源》(On the Provenance of the *Logica Alpharabii*),《新经院哲学》(*The New Scholasticism*, 1963) 卷 37。

(归因于 F,不过事实上,这是一个《后分析篇》摘要,它来自于"精诚兄弟会"(Brethren of Purity)(Ikhwān al-Safā')[1]百科全书。)
Liber introductorius in artem logicae demonstationis.

1. (编本) Friederich Dieterici, *Die Abhandlungen der Ichwān es-Safā* (in Auswahl arabisch herausgegeben von F. D.),两卷,Leipzig, 1883, 1886。

2. (德译本) Friederich Dieterici, *Die logik und Psychologie der Araber im Zehnten Jahrhundert*. Leipzig, 1868。

3. (拉丁语与德语译本) A. 纳吉(Albino Nagy), *Die Philosophischen Abhandlungen des ... al-Kindī*. (*Beiträge zur Geschichte der Philosophie des Mittelalters*. (II 5 1897). Pp.xxiv, 84.

4. (研究著作) 法玛尔(Henry George Farmer),《谁是〈逻辑论证术导论〉的作者》(Who was the Author of the '*Liber introductorius in artem logicae demonstrationis*'?),《皇家亚洲社会杂志》(*Journal*

---

[1] [译按]精诚兄弟会:阿拉伯秘密宗教团体,创建于伊拉克境内巴士拉,18 世纪后半叶曾出版哲学宗教百科全书《精诚兄弟会论文集》。该会认为,个人灵魂是从普在灵魂发出的,人死后个人灵魂返归普在灵魂,普在灵魂在最后审判日与真主结合。《精诚兄弟会论文集》的宗旨是使灵魂摆脱谬误而了解实在的本质,以便死后幸福。

of the Royal Asiatic Society, 1934),页 553—556。

5. (研究著作)Henry George Farmer,《阿尔法拉比论音乐的阿拉伯—拉丁著作》(*Al-Fārābī's Arabic-Latin Writings on Music*):文本,经过翻译与注释,Glasgow, 1934。

6. (原创)罗森塔尔(Franz Rosenthal), *Aḥmad b. aṭ-Ṭayyib as-Sarakhsī* (New Haven, 1943),页 57.

Sharḥ kitāb al-Khaṭabah li-Aristū (*Declaratio compendiosa super libris rhetoricorum Aristotelis*).

1. (中世纪拉丁语译本) *Alfarabius: Declaratio compendiosa super libris rhetoricorum Aristotillis*(原文如此), Venice, 1484。

2. (中世纪拉丁语译本) *Rhetorica Aristotelis-nec non Alpharabii compendiosa declaratione*: edidit Alexander Achillinus. Venice, 1515。

3. (中世纪拉丁语译本,仅有导论部分) Amable Jourdain, *Recherches critiques sur l'âge et l'origine des traductions latines d'Aristote*. Pairs, 1843。(Nouvelle édition par Charles Jourdain.) 页 xv, 472。影印再版, N. Y., 1960。

4. (研究著作) Albino Nagy, "Notizie intorno alla retorica d' Al-Fārābī." *Rendiconti della Reale Accademia dei Lincei* (Classe di Scienze Morali, Storiche, e Filologiche), Serie 5, Vol. II; Rome, 1893; 页 684—691。

Ṣadr kitāb al-khaṭābah (*Declaratio compendiosa per viam divisionis super libris rhetoricorum Aristotelis*).

1. (中世纪拉丁语译本) *Declaratio compendiosa per viam divisionis Alpharabii super libris rhetoricorum Aristotelis*. Venetiis, 1481。

2. (研究著作) Albino Nagy, "Notizie intorno alla retorica d' Al-Fārābī." *Rendiconti della Reale Academia dei Lincei* (Classe di Scienze Morali, Storiche, e Filologiche), Serie 5, Vol. II, Rome, 1893;页 684—691。

《关于诗歌技艺的准则》(*Risalāh fī qawānīn sināah al-shir*)

1. (编本)阿尔拜瑞(A. J. Arberry),《法拉比论诗术》("Fārābī' Canons of Poetry". *Rivista degli Studi Orientali*, Vol. 17, 1938),页266—278。

2. (编本)Abderrahman Badawī. *Aristoteles: De Poetica e graeco transtulit, commentis auxit ac critica editione antiquae Arabicae versiones et Alfarabi, Avicennae Averroisque commentariorum*. Le Caire, 1953,页261,53节。

3. (英译本)见上1。

《论诗术歌与修辞学》(*Kitāb fī'l-shir wa-'l-qawāfī*)或《论诗术歌》*Kitāb al-shir*)

1. (编本)马迪(Muh sin Mahdi),"Kitāb fī'l-shir li-Abī Naṣr al-Fārābī." *shir*(黎巴嫩贝鲁特出版的一种期刊),(Vol. 3, no. 12; 1959),页91—96。

3. 阿尔法拉比的逻辑继承

我们应当庆幸现在依然能够读到乌撒比哈(Ibn Abī Usaibi'ah)①著述的伟大的医学历史,在书中他大量地引用了阿尔法拉比的一部大部分已经散佚的著作《论哲学的表象》(On the Appearance of Philosophy),下面为其引用的一部分:

> 那时[即伊斯兰教兴起之后][逻辑学的]教授工作就从亚历山大转移到了安条克(Antioch)并在那里停留了很长一段时间,直到那里最后只剩留了一位教师。有两个人曾经跟

---

① 《有关医生等级信息的资料》(*Uyūn al-anbā' fīṭabaqāt al-aṭbbā*)由August Müller编辑(作为Die Reihen der Ärtzte, Vol. 1, Cairo, 1882,只有原文文本, Vol. 2, Königsberg, 1884)。对本问题的摘录见于卷I,页134行30至页135行24。

从他学习,后来他们带着许多书离开了他。现在其中一个人成为了哈兰(Harrān)的一员,另一个则来到玛尔武(Marw)。至于在玛尔武的那个人,有两个人曾跟从他学习,其中一个是阿尔马维兹(Ibrāhīm al-Marwazī),另一个是海兰(Yūhanna ibn Hailān)。跟随阿尔马维兹学习的是主教伊萨里(Isra'īl)和昆瓦瑞(Quwairī)。后来他们离开他去了巴格达。不过现在Ibrāhīm(原文误,应为 Isra'īl)已经将自己奉献给了他的宗教(即基督教)。阿尔马维兹后来去到巴格达,并定居在了那里。在那里跟随他学习的是郁南(Mattā ibn Yūnān)(即 Abū Bishr Mattā ibn Yūnus)。

那时候[在逻辑]教学上教师们会一直教授到[三段论]实然的格。不过阿尔法拉比回忆自己的过去时说,他其实已经跟随海兰读完了《后分析篇》(kitāb al-burhān)。这[两个分析篇]部分在(三段论[即《前分析篇》I,7之后])实然的格之后,它通常被称作"未被读过的部分"①,直到(后来)有人读过了它;之后这部分就成为了[逻辑学习与研究]的标准。这事传到了读过实然的格的穆斯林教师那里,后来他们中也有人读到了它。因此 Abū Nasr[即阿尔法拉比]说他自己[在老师的教导下]一直读到《后分析篇》的末尾。

我们从其他地方又获得了一些关于阿尔法拉比的教师的补充资料②,进而总结出了相关导师——学生之间关系的"谱系":

---

① [译按]出于神学原因,相关的宗教法令禁止基督徒研修《前分析篇》i.7之后的部分。
② 这些资料大部分已经在 Max Meyerhof 极具权威性的研究著作中得到编译与分析:"Von Alexandrine nach Baghdad: Ein Beitrag zur Geschichte des philosophischen und medizinischen Unterrichts bei der Arabern", *Sitzungsberichte der Preussischen Akademie der Wissenschaften, Philosophisch-historische Klasse* (Vol. 23, Berlin, 1930),页 389—429。与我们相关的文本资料在页 393—394 与页 404—405。另外亦可以参考迈耶尔霍夫的论文"La Fin de L'École d'Alexandrie d'après quelques Auteurs Arabes", *Bulletin de l'Institut d'Égypte*, (Vol. 15, 1932-1933),页 109—123(尤其是页 114—118)。

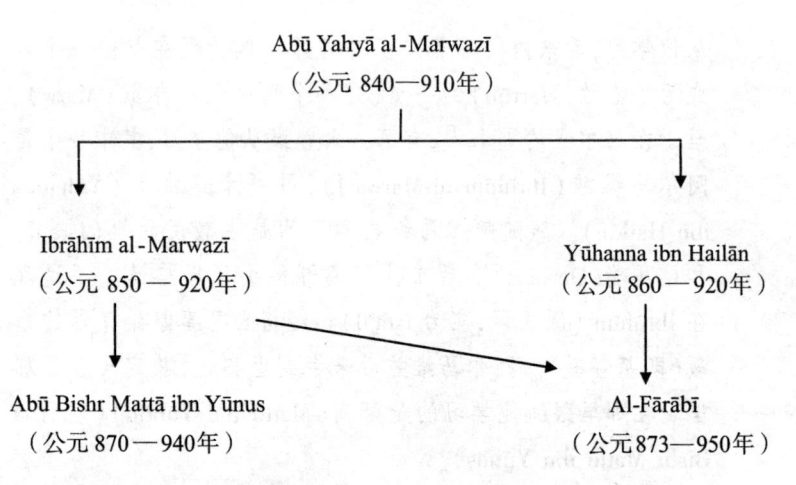

```
              Abū Yahyā al-Marwazī
               (公元 840—910年)
              ↙              ↘
Ibrāhīm al-Marwazī          Yūhanna ibn Hailān
 (公元 850—920年)             (公元 860—920年)
        ↓          ↘                ↓
Abū Bishr Mattā ibn Yūnus          Al-Fārābī
  (公元 870—940年)              (公元 873—950年)
```

从所掌握的大量信息中我们可以推断出,阿尔法拉比的所有老师在生活与工作中都是被公认的重要人物。另外,阿尔法拉比的叙述不仅显示了他是基督教学者——最初是聂斯脱利教派,正是他们在9世纪将希腊逻辑从亚历山大带到了巴格达[①]——中间将兴趣凝集在亚里士多德逻辑之上的研究者,而且它还提供了一份关于阿尔法拉比自身的重要资料。它表明了这位第一位阿拉伯语逻辑学家还必须被看作古叙利亚语基督教逻辑学家逻辑工作的延续者,或许在某种程度上还应该被看作是他的古叙利亚语先辈学术成就的阿拉伯语传播者。所以尽管我们有理由怀疑阿尔法拉比著作的原创性,但是确切地说正是由于缺乏这种严格的独立性,才使得他作为希腊学说的继承者这一断言得以成立,并且确立了他在亚里士多德逻辑中"第二导师"的地位。

---

① 如果需要这一部分更为详细的信息,可参见 N. Rescher 的《阿尔法拉比的逻辑传统》(Al-Fārābī on Logical Tradition),《观念史杂志》(*The Journal of the History of Ideas*, Vol. 63, 1963),页 127—132。

4. 公元 8—9 世纪对"亚里士多德"逻辑的研究，以及作为研究对象的《分析篇》

如同希腊哲学家那样，古叙利亚语系基督教宗派也继承并发展了希腊数学家、神学家与医药学家们的思想。所有这些知识的分支能够得以发展都可以归之于与神学研究的密切结合，希腊哲学家与科学家们提供了极具天赋的原则与方法，而教会神学则找到了它们的用武之处。特别是医学，正是它构建了沟通科学与神学的联系桥梁，故而许多古叙利亚语基督教神学家在心灵接受洗涤的同时也被训练成为了医治肉体的医生。我们将会看到，如同在亚历山大城那样（比如益伦[Galen]），逻辑学也成为医学课程中构成其完整性的不可或缺的一部分，并成为医学课程中其他部分的链接。

古叙利亚语基督教专门学校将全部课程分成两个部分：为研究天文学、医学与神学中一项或多项专业而进行的基础性准备；以及进一步的天文学、医学与神学研究，比如说，位于巴格达与伊斯法罕（Isfahan）之间的荣迪—沙帕尔（Jundi-Shapur）就是一所既有医学院（下有附属医院）又有天文学院（设有天文台）的聂斯脱利教派专门学校。同数学一样，逻辑学也成为预科学习的中心学科，并且在各门学科之间扮演着公共桥梁的重要角色。这种教学课程的结构受到古叙利亚语哲学家们关于科学分支的排列次序的影响，其排列次序依次为：逻辑学、数学、物理学（包括心理学）与神学。这样我们就不会奇怪为什么能够找到如此多的像著名的基督一性论派（Monophysite）①神学家赛克特（Severus Sebhkht）（卒于

---

① [译按]基督一性论：简称一性论，源于希腊文 Monos phusis，意为"一个本性"，主张耶稣基督的人性完全融入其神性，故只有一个本性。反对正统教派所主张的基督教神人二性虽互相联合，但仍继续互不混淆地并存之说。持此观点的派别成为基督一性论派。

公元 666/7 年)那样的例子,在他的许多重要论文当中我们可以同时发现关于逻辑学、天文学以及神学等各方面的论题。这种课程的安排方式因袭了亚历山大的先例,而且在其中古叙利亚的传统也在各方面持续不断地与希腊化的亚历山大结合了起来。

大量的资料信息如同亚里士多德逻辑的古叙利亚语翻译被证明是有益的;事实上这一著作的大部分又重新获得了生命,其中有一些还被印刷出版。波菲利的《导论》(波菲利的 *Isagoge*)①通常被放在《工具论》前面作为导言部分。《修辞学》与《论诗术》则被置于最后(尽管古叙利亚语著作家——如同他们的阿拉伯语后继者——经常为后面的著作所困扰,因为事实上他们更为熟悉的是希腊文学作品而不是希腊科学与哲学)。

故此,亚里士多德逻辑学的古叙利亚语注释家们后来达成如下逻辑学著作标准排列顺序:《导论》(波菲利的 *Isagoge*),《范畴篇》(*Categoriae*),《解释篇》(*De Interpretatione*),《前分析篇》(*Analytica Priora*),《后分析篇》(*Analytica Posteriora*),《论题篇》(*Topica*),《辩谬篇》(*Sophistici Elenchi*),《修辞学》(*Rhetorica*)以及《论诗术》(*Poetica*)。这九部著作被注释家们看作是为了处理九个独立的逻辑分支而写作的,并且每个分支都建立在各自的经典文本之上。这种亚里士多德逻辑的结构形式被阿拉伯人沿袭了下来,并逐渐形成如下逻辑学文本题材结构:

---

① [译按]波菲利是公元 3 世纪的新柏拉图主义哲学家,他为了帮助一位罗马友人研习亚里士多德的《范畴篇》,用希腊语写了一个《导论》。这部著作后来被译成拉丁语,并且在中世纪的大部分时间里,都是修习者进入逻辑学和哲学的第一门径。波菲利在这部著作中提出了定义、属、属差、特性和偶性这五个概念,作为理解《范畴篇》的前导部分。

分支	阿拉伯语名称	基础文本
(1) 导论("Introduction")	al-isaghuji	Isagoge (Porphyry)
(2) 范畴篇(Categories)	al-maqulat	Categoriae
(3) 解释篇(Hermeneutics)	al-'ibarah	De Interpretatione
(4) 前分析篇(Analytics)	al-qiyas	Analytica Priora
(5) 后分析篇(Apodictics)	al-burhan	Analytica Posteriora
(6) 论题篇(Topics)	al-jadal	Topica
(7) 辩谬篇(Sophistics)	al-mughalitah (或 al-safsatah)	Sophistici Elenchi
(8) 修辞学(Rhetoric)	al-khitabah	Rhetorica
(9) 论诗术(Poetics)	al-shi'r	Poetica

此《工具论》通常被称做逻辑"九书"或者"八书"(《论诗术》，有时《导论》不包括在内)。前面四篇论文(很明显在公元800年之前只有这四部分被翻译成为古叙利亚语文本)被称作逻辑"四书"。此"四书"在古叙利亚语专门学校基本课程中构成逻辑研究的对象。古叙利亚语基督徒在研究亚里士多德逻辑时特别强调"四书"，并赋予其逻辑研究的基础性地位并不是偶然的。而对《后分析篇》的研究，就像我们所看到的那样，是因为人们怀疑其中有神学方面的依据，因而此种强调就以这种阴差阳错的方式降临到他们前辈的著作之上。不过这并不意味着学者们并不研读其他逻辑论文，他们只是留守住专家们的疆界，以使得普通的学生将他们自己也限制在"四书"的范围内。

亚里士多德逻辑论著在教学中所扮演的这种角色导向一种建立在它们之上的三种诠释形式，即短注或概要，中注以及长注。每一种诠释都有自己独特的形式。一个长注首先要引用几段亚里士多德原文文本，接着给出一个关于这段引文的详细讨论，大约有原文的二至三倍长，通常还要加上一些希腊注释家们的观点。一个中注通常会意释并重述亚里士多德的观点，并且提供补充性的解释讨论,它一般略长于原文。一个短注则会介绍一部亚里士多德著作的主旨大意,并有可能提供关于创作题材的介绍性论述或者其在亚里士多德著作集中的地位,它的长度通常为原文的一半左右。这种逻辑诠释一拖三的安排方式与古叙利亚语专门学校中的教授程序极其相似:短注相当于学习与研究的第一阶段,中注类似于第二阶段,长注则可与第三阶段比似。因此可以说,教育前进的动力并非新资料的不断获得,而是对早已熟识资料的不断深入。

在传统教授方式的影响之下,逻辑学的每一个"分支"都相应地获得了其独有的特色,而且这一特色也导致了它们与基本文本材料的分离。比如说,我们将会看到,阿尔法拉比对于"分析"的处理是怎样导致《前分析篇》内容与材料的增加与删减的。

事实上,亚里士多德逻辑已经被古叙利亚语专家们重新包装过,然后所有有关这些包装的风格特点的细节又传播到了阿拉伯人那里。它们包括逻辑著作的组织结构,对于"四书"的强调,逻辑在科学中的位置以及逻辑在医学与天文学教授规划中的角色地位等(不过并不包括伊斯兰教与神学教学——至少在公元 13 世纪稍晚伊斯兰学校经院哲学化之前不包括)。

包括阿尔肯迪(al-Kindī),阿尔拉齐(al-Rāzī),阿尔法拉比在内的第一代阿拉伯语哲学与逻辑作家们,是真正意义上的古叙利亚语学校"产物",在那里他们从教授他们的人那儿获得了学问。同时这种古叙利亚学术传统也传到了阿拉伯人那里,其中不仅包括古希腊的学术思想内容同时还包括它的形式。阿拉伯语逻辑学家是古希腊学术工作的继承者,在这一学术传统链条上,早期的成员有希腊语学者阿芙洛狄西亚的亚历山大(Alexander of Aphrodisias),波菲利,泰米士德斯(Themistius),阿谟尼乌斯(Ammonius)与菲洛波努斯(Philoponus)等,紧随其后的是穆斯林亚里士多德学派的阿尔法拉比,阿威罗伊等。①

5.《前分析篇》的古希腊诠释

毫无疑问,在古希腊也有许多关于《前分析篇》的研究与诠释,不过可惜的是它们已经全部佚失。然而我们依然可以找寻到伟大的麦加拉—廊下学派(旧译斯多阿学派)逻辑学家们的踪迹:②

(A) 盖伦(公元120—199年),著名的内科医生,撰写了大量的哲学论文,其中也包括逻辑学方面的论文。在那些大量的逻辑学论文当中,有一些涉及到《前分析篇》③。其中唯一还为人所知并被保存下来的是一篇《逻辑学导论》(*Eisagōgē dialectikē*),于1844年首次为米纳斯(Minoides Minas)出版发行。④

(B) 赫米努斯(*Herminus*)(公元130—190年),阿芙洛狄西亚的亚历山大的老师,撰写过:

---

① 关于古叙利亚语范围内逻辑学习与研究特点的讨论首推如下著作:Anton Baumstark, *Aristoteles bei den Syrern* (Lerpzig, 1948); Khalil Georr, *Les Catégories d'Aristote dans leurs Versions Syro-Arabes* (Beyrouth, 1948); Max Meyerhof, "Von Alexandrien Nach Baghdad"(见上);德·L·奥莱利(De Lacy O'Leary),《希腊潜入阿拉伯》(*How Greek Sience Passed to the Arabs*, London, 1949)。
② 以下目录主要基于 Friederich Ueberweg 的修订版丛书 *Grundriss der Geschichle der Philosophie* 中 Karl Praechter 的 *Die Philosophie des Altertums* 卷, Berlin, 1926。
③ 这些在加伦的论文 Peritōn idiōn bibliōn (De libris propriis)中章12以及章15—16,见 C. G. Kühn 编辑的加伦的 Opera Omnia (Leipzig, 1830, Vol. 19),页43—47。
④ 由 Carl Kalbfleisch 编辑,*Galeni Institutio Logica* (Leipzig, 1896),同一作者,"Über Galen's Einleitung in die Logik", *Jahrbuch fürklassische Philologie*,补遗23 (1897),页679—708。Ivan Müller, "Galen's Werk vom wissenschafelichen Beweis", *Abhandlungen der K. Akad. Der Wissenschaften in München* (Philos.-philol. Klasse) (Vol. 20, pt. 2, 1985),页403 ff.。J. Mau, *Galen: Einführung in die Logik* (Berlin, 1960)。

(1)《前分析篇诠释》(A commentary on Anal. Pr.)这部著作,据说具有独创性的观点,同时在一些重要的地方与亚里士多德的观点相左,但是非常不幸的是该书没有能够被保存下来。

(C) 亚历山大的阿芙洛狄西亚(公元 160—220 年),活跃在雅典,公元 198 年至 211 年为雅典逍遥派领袖,而且他也是亚里士多德最为勤勉的后学,他写下了许多诠释,其中之一为:

(2)《前分析篇卷 I 诠释》(A commentary on Book I of Anal. Pr.)这个诠释在文艺复兴时期重出生天,被 Feliciano(威尼斯,1542 年)翻译成拉丁文并且再版过好几次。它的希腊文本由华莱士(Maximilian Wallies)在 1883 年重新加以编辑整理,并将之收入柏林研究院 Commentaria in Aristotelem Graeca 丛书中(卷 II,第 1 部分)①。他还写过一篇模态复合三段论(已佚)。

(D) 波菲利(公元 232/3—300 年),著名的哲学家,普罗提诺(Plotinus)的信徒,《导论》的作者,写过一篇关于直言三段论的论文,写过《工具论》中某些部分的评论,确切地说是《范畴篇》与《解释篇》,很可能还包括《前分析篇》。②

(E) 泰米士德斯(公元 317—390 年),一位在君士坦丁堡

---

① 关于亚历山大诠释的《前分析篇》,可参见:G. Volait, *Die Stellung des Alexander von Aphrodisias zur aristotelischen Schlusslehre* (Halle, 1907);波恩大学 *Inauguraldissertation*,同时完全发表在 *Abhandlungen zur Philosophie und ihrer Geschichte*, Heft 27,以及 E. Thouverez, "Ein Bericht des Alexander von Aphrodisias über die peripatetische Syllogistik", *Archiv für Geschichte der Philosophie*, (Vol. 15, 1902),页 58 以及以后。
② 关于波菲利的著作列表可参见 J·拜德兹(J. Bidez), *vie de Porphyre* (Gand and Leipzig, 1913)。

(Constantinople)极具影响力的教师,写过:

  (3)《前分析篇卷 I 短注》(A paraphrase [short commentary] on Book I of Anal. Pr.)

华莱士在 1884 年将之收录到柏林 Commentaria in Aristotelem Graeca 丛书中(Vol. 23, pt. 3)。①

(F) 阿谟尼乌斯(公元 450—520 年),一位非常重要的哲学导师,活跃在亚历山大城。约翰·菲洛波努斯(John Philoponus),辛普里丘(Simplicius),与奥林匹奥多洛斯(Olympiodorus)曾是他的学生。他曾经撰写过:

  (4)《前分析篇卷 I 诠释》(A commentary on Book I of Anal. Pr.)

这本书被保存了下来,在文艺复兴时期出版发行,同样也是拉丁文译本。希腊文本由华莱士于 1899 年编入柏林 Commentaria in Aristotelem Graeca 丛书中(Vol. 4, pt. 6)。

(G) 约翰·菲洛波努斯(公元 480—540 年)。在亚历山大城的阿谟尼乌斯那里结业之后,菲洛波努斯定居在了那里并成为了一位教师(他很可能继阿谟尼乌斯之后成为了哲学领袖),不过在其稍后的职业生涯中,他转向了基督教。

  (5)《前分析篇诠释》(A commentary on Anal. Pr.)
    (包括第 I 卷与第 II 卷,不过对第 II 卷的诠释相当简略)

---

① 关于泰米士德斯对于逻辑的贡献,可参见 V·罗思(Valentin Rose),"Über eine angebliche Paraphrase des Themistius"(Hermes, Vol. 2, 1867),页 191—213。W. D. Rose 并不认为现存的诠释是属于泰米士德斯的,而应该将之归于索福尼亚(Sophonias)(全盛时期在公元 1300 年)。可参见他的《亚里士多德的前后分析篇》(Aristotle's Prior and Posterior Analytics, Oxford, 1957),页 2。

这一著作也被保存了下来,华莱士于 1905 年将之编入柏林 Commentaria in Aristotelem Graeca 丛书中(Vol. 13, pt. 2)

(H) 辛普里丘(公元 490—550 年),阿谟尼乌斯的学生,是公元 529 年君士坦丁关闭了雅典的学园之后,为寻求亚奴悉万(Chosroes Anushirwan)的保护移居到波斯的雅典哲学教授之一(大约两年后他又回到了希腊)。尽管我们可以确定辛普里丘曾经做过有关《前分析篇》的演讲,不过可惜的是这些演讲后来已全部散佚。

(I) 奥林匹奥多洛斯(公元 490—560 年),与辛普里丘生活在同一时代,也是阿谟尼乌斯的学生,定居在亚历山大,成为阿谟尼乌斯哲学领袖的继任者(继阿谟尼乌斯一两任之后)。他做过有关《工具论》的演讲,不过他关于《前分析篇》的解释与评论没有能够被保存下来。

(J) 厄利亚(*Elias*)(公元 520—580 年),奥林匹奥多洛斯在亚历山大的哲学领袖的继任者,撰写过:

(6)《前分析篇卷 I 批注》(Scholia on Book I of Anal. Pr.)

这篇论文在时间长河中得以幸存,并被威斯特尼克(L. E. Westernick)整理为《厄利亚论前分析篇》,(Memndsyne, Vol. 14, 1961),页 134—139。

首先得幸于华莱士伟大而必要的独力编撰工作,使得这六部著作能够以最高水准的现代学术版本形式印行,不过尽管如此,人们还没有充分地研究过这些著作,它们还需要大量现代语言形式的翻译与评注,这些翻译与评注还应该包括有适当的可以提供大量信息的解释性的诠释,以便使得那些对这些著作感兴趣的学生能够更为方便地学习与研究。

在我们看来,最为重要的事实是,自阿谟尼乌斯时代(全盛时期在公元 500 年）至厄利亚时代（全盛时期在公元 570 年）甚至在更为长久的时间里，在亚历山大城形成了一种持续而未曾间断地研究亚里士多德逻辑尤其是《前分析篇》的传统。这种学术研究参考了旧有的诠释，特别是阿芙洛狄西亚的亚历山大的诠释，它同时也产生了数量相当可观的著作，比如阿谟尼乌斯与约翰·菲洛波努斯的诠释以及其他。那些站在逻辑学研究前沿的古叙利亚语学者们与亚历山大城里的亚里士多德逻辑学拥护者与倡导者们保持着一种亲密的联系，并且也是他们在文本意义上的学生。①

6.《前分析篇》的古叙利亚语翻译与诠释

从公元 4 世纪开始，东地中海地区古叙利亚语基督教团体（即聂斯脱利教派与基督一性论派）的学者们主动承担起古希腊知识研究与传播的责任。他们对于《前分析篇》研究的贡献，除了关于《前分析篇》在亚里士多德逻辑中从属地位的一般性论述之外，还有一些（据我们所能知）我们将概括列举如下②。当然下面这些仅是所有人物与著作中的一小部分。

（A）普布阿（Prbha）（全盛时期为公元 480 年）一位聂斯脱利派学者，著有：

（1）《前分析篇短注》（A Short commentary on Anal. Pr.）

该诠释被胡内克（A. van. Hoonacker）编译为法文版：Le

---

① 有关两个传统之间关系最为详尽的解释说明是迈耶尔霍夫（Max Meyerhof）的专题论文"Von Alexandrine nach Baghdad"（*Sitzungsberichte der Preussischen Akademie der Wissenschaften*（philosophisch-historische Klasse），Vol. 23, 1930）。

② 可靠的叙述首先是巴姆斯塔克（Anton Baumstark）的 *Geschichte der Syrischen Literatur*（Bonn, 1922）。同时我也查阅到弗莱德曼（Isidor Friedmann）的 *Aristotles Analytica bei den Syrern*（Berlin, 1898），目前所能得到的是 1898 年的专题论文)以及 R·杜瓦尔（Rubens Duval）的 *La Littērature Syriaque*（Paris, 1899）。

Trait du Philpsophe Syrien Probus aur les Premiers Analytiques d'Aristote, *Journal Asiatique*, (Vol. 16, 1900), 页 70—166。普布阿很可能也翻译过《前分析篇》至第Ⅰ卷第 7 节。

(B) 瑞斯哈纳的色吉伊斯(*Sergeius of Reshaina*)(全盛时期为公元 530 年),一位杰出的基督一性论派内科医生,曾在亚历山大学习医学与哲学。他曾写过:

(2)《论〈前分析篇〉与亚里士多德其他逻辑学著作的关系》(A treatise on the relation of Anal. Pr. to Aristotle's other logical works)

(3)《论〈前分析篇〉中 schēma 的概念》(A treatise on the concept of schēma in Anal. Pr.)

这两篇论文现在仍然还存在,不过还没有很好地加以整理与研究。

(C) 皮尔萨(*Paulus Persa*)(全盛时期为公元 570 年)曾经撰写过:

(4)《关于亚里士多德所有逻辑学著作,包括前分析篇的论文》(A Treatise on the whole of Aristotelian logic, including Anal. Pr)(该论文题献给波斯国王亚奴悉万)

该论文得以幸存。兰德(M. Land)将之翻译成为拉丁文,加上注释,并收入到他的《叙利亚密录》(*Anecdota Syrica*)书中。

(D) 赛克特(全盛时期为公元 630 年,卒于 666/7 年),基督一性论派主教,著有:

(5)《关于〈前分析篇〉中(非模态的)三段论的论文》(A treatise on the (non-modal) syllogism of Anal. Pr)

这篇论文现在也依然存在,不过仍然还没有被深入地探究过。

(E) 卡度的西瓦诺斯(Silvanus of Qardu)(全盛时期为公元640年),聂斯脱利教派学者,曾经撰写过:

  (6)《〈前分析篇〉短注(概要)》(A short commentary (epitome) of Anal. Pr),曾被作为一种处理"四书"常用方法的一部分。

非常可惜的是,该注释现已散佚。

(F) 巴拉达的阿塔纳修斯(Athanasius of Baladh,全盛时期为公元660年,卒于686年),赛克特的学生,基督一性论派教会元老,曾写过:

  (7)《〈前分析篇〉概要》(An epitome of Anal. Pr), 曾被作为一种"四书"研究方法的一部分。

该篇论文被弗莱尼(Giuseppe Furlani)整理成为:Una Introduzione alla Logica Aristotelica di Atanasio di Balad, *Rendiconti della Academia dei Lincei* (Classe di Scienze Morali,Storiche e Filologiche),(Serie 5, Vol. 25, Rome, 1916),页717—778。[古叙利亚文本(页719—778)]。翻译修订本由弗莱尼于1925年出版:"L'introdutione di Atanasio de Baladh alla logica e syllogistica aristotelica", *Atti del Reale Instituto Veneto di Scienze*, Lettere, el Arti, (Vol. 85, 1925-1926)。

(G) 贺纳尼苏一世(Henanishu I,全盛时期为公元680年,卒于699/700年),聂斯脱利教派学者,写过:

  (9)《〈前分析篇〉诠释》(A commentary on Anal. Pr)

该著作现已散佚。

(H) 埃德萨的雅克布(Jacob of Edessa,生于公元640年,卒于公元708年),著名的雅克宾特学者,赛克特的学生,也曾在亚历山大学习与研究。著有：

(8)《〈前分析篇〉"标准"部分古叙利亚语译文》(A Syriac translation of the "standard" part of Anal. Pr)。一直到第 I 卷第 7 部分。

该著作亦已散佚。

(I) 乔治(George),阿拉伯主教(雅克宾特派,全盛时期为公元 690 年,卒于公元 724 年),Henanishu I 的学生,有:

(10)《〈前分析篇〉古叙利亚语全(!)译》(A Syriac translation of the whole (!) of Anal. Pr),附有,

(11)《〈前分析篇〉全(!)注》。(A commentary on the whole (!) of this work)

乔治的译本在那时是最好的古叙利亚语版本。后来弗莱尼将现存的译文与注释合并到一起,然后将之出版发行(只有古叙利亚语文本;没有翻译):"Il Primo Libro dei Primi Analitici di Aristotele nella versione siriaca di Giorgio delle Nazioni", *Memorie della Reale Accademia Nazionale dei Lincei* (Classe di Scienze Morali, Storiche, e Filologiche), (Serie 6, part 5, fasc. 3, Vol. 332, Rome, 1935);以及"Il Secondo Libro..." (ibid., serie 6, part 6, fasc. 3, Vol. 334 Rome, 1935),页 233—286。

总体而言,这些古叙利亚语翻译与注释是为那些需要掌握亚里士多德逻辑"四书"的专门学校的医学和/或神学专业的学生而作的,它们同样也是医学和/或神学专业基础课程之一。那些学生看起来懂得一些希腊文:专业术语的熟练拼写,而不是翻译(参见弗莱尼的意大利语版本条目 7)。直到相当晚的时候(即公元 670 年)人们感觉到必须将作为教材使用的《前分析篇》部分重新翻译(条目 8),以替代粗鄙陈旧的版本(普布阿的版本?),即使这样,

学生所做的练习依然也是专业术语的拼写而不是翻译。更为"流畅"的版本直到公元690/700年才被翻译出来(条目10)。尽管古叙利亚语学者们保持着与希腊语亚历山大城的联系,但是他们的学生看起来已经逐步离开了他们的希腊源头。

纵观这些以《前分析篇》为对象的古叙利亚语著作,毫无疑问,它们给予了作为科学的逻辑学极大并且极具创造力的影响,(据说)甚至比在学校中给予研究欧几里得的贡献还要大。所有的一切都是本质上程序化形式之下确定知识的准确传播。这些转变犹如冰川下的暗流,而且与这些转变密切相关的与其说是内容,还不如说是强调材料本身。

另外还必须强调的是,古叙利亚语逻辑学家们——即使他们缺乏原创性——将亚里士多德逻辑学保持在一个高度理性的层次之上,并且不论作为访问者还是真正的学生,都与亚历山大城的亚里士多德学派保持着一种良性的联系。

7. 阿尔法拉比之前的《前分析篇》阿拉伯语翻译与注释

古叙利亚语逻辑学家们,与后继他们的第一代阿拉伯语逻辑学家们,有时会撰写亚里士多德《工具论》或者其前半部分(从《前分析篇》开始)的综述。除了这些综述之外,在阿尔法拉比之前的关于《前分析篇》的阿拉伯语著作据我们所知还有如下[①]:

(A) 阿尔比特瑞奇(*Yah ya* (*Yuh Anna*) *ibn al-Bit rīq*)(公元

[①] 关于这一部分《前分析篇》阿拉伯语研究的叙述,很大程度上来源于:(1)迈耶尔霍夫(Max Meyerhof),"Von Alexandrine nach Baghdad", *Sitzungsberichte der Preussischen Akademie der Wissenschaften*, (Philosophisch-historische Klasse)(Vol. 23, 1930)。(2)穆勒(August Müller), Die Griechischen Philosophen in der Arabischen Ueberlieferung. (Halle, 1873, 一部非常重要的参考书目 Ibn al-Nadīm(死于995年)的 *Kitāb al-fihrist*de 的注释性翻译)。(3)沃尔兹(Rihard Walzer),"New Light on the Arabic Translations of Aristotle". (Oriens, Vol. 6, 1953),页91—142(再版本为希腊语与阿拉伯语, Oxford, 1962)。

770—830年),基督教学者,后来很可能又改信了伊斯兰教。他精通古希腊科学与哲学文本的阿拉伯语翻译,其中最为重要的一部翻译著作是柏拉图的《蒂迈欧》(Timaeus)。他译有:

(1)《前分析篇》阿拉伯语译本

关于这个译本,邓禄普评论说,它"被如此有效地替代了,以致我们只是在机缘巧合之下才得以窥其全貌。"(J. R. A. S., 1959),页145。

(B) 西奥多(Theodore,公元790—850年),一位我们现在依然没有确证的学者(参见邓禄普,前引,页145,脚注3),有:

(2)《前分析篇》阿拉伯语译本

此译本后来被H·伊萨克修订后重出生天。(见下5)

(C) 阿尔肯迪(Al-Kindī)(公元805—873年),著名哲学家,撰写有:

(3)《前分析篇》短注(概要)(A short commentary (epitome) on Anal. Pr)

该注释现已散佚。

(D) 侯奈因·伊本·伊萨克(Hunain ibn Ishāq)(公元808—877年),著名的翻译家,在他儿子协助之下工作。

(E) 伊萨克·伊本·侯奈因(Ishāq ibn Hunain)(公元845—910/911年)有:

(4)《前分析篇》叙利亚语译本(A Syriac translation of Anal. Pr)

该译本现已佚失,它是(5)的预备工具(依照侯奈因的原意):

(5)《前分析篇》阿拉伯语译本(An Arabic translation of Anal. Pr),或者说西奥多版本的

修订版。

这个译本被保存下来(Brockelmann, GAL, I, 206),后来经由苏瓦尔(al-Hasan ibn Suwār)(或阿尔卡马尔(Ibn al-Khammār);公元 942—1020 年)编辑并加入详尽的注释,并由巴达维(A. Badawi)出版,(Mantiq Aristū, Vol. I, Cairo, 1948)。侯奈因还有:

  (6) 加伦《论三段论的数目》论文古叙利亚语译本(A Syriac translation of Galen's treatise "On the Number of Syllogisms")

他的儿子伊萨克后来将之翻译为:

  (7) 加伦《论三段论的数目》阿拉伯语译本(A Syriac translation of this work)

这两个译本现皆以散失。

(F) 库瓦瑞(*Quwairī*)(*Abu Ishāq Ibrāhīm*;公元 855—915 年),云努斯的助手,阿尔法拉比的老师,(可能)用阿拉伯语写过:

  (8)《前分析篇》详注(An extensive commentary on Anal. Pr)

此详注现已散佚。

(G) 阿尔迪马斯齐(*Al-Dimashqī*)(Abū Uthmān;公元 860—920 年),一位杰出的内科医生,极具才华的翻译家,有(可能译自古叙利亚语译本):

  (9) 波菲利《直言三段论导论》阿拉伯语译本(An Arabic translation of Porphyry's "Introduction to Categorical Syllogisms")

这个译本现已佚失。

(H) 阿尔拉兹(*Al-Rāzī*) 或 *Rhazes*(公元 865—925 年),著名的内科医生,著有:

(10)《前分析篇》概要(An epitome of Anal. Pr)
(只论述到第 I 卷第 7 节。)

此概要已经散佚。

(I) 云努斯(Abū Bishr Mattā ibn Yūnus)(公元 870—940 年),阿尔法拉比最为重要的老师,极其重要的翻译家,(用阿拉伯语)著有:

(11)《前分析篇》评注(A commentary on Anal. Pr)

(12) 关于条件句三段论的论文(A treatise on conditional syllogisms)

以上两部著作都没有能够被保存下来。

因此我们应该可以这样认为,阿尔法拉比在当时(据说在公元 910 年左右)是在《前分析篇》的基础上撰写他的《短注》的,他依照自己的方式使用阿拉伯语对以下材料进行了处理:该著作全部可靠的翻译(前述条目 5);一些其他的评注(前述条目 3、8,以及 11);一些关于三段论理论的专门论文,包括直言的以及假言的(前述条目 6、9,以及 12)。对于亚里士多德逻辑的研究以及对于《前分析篇》的专门研究,在阿拉伯语环境当中曾经取得了非常多的成果。但是没有任何一部早于阿尔法拉比《短注》的关于《前分析篇》的阿拉伯语评注(或者研究专门问题的论文)被保存下来。因此他的短注就成为我们评价阿拉伯逻辑最早阶段关于"三段论"研究的唯一标尺。

8. 阿尔法拉比的《前分析篇》短注

很长时间之内,人们认为阿尔法拉比是在中世纪阿拉伯语作家的工作基础上撰写"短注",确定地说被认为是在中世纪希伯来语译本(Steinschneider, Al-Farabi,页 30—31)以及据推测(但事实上并非如此)在古阿拉伯语译本(Escurial;手稿 612

(Derenbourg))基础之上写就的。这篇论文在 1958 年出版之后才为世人所知,土耳其东方学家提克尔①(Mlle Mubahat Türker)重新编辑了在伊斯坦布尔②发现的四个手稿,并将之翻译为土耳其语。

在不同的手稿与引文当中,阿尔法拉比的论文有着不同的名字:《三段论短注》(Kitāb al-qiyās al-s aghīr),《三段论类别概述》(Kitāb al-mukhtas ar al-saghīr fi-'l-kaifiyyah al-qiyās),以及《以经院神学家的方式对逻辑学的短论》(Kitāb al-mukhtas ar al-s aghīr fi-'l-mant iq'alā t arīqah al-mutakallimīn)。但是不论哪种"标签",放在我们面前的是阿尔法拉比的《前分析篇》"短注"(概述),即他的以三段论为研究对象(al-qiyās)的手册。

作为"短注"的标准,这篇论文,区别于围绕亚里士多德论文③(作为它的权威经典文本)建立起来的逻辑"分支"的基础性论述而言的"中"与"长"注之处在于,它很少有一种实际的评注。(从逻辑学教学的演化角度,而不是逻辑学学术的演变来看,一个"短注"是相当具有启发性的,这种启发性将在我们对阿尔法拉比的论文更为详细的分析中变得更加明确。)

9. 阿尔法拉比论《前分析篇》

阿尔法拉比的评注可以分为十个部分,其基本内容如下:

---

① "Fārābī'nin Bazi Bazi Mantik Eserleri", Ankara Universitesi Dil ve Tarih-Coğrafya Fakultesi Dergisi (Revue de la Faculté des Langues, d'Histoire, et de Géographie de l'Université d'Ankara) (Vol. 16, 1958),页 165—286。提克尔从中编校了三篇阿尔法拉比的逻辑学论文,不过其中两篇 D·邓禄普已经编校过(详细情况可参见 N. Reascher, Al-Fārābī: An Annotated Bibliography,或前述页 13,15),第三篇就是我们所翻译的注释(原文本,页 244—286,土耳其语翻译,页 214—243)。
② 详细内容可参见提克尔的专著,页 180—181。
③ 事实上,只从《前分析篇》中引用了两条:275:16—17(引自《前分析篇》68b10—13),以及 285:14—15(引自《前分析篇》69a14—16)。

I. 导论

该论文的目的——区分三段论与推理。其方法是遵循亚里士多德的理念,而不是他的语言或例示的选择,这是为了适应当时的需要。①

II. 直言命题

专业术语阐释:前提,主项,谓项。命题的类型:肯定命题,否定命题;直言命题,条件句命题。直言命题的分类。对当法理论。认知状态下的四种命题:一般观念,专用观念,感性知识,以及自明性知识。三段论的传递。

III. 直言三段论

分别介绍14种有效的直言三段论。如果是第二与第三格的三段论,将之化归为第一格的解释说明。

IV. 条件句三段论

条件句三段论的两种主要形式:合取(=假言支)与析取。前者有两种主要的形式:肯定式与否定式。后者依照析取支的不同性质又可以分为不同的形式(比如,可穷尽的或不可穷尽的)。

V. "反对的"三段论

"反对的"三段论(实质上是反三段论)的简短考察。

VI. 复合三段论

"复合的"三段论的阐释(事实上是省略三段论与诡辩法)以及将近似三段论的论证纳入三段论构架的方法的简短讨论。

VII. 归纳

对于归纳的分析:它是什么以及它与(直言)三段论有什么关系。完全归纳法与不完全归纳法。归纳何时有效与何时无效。

VIII. "转移"推理(即类推)

"转移"推理的定义,举例阐释,与三段论的关系。"转移"可

---

① 事实上,这些例示大多具有神学特征,这是为了迎合穆斯林经院神学中的讨论。

以有两种模式,分析的方法与综合的方法(或二者的结合)。因果论证。对同类"考察"方法的阐释,以及与"转移"的关系。当它们的应用明显有效时,所有"转移"模式都可以化归为(直言)三段论。"转移"可能通过由"增加"与"发现"的方法建立全称前提。这些方法的描述与阐释。在"转移"推理中两种通往"感知显在"的基本途径是可能的。这两种途径的阐释以及向三段论的化归。

IX. 构建命题的"四种规则"

不同于论证(在那里纯理论的三段论理论适用于与具有严格"科学"特性的事物相区别的其他事物),在"三段论技艺"之中,由替换而来的"转移"的四种主要形式可以基于推理构建全称前提,也就是说代指在判断中被断定为真基于(1)全称对全称,(2)特称对全称,(3)全称对特称,以及(4)特称对特称(即"例证")。所有这些将会得到详细的分析,尤其需要强调的是(3)。

X. 结论

一个简短的结束性讨论;主要是对于在非论证性"三段论技艺"中基于推理而建立的全称前提的接受中的松弛(或宽容)的辩护。

10. 阿尔法拉比短注的结构(与《前分析篇》相比较)

考查阿尔法拉比《短注》中各个部分在书中所占的比例是相当有帮助的。

章节—主题	在文中所占比例
1. 导论	4
2. 直言命题	12
3. 直言三段论	15
4. 条件句三段论	8
5. "反对的"三段论	3

6. 复合三段论	7
7. 归纳	6
8. "转移"(即类推)	20
9. 构建命题的"规则"	22
10. 结论	3

上表清晰地表明了这样一个事实,基于《前分析篇》的直言三段论的逻辑理论,在阿尔法拉比的短注中仅仅是一个相对次要的部分。更为明显的是,模态命题以及模态三段论理论,这两个《前分析篇》的中心议题,亦是亚里士多德在论文中花费了大半篇幅所讨论的问题,被他完完全全忽略了(这种境况,尽管比之前者并不太重要,也发生在亚里士多德花费了一定篇幅所讨论的"谬论"上)。

非常有意思的是,与阿尔法拉比关于《前分析篇》的"短注"的论题范围相对比,阿威罗伊的概述①只是在第 3-6(包括第 6 部分)部分中才严格地遵照阿尔法拉比《短注》的次序,并且采取了与之非常相似的处理方式。第 1-2 部分材料则被忽略掉了,那么毫无疑问这是由于他们所处理的是较早期翻译的逻辑经典文本部分。第 7-10 部分也没有被讨论,这是因为阿威罗伊是一个更为教条化的亚里士多德主义者,他认为这些材料与亚里士多德的文本并没有什么关联。或许是为了遵从阿尔法拉比——他极其敬服他的逻辑学见解——阿威罗伊在他的《概论》的结论中解释了忽

---

① Juntine 版本亚里士多德卷 I 拉丁文译文,*Aristotis Opera Cum Averrois Commentariis*,威尼斯,1550 年或者稍后;后来于 1960 年在 Frank-furt-am-Main 重新加以影印出版。拉丁文版本由拜尔梅斯(Abraham de Balmes)从希伯来语中译就,Abraham de Balmes 是一位文艺复兴时期的学者,他提供给我们许多阿维罗伊逻辑学著作的拉丁文版本,他是对这位哲学家感兴趣的文艺复兴时期意大利学者之一,特别是在帕多瓦(Padua)大学。参见邓禄普(D. M. Dunlop),《西方的阿拉伯科学》(*Arabic Science in the West*),《巴基斯坦历史社会期刊》(*Journal of the Pakistan Historical Society*, Karachi, 1961),页 97 以及其后。

略那些材料的原因。①

现在,让我们将视线转移到《前分析篇》中与阿尔法拉比《短注》中所讨论的直言三段论的不同之处:

章节—主题	《前分析篇》依据
4. 条件句三段论	
（a）联言式（假言式）	第Ⅰ卷,44②
（b）选言式	——
5. "反对的"三段论	第Ⅱ卷,26(参见 8-11)
6. 复合三段论	第Ⅱ卷,27
7. 归纳	第Ⅱ卷,28
8. "转移"(即类推)	第Ⅱ卷,25
9. 构建命题的"规则"	
（a）那些信念性全称	——
（b）例证	第Ⅱ卷,24

我们立刻就可以从上面看出,与《前分析篇》中直言三段论简洁的处理方式不同,阿尔法拉比对于以下两部分的讨论则是单独和专门的:(ⅰ)关于《前分析篇》中条件句三段论的理论,除 50a40 的"假设性的结论"而外,事实上只字未提;以及(ⅱ)可以用不同的方法化归为三段论的逻辑论证,它处在《前分析篇》第Ⅱ卷的最后。关于(ⅱ),在《前分析篇》中仅占到 6%,而在阿尔法拉比的《短注》中则占到 60%!

它显示了在阿尔法拉比的时代,在古希腊逻辑学研究的课程上,操古叙利亚语的基督徒—亚里士多德主义者身上的模式化影

---

① 参见前面脚注中所引用的版本中的卷Ⅰ页 51 左侧至页 52 右侧。
② 《前分析篇》50a40—50b2 允诺将在后面讨论假言推理,但此允诺在亚里士多德现存的著作中并没有完成。

响依然存在。① 这种后传统课程的事实,我相信,可以部分地解释为什么阿尔法拉比关于《前分析篇》的短注会忽视模态三段论②——尽管这一部分实际上是《前分析篇》的主要议题——以及为何他会在《短注》中大篇幅地讨论《前分析篇》中的边缘论题。(这种重点的转移促成对于亚里士多德文本基础之外的主题的处理方法的扩展与详述,而并非是造成对于主要议题或者其他没有真正的兴趣。)《前分析篇》中的模态理论,最为重要的实然三段论以及《后分析篇》中"科学三段论"的基础性认识论,在阿尔法拉比当时的工作中被完完全全地忽略掉了。取代亚里士多德将重点放在"科学三段论"之上,我们发现他将重点放在"三段论的技艺",以及对三段论前提接受上的"松弛"(或"宽容")的详尽辩护之上。我们可以看出,阿尔法拉比《短注》的第 4 部分体现了廊下学派逻辑学家的影响,第 5 至 6 部分则反映了古叙利亚语神学逻辑学家认识论观念的输入,他们轻视模态三段论,并且出于神学动机他们厌憎《后分析篇》中的认识论。

阿尔法拉比的《短注》反过来直接而又明显地影响到后来阿拉伯逻辑学家构思他们的主题的方式。仅举一个例子,迈蒙尼德(卒于公元 1204 年)极其推崇他的逻辑学著作,故而其逻辑学术语手册中"分析"(*al-qiyās*)部分(第 7 章)很明显是继承了阿尔法拉比的观点。内容的排列次序,不同类型三段论的分类,专业术语的使用,概念的阐释以及给出的例示等,所有这些都可以在阿尔法拉比的讨论中找到极其相似的内容。故此尽管第 7 与第 8 部分的内容(归纳/"考察"和"转移"/类推),被阿威罗伊忽略掉了,后来

---

① 仅举一个例子:阿尔法拉比在第 3 部分中处理直言三段论的方法与普布阿的处理方法惊人地相似(全盛时期为公元 480 年,参见第 6 部分)。
② 阿尔法拉比自身并不反对模态三段论,据我所知,他在他的《前分析篇长注》(*Great Commentary on Anal. Pr.*),参见斯泰因施奈德(Steinschneider),《阿尔法拉比》(*Alfarabi*),页 37 中大篇幅地讨论到了它。

却又出现在迈蒙尼德的处理方法当中。

11. 阿尔法拉比《〈前分析篇短注〉》的特殊关注项

鉴于这一《短注》已经完全超越了它的亚里士多德著作起点并且已经对逻辑学做出了独立的贡献,我们取阿尔法拉比的讨论中之一部分组成一个"特殊关注项"。在某些情况当中,比如在条件句三段论中,我们将逻辑学的新发展归功于阿尔法拉比之前的逻辑学家(廊下学派)。而在另一些情况当中,革新的功劳将有可能归之于阿尔法拉比本人,尽管此时做出这种论断有可能被认为是仓促的,特别是当在亚里士多德与阿尔法拉比之间一千多年中有关逻辑学的历史(事实上极其丰富)依然有大量的未知亟待我们开垦的时候。

(一) "已知"命题的认知状态

阿尔法拉比给出了"已知"命题的四种类别(249:20—250:11),并在随后的讨论中不断地重复运用。尽管他的分类基于亚里士多德的著作(在《论题篇》中!),不过其系统性的组合已经超越了原《工具论》中的内容。或许这种分类来自于廊下学派对于 lēmmata("公认的命题")的讨论,或许它来自盖伦①。

(二) 显示法

阿尔法拉比详细论述并使用了一种显示法(ecthesis)模式,不过这种模式已经脱离了它在亚里士多德《前分析篇》中的原有意义(亚里士多德的显示法,尽管其本质并不明确,不过其表面上的涵义应该是"甄选出"一个亚种类;阿尔法拉比已经很明确地将其

---

① 参见 Ivan von Müller,"Über Galans Werk vom wissenschaftlichen Beweis", Abhandlungen der K. Bayerischen akademie der Wissenschaften (phil.-hist. Klasse, Vol 20, Munchen, 1897),页405—478(见页453—459)。

引申使用为"甄选出"一个合适的子集)。与亚里士多德优先考虑 reductio① 相反,在化归直言三段论的其他格为第一格时,阿尔法拉比将优先权赋予了这种显示法模式。我们将在下列图表中详细比较他们在化归第一格时的异同:

阿尔法拉比对于直言三段论的处理方法[1]

序号	形式	化归
第一格		
1	AAA-1 (Barbara)	自明
2	EAE-1 (Celarent)	"
3	AII-1 (Darii)	"
4	EIO-1 (Ferio)	"
第二格		
5	EAE-2 (Cesare)	C 到 2
6	AEE-2 (Camestres)	C 到 2
7	EIO-2 (Festino)	C 到 4
8	AOO-2 (Baroko)	E 到 6[4]
第三格		
9	AAI-3 (Darapti)	C 到 3
10	EAO-3 (Felapton)	C 到 4
11	AII-3 (Datisi)[2]	C 到 3
12	IAI-3 (Disamis)[2]	C 到 3
13	EIO-3 (Ferison)[3]	C 到 4
14	OAO-3 (Bokardo)[3]	E 到 10[4]

1. 阿尔法拉比的处理方法与亚里士多德在《前分析篇》中的是一致的,除了以下所列。
   缩写:C:换位法,E:显示法
2. 于 Datisi 与 Disamis 的讨论与亚里士多德的处理次序相反。
3. Festino 与 Bokardo 的讨论与亚里士多德的处理次序相反。
4. 亚里士多德通过 reductio 将 Baroko 与 Bokardo 化归为第一格,阿尔法拉比则用 ecthesis 模式来代替 reductio。

---

① 如需明晰而又简洁的关于亚里士多德 ecthesis 处理方法的概要,可参见 W. Kneale 以及 M. Kneale,《逻辑的发展》(The Development of Logic, Oxford, 1962),页 77—78。

(三) 条件句三段论

在《前分析篇》中并没有关于条件句三段论的讨论(尽管有一种假言三段论的处理方法)。阿尔法拉比的条件句三段论在第四部分,他的处理方法与波埃修(Boethius)非常相似,很显然它来自于廊下学派。①

(四) "反对的"三段论

尽管阿尔法拉比在第五部分中所讨论的"反对的"三段论基于亚里士多德的理念(特别是《前分析篇》,II,26 以及 8—11),不过在研究范围以及系统化的精确性上阿尔法拉比已经超越了他的前辈。

(五) 归纳

阿尔法拉比关于归纳的处理方法在第七部分,很明显他的方法在精确性上也超越了它的原初(在《前分析篇》,II,23)。特别是他分析了归纳在何种情况下可能,何种情况下不可能的问题。

(六) "转移"(即类推)

阿尔法拉比在第八部分中关于"转移"推理的长篇幅讨论来自于一个特殊的专题研究。它的内容与亚里士多德原初理念(参见《前分析篇》,II,25)相距如此之远,以致最终它成为通往这一主题的一条全新的路径。通过"分析"、"综合"、"类的考察"对转移的处理形成了一种在直言三段论构架内对于本质上是归纳性推理的主题的系统性讨论的相当有意味的方法。通过"增加"以及"发现"的方法建立全称前提的讨论应当被视作建立经验归纳的理论性方法论的一种途径,同时这种建立经验归纳的理论性方法论是

---

① 如果需要更为详尽的资料,可参见 N. Rescher,《阿维森那论条件三段论逻辑》(Avicenna on the Logic of Conditional Syllogisms),《鹿特丹大学形式逻辑学杂志》(The Notre Dame Journal of Formal Logic, Vol 4, 1963)。

在培根时代之前的。①

(七) 构建命题的"规则"

阿尔法拉比在第 9 部分中对于在缺乏严格的逻辑方法情况当中建立推理的前提的那些"三段论技艺"的辩护,是《短注》中最为突出的特征之一。阿尔法拉比不断地为在这些情况中由于忽略"确定性"而出现的松弛(或"宽容")做出他的辩护。② 我们在前面部分中已经详细论述过。

12. 一些技术性细节

在翻译阿尔法拉比的《〈前分析篇〉短注》的过程中,我必须使得我的翻译在文字上尽可能地贴近显明易懂的英语(有耐心的读者有时候可能会感觉到现实与我的愿望是背道而驰的)。考虑到处理的是这种类型的文本,这种情况可能是唯一合理可行的行动方向。

逻辑技术术语一般用相应的英文术语来表示。③ 如果某些技术方法上的独创术语的功能作用在翻译之后仍然不能够清楚表述,那么在翻译之后,我将会举例说明,以便表明它在书中的专门用法。

在大量的手稿解读中,除非另有说明,我更趋向于 M·提克尔的解读。在某些情况当中,由于没有手稿作证,我只能从印刷版本中鉴定解读(我会在以后标明)的正误④。但是我们应该理解的是

---

① 原因的类别以及来源在第 8 部分得到合理解决,并且在以后的研究中还会得到回应。
② 参见 282:12 以及随后的 284:8 以及以后。
③ 我认为没有必要列出一个技术术语的表格,因为这一工作早在我翻译 The Logic-Chapter of Muhammad ibn ahmad al-Khwarizmi' Encyclopedia, Keys to the Sciences 时就已经做过, Archiv für Geschichte der Philosophic (Vol 44, 1962),页 62—74。
④ [译按]由于与中文翻译关系不大,在翻译中这种情况一概没有翻译。

排字员与抄写员同样都是人。

在这个翻译当中,章节与章节的划分与段落与段落之间的划分在很多情况之下是没有手稿作为明证的,因此我们只能够依据其中讨论的具体情况来推测。① 而且任何阿拉伯语学者都会清楚地看到,有时候甚至连我在其中的断句多少也是武断的。

翻译中的页边数字参考了提克尔的版本,行与行之间的过渡用"|"来表示。不过考虑到语法问题,这种划分不总是有效的。②

非常遗憾的是我没有能够利用提克尔的翻译;考虑到我完全不懂土耳其语,这个版本是我唯一可以利用的文本。

---

① 我对以下章节的划分作了详尽的考查:280:10,280:13,280:12 以及 286:2。
② [译按]考虑到中文与英文的语法问题,这种划分在翻译中也不能够有效地实现。

阿布·纳撒尔·阿尔法拉比论三段论

第1部分 导论

|在本书中我们的目的是说明(1)什么是三段论以及什么是推理;(2)用何种|方法确定我们所探求的未知;以及(3)究竟有多少种三段论,它们的构成部分是什么,以及它们是如何|组合在一起的。

我们将会发现我们现在所使用的经典文本①|完全是亚里士多德奉献给逻辑的艺术。[然而,]我们将会尽可能地|使用我们所熟悉的阿拉伯语来诠释这些文本。

|我们将会使用我们今天所熟悉的例示来解释那些文本。对于|亚里士多德而言,当他在他的书中写就那些文本的时候,他会使用那些人们惯常|使用的语言,使用那些在他的时代正确无误的并且为大家所熟悉的例示来表明他的意图。但是由于|持此[即我们]语言的人们的解释与那片土地[希腊]上的人们是如此的不同,这个时代为人们所熟悉的|例示与那些[人们]的也是如此之相异,|亚里士多德试图说明问题的那些例示因此在我们时

---

① 相对于古希腊经典文本,阿尔法拉比更加偏爱阿拉伯语的版本。

代｜的人们中间已经变得模糊不清难于理解。由此所造成的后果是,这些时代的许多人认为他的逻辑学著作已经过时了,｜然后将之丢入到故纸堆中。

既然我们的目的是解释［亚里士多德的］这些经典,我们使用他的解释说明,‖并使用那些我们时代的学者们所认为正确无误的例示。跟随亚里士多德的脚步｜解释他［关于推理］的那些经典论文,并不是一定要亦步亦趋地｜使用他所给出的［阐释与例示］。那是傻瓜才会做的事。其实,｜更为重要的是要明了他在实践行为中的意图,并在现实当中尽可能地达到他所达到的目的。他［给出］这些例示与言辞的目的｜并不是将受过教育的人们完全地限制在这样一种知识范围内。而且,他并不是［坚持要求］｜一个人一定要通过［他］所列举的例示来获得对于文本的理解。｜更为确切地说,其实他也是通过那些人们最为熟识的材料让｜他们来理解这些经典的。

因此采用他的先例使用希腊语言解释这些材料给使用我们的语言的人们就不再合适,｜即使他使用希腊语来著述表达它们［即他的著作］。因此我们就需要使用｜人们所惯常使用的语言来解释他的著作。比如说举例,遵循他的先例并不是说我们一定｜要使用他的例示,我们所需要做的是使用人们所熟悉的例示将他的书中的经典解释给每一技艺领域,每一种科学领域的人们以及每一个年龄段｜的学者们。因此,我们必须舍弃一些他所给出的但是我们时代的学者们已经无法经验｜的例示,并用一些他们所熟悉的［例示］来［取代］它们。①

在本书中我们将会严格地将自己限制在讨论｜什么才是三段论所必需的范围内。我们将尽可能使我们的讨论简短明了,并尽

---

① 此处说明的仅仅是介绍方法的新颖之处,我们应该设想逻辑学说的主旨依然是未经改变的亚里士多德的原意。

量把我们所要论述|的材料对象变得易于理解。① 现在我们开始我们的[这种讨论]。

第 2 部分　直言命题

（一）命题及其类型

|一个前提与一个判断（命题）是一个事物被断定为其他的陈述；比如说，命题"扎伊德正在走"（Zaid is going），|"阿米尔正在离开"（Amr is departing），以及"人在散步"（Man walks）等等。在这里句子"扎伊德正在走"断定扎伊德他正在走，并且他以此为特征。|因此，扎伊德就是以正在走为特征的[事物]，同时此特征是被断定的；正在走是|被断定的与扎伊德有关的事态。特征项可以是一个名词，比如，在命题"扎伊德是人"（Zaid is a man）当中；‖或者它可以是一个动词，例如在命题"扎伊德散步"（Zaid walks）或"扎伊德刚散过步"（Zaid walked）当中。

在动词当中，有些表示过去时，|比如在句子"扎伊德刚散过步"中，有些表示将来时，例如在句子"扎伊德（将要）去散步"（Zaid [will] be walking）中；有些|则表示现在。在阿拉伯语中表示将来的动词形式|与表示现在的形式是相同的，如果我们想要列举以名词的三种时态为|特征的前提的变化形式，我们就必须将"过去是"（was），"将来是"（will be），"过去在"（there was），|"将来在"（there will be），"现在在"（there is now）如此之类的时态纳入前提。就好象我们所谓的"扎伊德过去是在去"（Zaid was going）|以及"扎伊德现在在去"（Zaid is now going）。人们[即逻辑学家]把包含有"过去是"和"是"（is）等等的前提|叫作三元

---

① 此处表明的是这是一篇作为"短注"的论文。

前提,那些不包括这些语词的叫作二元前提。

| 我们一般将这种特征项称之为谓项,以此为特征的项则称为主项。必须明确的是谓项 | 与主项都严格指称其名词和动词的内涵,而不指称名词和动词[自身]。只有 | 当我们从开始就很难理解其内涵时,那么词项就会在原位置上被替换。| 然后,它们[即置换后的名词与动词]被当作本来就是谓项与主项那样来使用。

每一个前提要么肯定 | 一个事物与另一个的关系,如同命题"阿默尔正在走",要么否定一个事物与另一个的关系,如同命题 | "阿默尔没有走"。任何一种前提要么是

直言式的,要么是条件式的。| 一个直言[命题]就是一个肯定地或者是否定地断定以及完全断定的判断;比如命题"扎伊德 | 在散步"和"阿默尔没有走"(Amr is not going),一个条件[命题]就是一个在一定的条件之下的判断。

| 条件[命题]要么(1)断定一事物与另一事物的联系,如同命题"如果太阳升起,那么就是 | 白天"(If the sun has risen, it is day)——作为一个连接词(即如果……那么),以及其他诸如"当……时"(when)与"无论何时"(whenever)之类,表明由于太阳升起所以白天才 | 存在,并且后者依附于与它[即前者]的联系。要么(2)[一个条件命题]断定一个事物同 | 另一个事物的分离与区别,如命题"现在要么是晚上要么是白天"(This time is either night or it is day)。| "要么……要么",以及其他诸如"或者"之类的连接词表示白天与晚上的分离。

(二) 直言命题分类

直言前提 ‖ 包括(1)那些主项是全称的与特称的前提,比如命题"人是动物"(Man is an animal),以及(2)那些 | 主项是个别事物[即个体]的前提,比如命题"扎伊德是白人"(Zaid is white)。

一个全称命题包括有许多相似的事例；而一个个别的或单称的命题则不可能包括两个或两个以上的的事例，比如扎伊德与阿默尔。

前提的谓项与上述情况相似。一些谓项是全称的，如命题"扎伊德是人"（Zaid is a man）——人［在这里］作为扎伊德的谓项是全称的，而扎伊德则是单称的［个体的］。另一些谓项是单称的，如命题"这个坐着的人是扎伊德"（This sitting person is Zaid）。

主项为全称的前提［主要］是那些主项所断定的判断是部分的［单称的］或［是］所有的［全称的］，并且它们的断定要么是否定的要么是肯定的。这种［量项］通常用"每一个"（every）和"某一个"（a certain），或"一些"（some）和"没有任何一个"（not a single）以及"并非所有的"（not every）等等来表示。这类词通常被称之为特征量项。

词项"每一个"通常用来断定全体［即所有的］，而"一些"或"某一个"则是对有些［即一部分］的肯定（断定）。"没有一个"被用来否定全体，"并非所有的"则是对有些［即一部分］的否定。

如果一个肯定是指一个主项表示谓项为所有的［主项］所断定——如命题"每个人都是动物"（Every man is an animal）——它通常被称为全称肯定。那些［命题］是指它的主项表示谓项被它［即主项］的一部分断定——如命题"某一个人是白人"（A certain man is white），或者"有个人是白人"（Some man is white）等等——通常被称为特称肯定。一个否定［命题］是指其主项表示谓项被全体［主项］否定——如命题"没有人是鸟"（No single person is a bird）——它通常被称为全称否定。一个否定命题的主项表示谓项被它的［主项］的一部分否定，——如命题"不是所有的人都是白人"（Not every man is white）或"有些人不是白人"（Some persons are not white）或者是"有人不是白人"（Some man is not white）——它通常被称作特称否定。

(三) 直言命题的对当关系

| 肯定命题与否定命题要么是对当的,要么不是对当的。只有当满足一定条件的时候,一个肯定[命题] | 与一个否定[命题]才是对当的,即:(1) | 它们的主项只有一个并且是相同的事物,(2)它们的谓项也是如此,(3) ‖ 谓项被[此命题]中的主项肯定的同时又被 | [其他命题]的主项否定,(4)此主项在肯定命题中做为主项的同时又在否定命题中作为主项出现,以及(5)谓项在肯定命题中作为主项的谓项出现的同时又在 | 否定命题中作为谓项出现。如果缺少上面所述的任何一个条件,那么,肯定命题 | 与否定命题就不是对当的。"对当"的内涵是两个事物各不相同,互相对立。其他被认为 | 是附加的条件事实上我们已经在上面的讨论中包括在内了。

以命题 | "文书扎伊德昨天患了眼疾"(Zaid the clerk had an eye-ailment yesterday)为例。这个判断肯定了扎伊德所患的疾病。它 | 是对一个确定状态与一个已经完成了的过去时间的解释,与之对当的否定不是命题"扎伊德 | 没有病"(Zaid is not ill),而是命题"文书扎伊德昨天没有患眼疾"(Zaid the clerk did not have an eye-ailment yesterday)。| 同样当我们言说"黑人是白人"(The negro is a white man)的时候,那么它的对当否定就是我们所谓的"黑人 | 不是白人"(The negro is not a white man),而不是我们所谓的"黑人不是白的"(The negro is not white)。以上所论述的就是制约肯定与否定的对当关系的 | 条件。

(四) 对当的分类

| 对立的前提有以下几种:

(1) 有些前提的主项是单称的,例如命题"扎伊德是白人"(Zaid is white) | 和"扎伊德不是白人"(Zaid is not white)。这一

对当称之为单称对当,它们之间必然有一个是真的,|一个是假的,也就是说,当其中任意一个为真|时那么另一个必定为假——它们不允许出现同真或者同假的情况。

|(2)有些命题的主项是全称的,它们被称之为普遍对当。

(2a)有些|对当的[共同]主项的特征量项表示对主项中所有事物|的判断,[此种类别的]两个[命题]被称之为反对关系。比如说,命题"所有人都是动物"(Every man is an animal)与"没有一个人‖是动物"(Not a single man is an animal)。此两种[命题]一真一假:即在必然性与不可能性情况之中,比如命题,"所有的人都是动物"与"没有一个人是动物"或者是"每个人|都会飞"(Every man flies)与"没有一个人会飞"(Not a single man flies)。①但是有可能它们二者同假,即在可能性情况中,|比如命题"所有的人都是白人"(Every man is white)与"没有任何一个人是白人"(Not a single man is white)。②

|(2b)有些对当的[共同]主项皆反对一个特称特征量项以表示判断|[仅仅]从属于主项的[一部分]。举个例子来说,命题"有些人是白人"(Some men are white),和"不是每个人都是白人"(Not every man is white),这种对当|被称之为下反对关系。|此两种[命题]一真一假,即在必然性与不可能性情况之中,如命题"有些人是动物"(Some man are animals)与"并非所有的人都|是动物"(Not every man is animal)或者"有些人会飞"(Some man flies)与"不是所有的人都会飞"(Not every man flies)。③ 其二者也可以全为真,|即在可能性[情况中],|比如说命题"有些人是白

---

① 如果 X 必然是 Y,或者如果 X 必然不是 Y,那么命题"所有的 X 是 Y"与"没有 X 是 Y"就是"一真一假"。
② 如果 X 可能是或者可能不是 Y,那么"所有的 X 是 Y"以及"没有 X 是 Y"就可能是全假(假定可能性的形式是"属于 A 的可能属于 B"并将之限制为"有些 A 是 B")。
③ 如果 X 必然是 Y,或者如果它必然不是 Y,那么命题"有些 X 是 Y"与命题"有些 X 不是 Y"就是"一真一假"。

人"与"不是所有的人都是白人"。①

(2c) 其中有一些对当[即普遍对当] | 它的一个主项特征量词是全称的而另一个则是特称的。它们通常被称之为 | 矛盾关系。(2ci)有一些全称的特征量项是肯定的,而其特称的[特征量词]则是否定的;比如命题"所有的人都是动物"与"并非所有的都是动物"。(2cii)其中有些(即一些反对关系) | 其肯定的主项特征量项是特称的,而其否定的 | 主项特征量项则是全称的;比如,命题"有些人是动物"与"没有一个人是动物"。此两种反对关系在任何情况 | 之中相对于对方都是一真一假。

(2d) 还有一些对当[即一些反对关系]两者的主项没有任何特征量项;比如命题 | "人是动物"与"人不是动物"。它们被称之为"不确定对当"。它们的真 | 假情况与下反对关系相同。

(五) 命题的认知状态

| 有些前提被视作是事实的,有些则没有被视作是事实的。| 一个被视作是事实的[前提],是一个我们已经确定为真的前提,它或者是如此,或者不是如此。一个未被视作 | [事实]的[前提]是我们还没有得到它或者是如此,或者不是如此这种明确的结论的前提。

‖一个已知[为事实]的[前提]可以通过三段论获得,也可以不通过三段论获得。| 那些并非由三段论获得的已经确定[为事实]的[前提],有以下四种:(1)被普遍接受的;(2)众所周知的;(3)感知的,以及(4)生来具有的理性的。

(1) 一个被普遍接受的[已知命题]就是为一个人或者一群人所接受的 | 命题。

---

① 如果 X 可能是或者可能不是 Y,那么命题"有些 X 是 Y"与命题"有些 X 不是 Y"就可能同真(参见脚注[2]可能性的形式)。

(2) 一个众所周知的[已知命题]是为所有的人或大多数人所普遍接受的,或被[所有]学者与有大智慧的人或其中大多数人所接受的任何一个命题,以致没有任何人表示异议。一个在某些专门领域的众所周知的[命题]是那个被[所有的或大多数]该领域的专家们所认可的,没有任何人——无论是该领域的或在该领域之外的——会反对它。

(3) 一个感知的[已知命题]如同"扎伊德正在散步"(Zaid is walking)。

(4) 生来具有的理性的[已知命题]是|自明的全称命题,就如同它相对人的理解力而言是自然而然的一样,或者是人们自从出生那一天起就已经知道,但是并不明了他们是如何获取|到它的。比如命题"每三个数有一个奇数"(Every three is an odd number)与"每四个数有一个偶数"(Every four is an even number)。①

[只有]归入到前述四种情况之中的[已知命题]才是能够从三段论中获得已知的命题。②

(六) 三段论

|三段论是论述的主体,它由前提构成,必然地|而非偶然地从前提中得出与前提不同的结论。由三段论得出的知识通常被称之为|结论和结果。

一个三段论由前述"四种形成命题方式"之一所形成的前提构成。|它也可以由其他三段论所得出的结论构成,不过那些三段论中的前提也必须是|前述"四种形成命题方式"之一所形

---

① 阿尔法拉比因此形成了并非来自三段论的"已知命题"的认知状态的四种分类,即一般观念,专家观念,感性知识,以及自明性知识。(参见《前分析篇》24a23,《论题篇》100a29,101a12,104a7,以及105a36。)听过三段论得到的推论性的知识——我们在后面将会看到——还要回归到这四种类型。

② 因此归纳,例示以及获得知识的其他方式——我们将会看到——最后还是要化归为三段论。

成的。

从最低程度上来讲，一个三段论｜由拥有一个共同"部分"①的两个前提构成。三段论由条件前提与｜直言前提构成。

第3部分　直言三段论

｜直言三段论有十四种[类型]。

三段论1

假设｜我们有两个已知前提，每一个都符合四种构成法之一，那么直言三段论第一种类型构成形式[如下]："所有的｜物质(C)‖都是复合物(K)，所有的 K 都是被创造的(R)，所以我们就会必然地得出结论所有的 C 都｜是 R"。② 这是第一种三段论。其中两个前提都是全称③肯定命题，｜拥有一个共同的"部分"即复合物(K)。复合物(K)在其中一个前提中做主项而在另一个前提中则做谓项。该共同项被称之为｜中项。其他两项则被称做三段论的端项。｜中项做主项的前提是大前提④；而｜中项做谓项的前提则是小前提。⑤

---

① 在这里，阿尔法拉比经常地（而非不变地）在文本中使用部分这个词作为中性词来指代直言命题的词项或者是条件命题的支命题。
② 为读者方便起见，我在逻辑的讨论中使用缩写来代替原有项，不过在阿尔法拉比的文本中则并非如此，他将例示的全部内容都写了出来。
③ 参见第二部分脚注14。
④ 注意基于中项的位置（做主项或谓项）来判定大前提与小前提的方法。很明显，这一方法只适用于三段论第一格，而不适用于三段论第二、三格。
⑤ 第一种三段论是 AAA-1 (Barbara)：
　　　　　m：所有的 C 是 K
　　　　　M：所有的 K 是 R
　　　　　C：所有的 C 是 R
大前提、小前提与结论的秩序基于阿尔法拉比关于直言三段论的讨论。

三段论 2

|第二种三段论[如下所示]:"所有的物质(C)都是复合物(K),没有任何一个 K 是永恒的(E),所以我们就会必然地|得出其结论是没有一个 C 是 E"。在这里,中项是 K。此[三段论]由|两个前提构成:其小前提是全称肯定命题,大前提是全称否定命题;结论是全称否定命题。①

三段论 3

|三段论的第三种形式[如下]:"有些存在物(X)是复合物(K),所有的 K 都是被创造的(R),所以我们就会必然地得出|有些 X 是 R"。该[三段论]由两个前提构成——它的小前提是特称肯定命题,大前提|是全称肯定命题。它的中项是 K。结论是特称肯定命题。②

三段论 4

|第四种三段论形式[如下]:"有些存在物(X)是复合物(K),没有任何一个 K 是永恒的(E),所以我们就会必然地得出|有些 X 不是 E③"。此三段论由两个前提构成;|小前提是特称肯定命题,大前提是全称否定命题。它的结论是特称否定

---

① 第二种三段论是 EAE-1 (Celarent):
    m:所有的 C 是 K
    <u>M</u>:没有 K 是 E
    C:没有 C 是 E
② 第三种三段论是 AII-1 (Darii):
    m:有些 X 是 K
    <u>M</u>:所有的 K 是 R
    C:有些 X 是 R
③ 字面上即:并非所有的 X 是 E,阿尔法拉比经常以这种方式处理 O 命题。

命题。①

　　从上面分析可以非常明显地看出,此[前]四种三段论的中项是一个命题的主项｜同时亦是另一个命题的谓项。依照上述形式排列——中项在两个端项｜中间——的三段论序列,通常被称之为三段论的第一格。②

　　[前]四种三段论是自明的,它们的结论包含在前提之中。当我们提及此类三段论时,我们通常把它｜[称之为]完全三段论。除此[四种]三段论之外,‖其他形式的三段论都不是自明的,即不能从它们[即前提]之中必然地得出的｜结论,因此后面提到的三段论还必须化归为前四种完全[三段论]③。

三段论 5

　　｜第五种三段论[如下]:"所有的物质(C)都是复合物(K),没有任何一个永恒的事物(E)是 K,｜所以我们就会必然地得出没有任何一个 C 是 E。"这一三段论两个前提的共同[项]｜是 K,并且是另外两个端项的谓项。在这里小前提的主项｜是结论的主项,即命题"所有的 C 是 K"。大前提的主项｜是结论的谓项,即命题"没有任何一个 E 是 K"。④

---

① 第四种三段论是 EIO-1 (Ferio):
　　　　　m: 有些 X 是 K
　　　　　M: 没有 K 是 E
　　　　　C: 有些 X 不是 E
② 注意第一格是由前提中(作为主项或谓项的)中项出现的位置来确定的,这种方法可以(事实上在以后的文本中)用来完善后两种三段论的格的定义,然而——就像在脚注[3]中提及的那样——这种方法在第二格与第三格中并不能确定大前提与小前提。在这里这种补充性的诉诸(结论)将被证明是有必要的。
③ 只有第一格的四种三段论是"完全的"以及"自明的",亚里士多德认为,其他的三段论都必须依靠这四种来断定(通过某种化归方式)。
④ 第五种三段论是 EAE-2 (Cesare)
　　　　　m: 所有的 C 是 K
　　　　　M: 没有 E 是 K
　　　　　C: 没有 C 是 E

在这样一个序列中，│中项在三段论当中，即当它做为两个端项的谓项的时候，我们称此种形式为│三段论的第二格。在此[第五种]三段论中大前提是全称否定命题，│小前提是全称肯定命题。①

这种三段论不是自明的，│即它的结论来自于它假定是如此。并且它需要其他显明的事实来保证其[结论]是│必然地得出的。

这里的[来自于事实如此]的证据命题"没有任何一个 E 是 K"它同时也│包含命题"没有任何一个 K 是 E"。

此种情况也同样适用于任何一个[全称否定命题]，如│命题"没有任何一个人会飞"，也同时包含有"没有任何一个会飞的事物是人"。当│我们断言其中一个命题[有效]时，我们[实际上]也已经断言了另一个有效。如果其中之一为真，另一个同样[也]为真，这是因为一个全称否定[命题]│为真是由于其相反命题的真；其相反命题非真时，其自身也非真。当我们否定第一类的一个事物关于第二类的所有事物时，我们同样也否定了第二类此事物关于第一类的所有事物。因此如果我们说│"没有任何一个人会飞"时，必须是没有任何一个会飞的事物是人，因为如果有│一个人处在会飞的事物当中，那么此事物就可能是一个会飞的人，那么说"没有任何一个人会飞"│就是不成立的。如果在一组事物当中不存在一个会飞的人，那么我们就会希望│真相告知我们[我们应当被告知]"没有任何一个人是会飞的事物"。那么随后我们就必然地得出结论没有一个事物│是会飞的人。因此，如果我们断定了两个命题中的其中一个[即："没有一个人是会飞的事物"——"没有会飞的事物是人"]那么确切地说我们同样也断定

---

① 注意此处大前提与小前提的区别是基于对结论的分析——大前提是包含有结论的谓项的前提，小前提则是包含有结论的主项的前提。

了另一个。①

现在我们的命题"没有任何一个 E 是 K"也是如此。‖ 因此如果我们已经断定了这个命题,我们也 [因此] 断定了"没有任何一个 K 是 E"。同时由于我们已经给出 | "每一个 C 是 K" [所以所寻求的结论才能由第二种三段论得出]。

由此我们可以断定第五种三段论组合包含第二种三段论 | 组合。而且这种 [第五] 组合的作用与那种 [即第二] 组合的作用也极其相似。鉴于此种一致性,任何前者所必然得出的结论同时也是 | 后者能够必然得出的。②

三段论 6

| 第六种 [三段论],第二格的第二种形式 [如下]:"没有任何一种物质(C)是非创造的(U), | 任何永恒的事物(E)都是 U,所以我们就会得出没有任何 C | 是 E"。这个 [三段论] 有两个前提:小前提为全称否定命题, | 大前提是全称肯定命题,结论是全称否定命题。③

关于它的推导 [我们将在后面给予说明]。命题"没有任何一个 C | 是 U"已经包括在它 [命题] "没有 U 是 C" 当中。| 同时"任何 E 都是 U"也已经早已给出。因此我们依照第二种三段论 | 的组合建立命题为"没有任何一个 E 是 C"。并且如果这个命

---

① 值得注意的是阿尔法拉比的对于 E 命题可转换性的判定——即在三段论的讨论中——已经超越了时代。非常奇怪的是这种讨论在先前的文本中已有所体现,尽管它不在普布阿论文中的"分析"的讨论范围中,但是它实际上出现在《前分析篇》中。

② 第五种三段论(EAE-2, Cesare)可以通过大前提的转换从而化归为地二种三段论(EAE-1, Celarent),这种情况在亚里士多德的方法中同样也是被允许的。

③ 第六种三段论是 AEE-2(Camestres):
    m: 没有 C 是 U
    <u>M</u>: 所有的 E 是 U
    C: 没有 C 是 E

题[即"没有 E 是 C"]已经确定,那么它的相反命题也就已经确定了,即|"没有任何一个 C 是 E"。①

三段论 7

|第七种[三段论],第二[格]的第三种形式如下:"有些存在物(X)是复合物(K),没有任何永恒的事物(E)|是 K,所以有些 X 不是 E".这个[三段论]有两个前提:|它的小前提是特称肯定命题,大前提是全称否定命题,其得出的[结论]是特称否定命题。②

|关于它的推导[在后面将被给出]。当我们声称"没有任何 E 是 K"时,它实际上已经包含在它[命题]"没有任何 K |是 E"当中。同时我们已经给出"有些 X 是 K"。因此这个[三段论]可以化归为第四种[三段论]的组合。随之我们可以从这个[即第七种三段论]当中|得出——也就是从第四种[三段论]得出——"有些 X 不是 E"。③

三段论 8

|第八种[三段论],第二[格]的第四种形式[如下]:"有些存在物(X)不是物质的(C)并且所有运动的事物(M)|是 C,所以随之而来的结论就是有些 X 不是 M"④。

---

① 第六种三段论(AEE-2, Camestres)可以通过小前提以及结论的转换从而化归为第二种三段论(EAE-1, Celarent),这种情况在亚里士多德的方法中同样也是被允许的。

② 第七种三段论是 EIO-2 (Festino):

  m: 有些 X 是 K
  <u>M: 没有 E 是 K</u>
  C: 有些 X 不是 E

③ 第七种三段论(EIO-2, Festino)可以通过转换大前提从而化归为第四种三段论(EIO-1, Ferio)。这种情况在亚里士多德的方法中同样也是被允许的。

④ 即: 不是所有的 X 都是 M。

这个[三段论]由两个前提构成。它的小前提｜是特称否定命题,大前提是全称肯定命题。结论是特称否定命题。①

关于它的推导[我们将在后面给予说明]。如果我们提及命题｜"有些 X 不是 C"那么我们首先得到的是命题"X 的一部分不是‖C"。这个命题表明 C 被排除在 X 这一部分的这个整体之外。现在如果我们给这一部分[X 的一部分]｜指派某些特殊的名称——例如,"P 部分"——我们就会得到这个命题"没有任何[X 的]P 部分｜是 C"。② 但同时我们已经给出前提"所有的 M 是 C"。故而我们可以建构前述命题为第六种三段论的组合。｜同时我们在前面已经提到这个[第六种]三段论包含第二种三段论。｜因此它就会必然地得出命题"没有任何[X 的]P 部分是 M"。但由于 P 只是 X 的一部分——故而 X 的一部分｜不是 M,换句话说"不是所有的 X 是 M"[即,"有些 X 不是 M"],这个就是我们前面所提及的结论。③

这个[修正的论证]可以推出｜第八种[三段论]结论;我们同样可以看到第八种[三段论]可以以第六种(三段论)为中介化归为第二种。

｜我们通常将这一把第八种[三段论]化归为第二种的方法

---

① 第八种三段论是 AOO-2 (Baroko)
  m：有些 X 不是 C
  M：所有的 M 是 C
  C：有些 X 不是 M
② 阿尔法拉比认为 O 命题"有些 X 不是 Y"与 E 命题"没有任何 X 的 P 部分是 Y"是等价的。
③ 鉴于前面脚注所提及的等价关系,第八种三段论(AOO-2, Baroko)变为:
  m：没有任何 X 的 P 部分是 C
  M：所有的 M 是 C
  C：没有任何 X 的 P 部分是 M
这一推理在三段论的第六种形式(AEE-2, Camestres)中是有效的,结论可以转换为"有些 X 不是 M",阿尔法拉比用这种方法来代替亚里士多德的 *ecthesis*。

称之为显示法(ecthesis)①。将其他[即三段论]化归为[第一格]的方法|则被称之为换位法。

上述四种[第五至第八]三段论是[三段论]第二格的有效形式。

三段论 9

|第九种三段论,第三[格]的第一种形式,[如下所示]:"所有运动的事物(M)都是被创造的(R),|所有的 M 都是物质的(C),故此我们就会必然地得出有的 R 是 C"。这个[三段论]|由两个前提构成。它的小前提是全称肯定命题,其大前提亦是全称肯定命题。两个[前提]的|中项是 M,M 同时作为两个命题的端项与主项存在。大项是 C,小项是 R。②

|中项在两个前提中同时做主项的三段论据此通常被称之为|三段论的第三格。③

这个[第九种]三段论是此[第三]格三段论的第一种形式。它的结论是特称|肯定命题。

关于它的推导[我们将在后面给予说明]。命题"所有的 M 是 R"蕴涵[命题]"有 R |是 M"。

---

① *Ecthesis*=al-iftirād,据我所知,只有阿尔法拉比将这个词项应用在逻辑上。阿维森纳曾在不同的意义上使用过这个词(参见 A. M. Goichon 的 *Lexique de la Lanque Philosophique d'Ibn Sīnā*,页 269)。亚里士多德通过 reductio 化归 Baroko,而不是通过 ecthesis。需要注意的是亚里士多德使用 ecthesis 时是与阿尔法拉比的概念相一致的,不同的是亚里士多德在内涵意义上(从一个类中拣选一个子类)使用,而阿尔法拉比则是在外延意义上(从一个集合中选择一个子集)使用。
② 第九种三段论是 AAI-3 (Darapti):
　　　　m:所有的 M 是 R
　　　　<u>M:所有的 M 是 C</u>
　　　　C:有些 R 是 C
③ 第三种三段论的定义,如同第一二种,主要是依照(作为主项或谓项)中项在前提中出现的位置来确定的。这意味着,就像第二格一样,大与小前提(以及/或者项)是由结论决定的(可参见脚注[9])。

它之所以如此是因为如果我们希望真相会告诉我们[当它这样做时]:"所有的 M 是 R",那么就必然存在这样一种情况 | 在 R 当中存在一个 M。如果在 R 中不存在 M, | 我们就会得到[结论]"没有任何 R 是 M"这个全称否定命题,它蕴含它的相反命题 |"没有任何 M 是 R"。但是我们已经给出"所有的 M 是 R"。| 故此如果在 R 当中不存在任何 M,那么也就没有任何 M ‖ 是 R。因此如果"所有的 M 是 R"为真,那么这个[命题]就必然地包含在"有些 R 是 M"这个命题当中①。

[如果"所有的 M 是 R"为真],我们并不能够据此必然地推出命题"所有的 R 是 M"; | 否则全称肯定[命题]将会蕴涵它的全称相反命题。因此就会出现如果"所有的人都是动物",那么"所有的动物都是人",但这是一个错误的命题。因此我们说一个全称 | 肯定命题必然地包含它的特称相反命题[即它的"受限制的"相反命题],而不是它的全称相反命题[即它的严格相反命题]。

| 因此我们说命题"所有的 M 都是 R"蕴含于命题"有些 R | 是 M"当中是正确的。我们已经给出命题"所有的 M 是 C"。那么第九种[三段论]就可以化归为第三种[三段论]: | 因此它[即,第九种]就会得出与它[即,第三种]相同的结论,即命题"有些 R 是 C"。②

三段论 10

| 第十种[三段论],第三[格]的第二种形式[如下]:"所有永恒的事物(E)都是能动的(A),没有任何 E 是物质的(C), | 所

---

① 需要特别注意的是,这里的讨论已经进入限制的 A 命题转换的辩护。可与脚注[13]比较。
② 第九种三段论(AAI-3, Darapti)可以通过限制小前提化归为第三种三段论(AII-1, Darii),这种情况在亚里士多德的方法中同样也是被允许的。

以我们就会必然地得出有些 A 不是 C。"①这个三段论由两个前提构成:小前提是全称肯定命题｜,大前提是全称否定命题。它得出一个特称否定[结论]。②③

关于它的推导[我们将在后面予以说明]:命题"所有的 E｜是 A"蕴涵在它自身[命题]"有些 A 是 E"当中。我们已经给出"没有任何 E 是 C"。｜故此[这个三段论]可以化归为第四种三段论。因此从这个[第十种]三段论中必然地得出的结论也必然地能够从另一个[即第四种]三段论中得出,即有些｜属于 A 的事物不属于 C。所以命题所有的 A 是 C 是不正确的,[即,我们最后得到结论"有些 A 不是 C"]。

三段论 11

｜第十一种[三段论]第三[格]的第三种形式[如下]:"有些物质(C)是能动的(A),所有的｜C 都是复合物(K),所以我们就会必然地得出有些 A 是 K。"这个[三段论]｜由两个前提构成:它的大前提是全称肯定命题,它的小前提是特称肯定命题。｜它的[结论]是特称肯定命题。④

关于它的推导[我们将在后面给予说明]。命题"有些 C 是

---

① 即,并非所有的 A 是 C。
② 第十种三段论是 EAO-3 (Felapton):
    m:所有的 E 是 A
    M:没有 E 是 C
    C:有些 A 不是 C
第十种三段论(EAO-3, Felapton)可以通过限制小前提化归为第四种三段论(EIO-1, Ferio),这种情况在亚里士多德的方法中同样也是被允许的。
③ 阿尔法拉比改变了亚里士多德的顺序,将 Felapton 放在了 Datisi 之前。
④ 第十一种三段论是 AII-3 (Datisi):
    m:有些 C 是 A
    M:所有的 C 是 K
    C:有些 A 是 K

A"蕴含在它自身｜[命题]"有些 A 是 C"当中。

如果有些属于 C 的事物同时属于 A 为真,那么我们就会必然地得出有些｜在 A 中的事物是 C,反过来如果没有任何 A 在 C 事物当中,我们将会得出结论"没有任何 A 是 C"。① ‖同时这个[命题]是全称否定的,它包含在自身[即,它的相反命题]"没有任何 C 是 A"当中;故而命题所有的 C 是 A ｜是不正确的。因此我们说如果"有些 C 是 A"是正确的,那么"有些 A 是 C"也是正确的。②

我们已经给出｜"所有的 C 是 K"。因此[第十一种三段论]可以化归为第三种三段论。故而我们必然可以通过[第三种三段论]得出命题"有些 A 是 K"。这也｜是我们在第十一种三段论中所得出的结论。③

三段论 12

｜第十二种[三段论],第三[格]的第四种形式[如下]:"所有的物质(C)都是被创造的(R),有些 C ｜是能动的(M),所以我们就会必然地得出有些 R 是 M"。这个[三段论]的大前提是特称｜肯定命题,小前提是全称肯定命题。它最后得出的[结论]是特称肯定命题。④

---

① 注意此处的反对关系是假设由本书的第二部分已知的。
② 再一次讨论转向对于一个转换的断定,不过这次是 I 命题。需要注意的是这一复杂的过程:
   (1) 我们给出"有些 C 是 A",
   (2) 为了刻画"有些 C 是 A",我们假设它的相反"没有 A 是 C",并使用反证法(reductio ad absurdum),
   (3) 我们将"没有 A 是 C"转换为"没有 C 是 A",这与(1)矛盾。Q.E.D
③ 第十一种三段论(AII-3, Datisi):可以通过转换小前提化归为第三种三段论(AII-1, Darii)。这种情况在亚里士多德的方法中同样也是被允许的。
④ 第十二种三段论是 IAI-3 (Disamis):
   m: 所有的 C 是 R
   M: 有些 C 是 M
   C: 有些 R 是 M

关于它的推导[我们将在后面给予分析说明]:命题"有些 C 是 M"蕴含在它自身[命题]当中,即"有些 M 是 C"。同时我们已经给出"所有的 C 是 R"。因此我们可以将[前提]化归为第三种三段论的[那些]前提;故而我们就会必然地得出"有些 M 是 R"。

同时这个[命题]蕴含在[命题"有些 R 是 M"]中,|后一个命题也就是我们从第十二种三段论中得出的结论。①

三段论 13

|第十三种[三段论],第三[格]的第五种形式如下:"有些物质(C)是能动的(A),|没有任何 C 是永恒的(E),因此我们就会必然地得出有些 A 不是 E"。② 这个三段论的|大[前提]是全称否定命题,小前提是特称肯定命题。它最后得出的[结论]是特称否定命题。③④

关于它的推导[我们将在后面给予分析说明]。命题"有些 C 是 A"蕴含在它自身命题"有些 A 是 C"当中。我们已经给出|"没有任何 C 是 E"。由此[这个第十三种三段论的前提]可以化归为第四种三段论的前提。所以,我们就会必然地得出结论"有些 A 不是| E"。⑤⑥

---

① 第十二种三段论(IAI-3, Disamis)可以通过转换大前提与结论化归为第三种三段论。这种情况在亚里士多德的方法中同样也是被允许的。
② 即,并非所有的 A 是 E。
③ 第十三种三段论是 EIO-3 (Ferison):
　　　　m: 有些 C 是 A
　　　　M: 没有 C 是 E
　　　　C: 有些 A 不是 E
④ 阿尔法拉比改变了亚里士多德的顺序,将 Ferison 放在 Bokardo 之前。
⑤ 即,并非所有的 A 是 E。
⑥ 第十三种三段论(EIO-3, Ferison)可以通过转换小前提化归为第四种三段论(EIO-1, Ferio)。这种情况在亚里士多德的《前分析篇》中同样也是被允许的。

三段论 14

　　第十四种[三段论]，第三[格]的第六种形式[如下所示]："所有的物质(C)都是被创造的(R)｜并且有些 C 不是能动的(M)，故此我们可以必然地得出有些 R 不是 M"。这个三段论的大[前提]是特称否定[形式]，小前提是全称肯定命题。其结论是特称肯定命题。①

　　｜关于它的推导[我们将在后面给予分析]：如果给出命题"有些 C 不是 M"，我们就会得出[结论]有些属于 C 的事物不属于 ‖ M。很明显，该(C 中的)部分的全部都不是 M，也就是说没有任何一个属于这个(C 中的)部分的事物｜是 M。如果我们用其他名称替换这个(C 中的)部分——用山脉来替换[=P 部分]——那么[情况]就会是如下所述：没有｜任何 P 是 M。同时我们已经给出"所有的 C 是 R"，并且(依照上述)P 是 C[的一部分]；所以我们就会得出结论：｜所有的 P 是 R，并且没有任何 P 是 M。因此我们就可以将[这个三段论]化归为第十种三段论。故此我们就可以从这样[一对前提]中必然地得出｜"有些 R 不是 M"。这也是我们从第十四种[三段论]中得出的结论。②

---

① 第十四中三段论是 OAO-3 (Bokardo)：
　　　　m：所有的 C 是 R
　　　　M：有些 C 不是 M
　　　　C：有些 R 不是 M

② 在前面第十四中三段论的导出过程中，阿尔法拉比视 O 命题"有些 X 不是 Y"与 E 命题"没有任何 X 的 P 部分是 Y"等值。更进一步说，"所有的 X 是 Y"亦可以非常明显地得出对于任何 P 部分而言的"所有的 X 的 P 部分都是 Y"。
因此，前述三段论的前提可以转换为：
　　　　m：所有 C 的 P 部分都是 R
　　　　M：没有任何 C 的 P 部分是 M
通过第九种三段论(EAO-3, Felapton)，我们就可以得出结论，"有些 R 不是 M"。Q. E. D.
这种使用 *ecthesis* 的化归过程，与亚里士多德在《前分析篇》中使用 *reductio ad absurdum* 将 OAO-3 化归为 AAA-1 的过程不同。但是亚里士多德允许这样使用 *ecthesis*(《前分析篇》28b20—21)。

│上面所述十四种就是直言三段论的[全部]形式。

第4部分　条件句三段论

现在让我们来讨论条件句三段论。│任何一个条件句三段论都由两个前提构成:大[前提]是条件句[命题],│小前提是直言[命题]。[条件句三段论有两种类型。]①

(一) 联言条件句三段论

两[种条件句三段论]的第一种通常被称之为联言条件句三段论。这种三段论[同样也]有两种类型:

(a) 肯定式(Modus Ponens)

│两种[联言条件句三段论]的第一种如下:"如果世界是被创造的,那么它就有一个创造者;世界是被创造的;因此我们就会得出│世界有一个创造者。"②

这个三段论两个前提中的大前提是这样一个命题:"如果│世界是被创造的,那么它就有一个创造者"。这个[前提]是一个条件句。此前提单独由两个命题构成,第一个是│"世界是被创造的",另一个是"它就有一个创造者",二者由一个│条件句连接词"如果[X,那么Y]"连接起来。因此说一个条件性链接将第一

---

① 在当前的条件句三段论讨论当中,阿尔法拉比预设了如下三段论的分类:
　(i) 联言条件句三段论[=我们的"假言三段论"]
　　　(a) 肯定模式[=我们的 Modus Ponens]
　　　(b) 否定模式[=我们的 Modus Tollens]
　(ii) 选言条件句三段论[=我们的"选言三段论"]
② 第一种类型的联言条件句三段论[即它的肯定式]形式如下:
$$\text{如果 P 那么 Q}$$
$$\underline{P}$$
$$\therefore Q$$
这就是拉丁语逻辑学家所谓的 modus ponens。

个命题与第二个命题连接起来,即这个 | 连接词标明命题"[世界]有一个创造者"与命题"世界是被创造的"是相关联的。同样与上述连接词相类似 | 的其他连接词还有"如果[X,那么Y]"或者"无论[X,将会有Y]",或者是"无论何时[X,那么Y]",以及等等。

　　|[一个条件句命题的]第一[部分]通常被称之为前件(条件句从句),[在前面的例示中]前件就是命题"如果世界是被创造的"。[一个条件句命题的]第二[部分]则被称之为后件(条件句主句)。[在前面的例示中]后件就是命题 |"世界有一个创造者"。因此一个条件句[命题]就是由两部分组合而成的,第一部分为前件 | 第二部分则为后件。

　　[一个条件句三段论]两个前提中的小前提是直言[命题]。这个命题在[大前提中]由"不相容"连接词连接, | 也就是说它自身亦是条件句三段论中大前提的两部分之一。| 它[即,小前提]被称之为"被排除的部分"。前件与后件皆可充当"被排除的部分",但是除非在条件句三段论①中的 ‖ 第一种三段论之外,一般只有前件是"被排除的",前件"被排除"了,那么我们得出的结论就是后件本身②。

　　|[一个三段论的]的条件句[前提]并非只能有两个肯定命题构成,它同样可以由两个否定命题构成, | 比如命题"如果太阳没有升起,那么就不是白天";或者是一个肯定命题与一个否定命题,如命题"如果不是黑夜, | 那么就是白天"。[此外]前件还可以由许多命题构成[即一个合取式],如命题 |"如果一个(物质)

---

① 即联言条件句三段论。
② "排除"在我们所谓的意义上与否定无关。当一个命题出现在前提中而不出现在结论中时,这个命题就是"被排除的"。依照阿尔法拉比的方式,"排除"一个命题主要考虑的是它的断定情况!这里我们所考虑的阿拉伯语单字是 istathna,它与希腊语单字 proslepsis 意义类似,可以参见 Kneale,《逻辑的发展》(*The Development of Logic*),页106—109,以及页163。

体不固定在一个区域,它是运动的,它的运动是直线运动, | 直线运动是从运动物体开始的一段长距离的运动, | 这段距离非常之长,这一长段距离不是短的分离,那么一个[做直线运动的]物体必须走到[比它的原初位置为长]的另一个位置"。| 现在我们看到在这个条件句三段论中前件是由许多个命题构成的,而后件则只有一个命题。

(b) 否定式(Modus Tollens)

| 现在我们来分析联言条件句[三段论]的第二种[类型]:"如果起因不是单一的, | 那么世界就不是一个有秩序的系统;但是世界是一个有秩序的系统;故此起因是单一的"①。这个三段论大[条件]前提与第一种[类型]]并无二致,有区别的只是"被排除的"[即小]前提。| 在一个联言条件句三段论当中,如果前件"部分"是"被排除的",那么这个三段论就是第一种[类型]的条件句[三段论];如果 | 后件的的相反是"被排除的",那么此三段论就是第二种[类型的联言]条件句[三段论],它得出与前件相反的结论。

第二种[类型的联言条件句]三段论的 | 后件必须是被否认的(否定)命题。例如"如果无限的物质 | 是存在的,那么它要么是单一的要么是复合的;但是无限的物质既非单一的又非 | 复合的;所以无限的物质是不存在的"。

(二) 选言条件句三段论

| 第二种[类型]条件句三段论称之为选言条件句三段论。

---

① 第二种类型的连言条件句三段论[即它的否定模式]形式如下:
　　　　　如果 P 那么 Q
　　　　　非 Q
　　　　　∴ 非 P
这就是拉丁语逻辑学家所谓的 *modus tollens*。

此种三段论有多种形式。例如:"世界要么是永恒的要么是有起源的,世界是有起源的,所以我们就会必然地得出结论世界不是永恒的"①。两个[前提]中的条件前提是用"要么……要么"连接起来的命题,用来表示两项选一,一个是另一个的反对与排斥。

所谓条件前提中的前件是两个条件之一,[也就是说]它在条件句命题中首先出现,是两个条件中的在先者。由此我们分析命题"世界‖要么是有起源的要么是永恒的",前件就是命题"世界是有起源的"。并且如果我们将任何其他[命题]放在前面,那么它将会被视作前件。

在这里,条件句命题的两"部分"通常是两个[相互矛盾]的析取式。而且如果这个[前提]有超过两个以上的"部分"的时候,它们应该也是相互矛盾的。我们规定析取式可以由两个部分构成——如命题"世界要么是有起源的要么是永恒的"——或者也可以由多个部分构成——如命题"扎伊德要么是白种人要么是黑种人要么是红种人"。

任何[选言命题]都可以归入下面所列举的两种之一:要么它是完全的[即穷尽的]析取式,要么它是非完全的[即非穷尽的]析取式。一个完全的[即穷尽的]析取式是穷尽所有[可能的]选言支的析取式,它可以有两个或者更多;如同命题"世界要么是有起源的要么是永恒的",或者命题,"这个水要么是热得要么是冷的要么是温的"。非完全的[即非穷尽的]析取式则是没有完全穷尽所有选言支的析取式,如同命题"扎伊德或者在伊拉克

---

① 选言条件句三段论的简单形式如下:
   P 或者 Q(二者不可得兼)
   <u> Q </u>
   ∴ 非 P

这是拉丁语逻辑学家所谓的(不相容)选言三段论的 *modus ponendo tollens*。

或者在叙利亚"以及[命题]"扎伊德要么是白种人｜要么是黑种人要么是红种人"。

任何一个只有两个选言支,并且｜它的选言支是完全的选言条件句[三段论]的情况如下,当它们[两个选言支]中的一个"是被排除的"时候,那么结论就是另一个选言支的相反;如果它们当中的任何一个的相反是"被排除的",｜那么结论就是另一个选言支自身。举例如下"整数要么是偶数要么是奇数"。由此我们可以得出它[即整数]如果是｜偶数,那么结论就是它不是奇数,或者如果它是奇数,结论就是它不是偶数;或者如果它不是偶数,结论就是它是奇数,｜或者如果它不是奇数,那么结论就是它是偶数。

当一个选言条件句三段论的[选言支]超过两个,并且它的选言支是｜完全的时候,如果它们当中的一个是"被排除的",那么结论就是其余全部选言支的相反。如下面的命题:"这个｜数字要么比[给定的数字]大,要么比它小,要么与之相等,这个数字与给定的数字相等,因此它既不比它大也不比它小。"如果一个三段论｜"排除了"其中两者的相反[即该三段论有三个选言支],那么结论就是剩下的那个选言支,例如"这个数字要么比另一个数字大,｜要么比它小,要么与之相等,如果它[即这个数字]既不比它小也不比它大,那么结论一定是相等"。此种情况同样也适用于[选言命题]已做必要修正的选言支超过三个的情况。如果一个三段论"排除了"其中一个选言支的相反,那么它的结论｜就是其他[选言支]的全部。因此当[命题]"这个数字与给定的数字不相等""被排除"时,那么结论就是"它[即这个数字]｜要么比它大要么比它小"。另外任何一个[命题]"排除了"余下的其中一个选言支的相反,它的结论就是[另外]余下的[选言支]。‖如果三段论[只]余下两个选言支,接着我们假设"排除了"其中一个的相

反,那么结论 | 就是另一个选言支。①

如果选言支是非完全的,同时假如两个[选言支]中的一个是"被排除的",那么[结论]就必定是另一个[选言支]的相反。|[另一方面]如果它"排除了"其中一个[即两个不完全选言支的一个,即我们所谓的前件]的相反,它并不会必然地得出任何如后件自身或者后件的相反这样的结论。| 如下面的"论证":"扎伊德要么在伊拉克,要么在叙利亚,要么在汉志②,他在伊拉克,所以结论就是他既 | 不在叙利亚,也不在汉志"。但是如果"排除了"他不在伊拉克,我们却不能够必然得出他在叙利亚 | 或者[他]在汉志。[我们并不会得出]他不在这儿或者那儿除非我们已经给出或者已经假定他将不会离开三者当中的任何一个 | 地方并且他以前也没有离开过那里;然后[非完全选言支]的性质就会[相似于]完全[选言支]的性质。|[给定]一个大前提由非完全选言支构成的[选言]条件句[三段论]——[如"扎伊德要么在伊拉克,要么在叙利亚,要么在汉志"]——那么最好的说法或许是: | "扎伊德不在伊拉克,但是他要么在叙利亚,要么在汉志";然后我们就[很清楚地]"排除了"他[并不!]在伊拉克。

| 以上所分析的就是条件句三段论。它们的情况依然值得

---

① 由此,一方面我们可以得到论证:
P 或者 Q (二者不可得兼)　　　　P 或者 Q (二者不可得兼)
P＿＿＿＿＿＿＿　　　　　　　　　Q＿＿＿＿＿＿＿
非 Q　　　　　　　　　　　　　　非 P
另一方面,当选言支完全时,我们又有:
P 或者 Q (二者不可得兼)　　　　P 或者 Q (二者不可得兼)
非 P＿＿＿＿＿＿　　　　　　　　非 Q＿＿＿＿＿＿
Q　　　　　　　　　　　　　　　　P

② [译按]汉志(Hijaz),又称希贾兹,沙特阿拉伯西部,北至约旦边境,南至亚西尔地区的沿海地带。得名自境内的希贾兹山脉,汉志地区古代曾属于埃及和奥斯曼帝国。

[继续讨论]。我们以后将会再次讨论到它们①。

第5部分 "反对的"三段论

| 现在我们开始讨论"反对的"三段论。

| 如果一个实然三段论的两个前提明显为真,那么这个三段论就被称之为 | 完全三段论,并且它得出的结论必然为真。② 例如:"所有的物质(C)都是复合物(K),所有的 | K 都是被创造的(R);所以结论就是,所有的 C 是 R"。

如果[一个有效三段论]两个前提中的一个 | 明显为真,而另一个是不确定的,我们无法断定它 | 是真是假,那么这个三段论的结论就明显为假,而此三段论则被称之为"反对的"三段论③。| 实际上,我们的"反对的"三段论所确定的是三段论中两个前提中那个不确定前提的矛盾命题的真值。| 这一[矛盾]命题构成三段论的结论。

例如:"这个世界是永恒的,但是没有任何永恒的事物是复合物,所以世界 | 不是复合的"。这个[结论]明显为假,然而它又是作为三段论的推断结果存在的。不过我们也可以看到, | 三段论

---

① 此允诺并不在本书之中。
② 有效三段论的可能情况如下:

前提	结论
(1) 全真	真(必然)
(2a) ⎰ 一真,一假	真
(2b) ⎱ 一真,一假	假
(3a) 全假	真
(3b) 全假	假

第一种情况阿尔法拉比称之为完全三段论(mustaqīm)。
③ 一个"反对的"三段论存在的必要条件是,结论已知为假并且一个前提已知为真。其实"反对的"三段论是注[1]中的(2b),并且另一个前提的假已经确定。它的最终依据(但是事实上非常间接地)是前分析篇,II,26 中的"反对的"三段论思想。

的其中一个前提明显为真，即"没有任何永恒的事物是复合物"。结论的假丨是由另外的前提造成的——它使得结论为假，那么它[自身]也为假。‖在推论中命题"世界是永恒的"为假，那么它的矛盾命题就为真，即命题"世界不是永恒的"。丨这就是从"反对的"三段论中得出的结论。

如果我们试图通过一个"反对的"三段论得出某一结论，丨那么我们必须设想的是我们首先想要得到的其实是结论的[相反]。因此，如果这个[欲得结论]是论断"世界不是永恒的"，丨我们首先接受它的矛盾命题，即"世界是永恒的"，把它与另一个明显为真丨的命题即"没有任何永恒的事物丨是复合物"组合，然后构成一个三段论。[二者的组合]得出结论"世界不是复合物"。但是我们发现这个结论明显为假。因此我们就能够必然地丨得出"世界不是永恒的"。①

丨以上所述全部即为简单三段论[所有类型]。②

第6部分 复合三段论

（一）传递

现在我们来讨论复合三段论。我们[前面]所列举的丨三段

---

① "反对的"三段论的逻辑特征如下：我们意图得到结论 C。我们找到一个有效三段论但是其结论 C* 为假，并且它的前提包含有 C 的否定命题以及另外为真的前提 P，

$$P$$
$$\frac{非 C}{C^*}$$

上述为一个有效三段论，因此我们就会得到（我们通常称之为"反三段论"）：

$$P$$
$$\frac{非 C^*}{C}$$

P 为真，非 C* 亦为真（C* 为假），因此——鉴于三段论的有效性——C 为真。

② "简单"三段论包括前述直言、条件以及"反对的"三段论。它们与我们将在后面论述的"复合的"三段论不同。

论并不只是运用在我们已经讨论的命题组合当中。而且并不是所有三段论的所有前提①与结论都已经被｜准确地描述,同样地它们也并非在任何方面都已经得到正确的理解。实际上｜它们的组合在不停地变换,它们当中的许多前提②也被省略掉了,因此当有其他前提增加时,我们可能｜[实际上]没有用以得出结论的有效支持。[事实上]这是一种习惯性行为,它经常地出现在演讲与｜著作当中。

(二) 非三段论向三段论转换中的偏离

如果一个命题[即一个论证]不属于我们[前]述组合模式③中的任何一个,也就是说它增加或者｜减少了前提,并且它的次序也发生了改变。然后[如果]我们将它的组合转换为前面所讨论组合中的任何一个,而且改变后的涵义与原初命题的涵义｜保持一致,那么原初命题就是一个三段论。

如果一个命题属于这样一种情形,[当]｜我们用前述组合来替换它的时候,被替换的命题的涵义与原初命题的涵义相比较发生变化——第二个｜命题的涵义是原初命题涵义的改变——那么原初命题就不是三段论式的命题,它也就不能够化归为由两个｜已知的、符合构成命题"四种方式"之一的前提所组成的三段论。④

(三) 复合三段论(概述)

[一个三段论]可以由其二者或者其中之一需要通过另一个三段论获得[自]知的两个前提构成,｜[因此]在这样一个三段论

---

① 即部分。在这部分中这种置换非常频繁。
② 即部分。
③ 即在其中一个组合当中。
④ 我将此处的讨论标注为离题,以便引起大家注意它已经离开了原始文本的内容。

中,│两前提之一或者全部通过源初①获得已知就可能变得不可行。但是我们经常可以看到[三段论]中的一个或者两个‖[前提]必须由另外一个三段论确立。因此我们重复此过程,直到三段论的│两个前提全部来自源初,并且符合构成命题的"四种方式"之一。②

│由此,如果我们试图使用三段论来确定某事物,那么这一三段论的前提就必须通过另一个三段论获得前提。然后│此另一个三段论的前提又需要由其他三段论来确定,此[过程]一直持续到│三段论的两个前提全部来自源初。我们在这里所表述的就是│使用三段论来使得前提从源初获得已知的方法,然后(1)将三段论的结论提取出来作为前提,并与│其他前提相组合,或者(2)将所有那些结论组合起来得出另外的结论,然后把这些结论作为前提与│其他前提再组合,或者(3)将它们全部组合起来直到最后得出两个前提,然后如果│我们将这两个前提组合起来,就会得到一个三段论,最后从这两个[前提]中我们得到一个结论,那么这个结论就是从源初得来的。③

│但是如果我们将这些三段论的所有部分[即前提]全部列出,那么我们就需要列出一串冗长的命题。│因此,在多数情况当中我们[只能]把前提尽量压缩,忽略那些包含在│已经非常明确的前提中的前提,或者那些明白清晰,显而易见的前提,或者那些

---

① 或者:来自起点,根源。为了避免与康德的观念混淆,我没有采用先验这个词。这类前提并非什么特殊的类别,它们只是被承认是已知的而已。参见249:20以及后面部分。
② 这一段简要地说明了建立"复合三段论"的基本方法——即当一个给定的三段论的前提自身需要三段论式论证时,我们就会被引向一个三段论的链条(回溯到那些"从源初获得已知"的最终前提那里),而这个三段论的链条最终导向正被讨论的结论。
③ "复合三段论"主要包括省略三段论与连锁三段论,亚里士多德只是在《前分析篇》(42b5, 66a35)中简单地提到过居前三段论(prosyllosim)。而关于省略三段论,可参见II,27。

[在]演讲中的具有必然性的前提。

│比如,当我们言及某人是背约者时,那么就是已知他是一个已经发过誓的人。再比如说,如果我们说钱币已经被度量过,那么我们肯定已知│它已经被一种度量衡权衡过。

因此一个三段论可以是许多三段论的复合,它们当中的一些前提①已经被省略掉,││只有一部分前提是明确给出的,就像这些明确给出的前提②就是所有的前提一样。

例如,如果我们试图通过如下三段论,"所有的物质都是复合的,并且所有的复合物都是'偶然的',││故此所有的物质都是'偶然的'"确定│"世界是被创造的"的真,那么首先我们将这个三段论的结论提取出来,││与"所有'偶然的'的事物都不可分地属于同一个造物者"组合。│我们就会得出结论"所有的物质都属于同一个造物者"。现在我们提取出│这个结论,并增加命题"所有属于同一个造物者的物质并不先于它的造物者",││由此我们得到结论"所有的物质都不会先于它的造物者"。现在我们从第三个三段论中提取出结论‖并与命题"所有属于同一个造物者的事物将会因为造物者的存在而存在"组合。于是我们又会得到结论"所有的物质都是因为造物者的存在而存在"。我们提取出此结论,并且增加命题│"所有因为造物者的存在而存在的事物都是在时间中存在",而后我们得到"所有│的物质都是在时间中存在"。我们再将此第五个三段论的结论与前提"任何在时间中存在的│事物都是被创造的"组合,那么我们就会得出"所有的物质都是被创造的"│最后我们将第六个三段论的结论与命题"世界是物质"组合,然后就会得到│第七个三段论的结论"世界是被创造的"。

---

① 即部分。
② 同上。

然而,如果我们将这个[论证]中所有前提全部列出的话,它将会是一段相当长的命题。|因此我们有必要省略掉作为先前三段论的结论而存在的那些三段论的前提,|把我们自己限制在那些非结论性的前提中,因为那些作为结论的[命题]已经包含|在得出它们[作为结论]的那些三段论中。在做完这一切工作之后,我们就会得出最终的结论。

例如我们再次考虑下面的论证:"所有的物质都|是复合物,所有的复合物都是'偶然的',所有'偶然的'的事物都|不可分地属于同一个造物者,所有不可分地属于同一个造物者的事物并|不先于它的造物者,所有非先于它的造物者的事物因为造物者的存在而存在,所有|因为造物者的存在而存在的事物都是在时间中存在,所有在时间中存在的|事物都是被创造的,世界是物质,因此世界是被创造的",这个示例就是复合三段论。

|复合者[即复合三段论]可以由不同类型的三段论[构成]。比如说,它们可以包含有一些条件句[三段论]|和一些实然[三段论],以及一些"反对的"三段论,和一些完全三段论。① 另外它还可以由不同格的|完全三段论[构成]。

例如"世界必然地要么是永恒的|要么是被创造的;现在如果它是永恒的那么它就不是'偶然的';但是它是'偶然的',‖因为它是物质的;现在物质如果不是'偶然的'那么它就必须不具有它[即,偶然性];但是它不具有的|是它不是复合物,并且这种状况是不可改变的;故此世界是被创造的"。这个|三段论由一个选言条件句三段论与一个联言条件句三段论,以及一个使用|

---

① 当我们认为完全三段论与"反对的"三段论是实然三段论的两种特殊形式,且它们的区别仅在于它们前提的真值情况时,这种表述就是不恰当的。参见前面 260:12。

"反对"方法的实然[三段论]和一个完全实然[三段论]构成。①

第7部分　归纳

现在我们来讨论归纳。｜归纳是对蕴含在某"质料"中的事物的"考察",用肯定或否定的方式来确定关于该"质料"的判断的真值情况。

现在如果我们希望肯定或者否定蕴含在某"质料"中的"事物",那么我们就必须"考察"｜蕴含在此"质料"中的所有事物。[如果]我们发现此"事物"处在蕴含在此"质料"中的所有事物或大部分事物当中,｜那么我们就说该"事物"蕴含在这一"质料"中。或者,[如果]我们在"考察"它们[蕴含在该"质料"中的那些事物]时,发现此"事物"并不在｜它们当中,那么我们就说该"事物"并没有蕴含在这一"质料"中。这种"考察"的方法我们就称之为｜归纳。因此可以说一个归纳的结论就是对这个[已经被"考察"过的]"事物"的"质料"的肯定或否定。

例如,｜如果我们希望得出"所有的运动都是在时间中发生的",我们就必须"考察"[各种不同]类别的运动,即｜走,飞行,游泳以及等等。然后[当]我们发现它们中的任何一类都是在时间中发生的,那么我们就会得出[结论]｜"所有的运动都是在时间中发生的。"

归纳是一个具有三段论第一格效用的论证。｜其中[即归纳]的中项是被考察的那些事物,即[在上面示例中的]走,飞行与游泳等。｜大[项]是短语"在时间中"。因此这个[三段论]构成如下:"运动就是走,飞行或｜游泳以及等等;走与飞行以及其他

---

① 在这一点上,如此对于"三段论"的讨论就是完全的。论文的剩余部分主要关注于其他模式的推论(即归纳,类推,"示例")是如何在有效的范围内化归为三段论式的推论的。

[所有]都是在时间中发生的；|所以所有的运动都是在时间中发生的。"①

相似地，如果有人试图得出"每一类|代理都是人"，那么他就要"考察"所有不同类别的代理，如建筑商，裁缝与制鞋商等等，|[如果]他发现它们当中的每一类都是人，那么他就会得出结论"每一类代理都是人"。| 而这正是他通过归纳推出的结论。其三段论构成如下："所有的代理或是建筑商或是 ‖ 裁缝或是制鞋商或是其他类的代理；每一个建筑商或裁缝以及其他都是人；|因此每一类代理都是人"。②

除非我们已经考察完所有类别的代理，并且保证没有任何遗漏，否则我们不能够[必然地]得出结论"每一类代理都|是人"。因为如果有一类没有|被考察到，或者[尽管已经考察完毕]但是仍然有一类代理我们无法确定它是人与否，那么我们就不可能判断所有的|代理[不论它是什么]都是人正确与否。

|归纳要么是完全的要么是不完全的。完全[归纳]一般在我们试图通过归纳建立一个前提，并且考察了前提中主项中的所有事物的时候使用。而有缺陷的[即不完全][归纳]|则是考察了事物的大部分[而不是全部]。

---

① 归纳的形式如下：
已知大前提： 组 G 的所有成员都属于 Z
归纳性的小项替代项：
结论： "大多数属于 X 的成员属于 G"： 所有属于 X 的成员属于组 G
所有属于 X 的成员属于 Z

在这个例示中我们可以用 Barbara 三段论来表示：
大前提：所有的的分子(走,飞行,游泳……)都具有时间性
小前提：大多数[指"所有的"]的运动是组中的分子(走,飞行,游泳……)
结论：所有的运动都具有时间性

② 该示例符合一下形式：
大前提：该组中所有的类别(建筑商,裁缝,制鞋商……)都是人
小前提：大多数[即所有的]代理都是该组中的类别(建筑商,裁缝,制鞋商……)
结论：所有的代理都是人

通过归纳所确定的可能只是熟习｜归纳这种方法这一单一而又有限的目的,并且仅此而已。或者它被用来作为三段论的一个前提来确定｜[外延在归纳中]已经被考察过的主项中所包含的｜另外一些事物。例如,如果我们想确定"所有的｜运动都是在时间中发生的",那么我们就需要"考察"所有类别的运动,然后把它同"所有在时间中发生的运动｜都是被动引起的"这一命题相组合,从而得出最终结论"所有的运动都是被动引起的"。因此如果我们在三段论中使用归纳,那么它对确定某些事物的情况将会是非常有用的。我们依照上述方式使用归纳,[继续前述的示例]我们可以使用归纳来确定在运动中存在——即在时间中——[三段论]的中项表明有某物在运动中｜存在,如同例示"所有的运动都是被动引起的"。①

另外我们还可能利用归纳来确定某类事物,然后使用该类事物作为一个三段论的[全称]前提以此来证明前提中的谓项属于蕴含在主项中的某事物。② 例如,我们利用归纳得到"所有的运动都是在时间中发生的",以此｜来确定譬如游泳就是在时间中发生的。由此三段论将会构成如下:"所有的运动都是在时间中发生的,｜游泳是一种运动,因此它[即游泳]是在时间中发生的"。③

在这种情况当中,归纳首先要确定"所有的运动都是在｜时

---

① 这个有问题的三段论是前述章节中的 AAA-1（Barbara）
　　　　　所有在时间中发生的都是被动引起的
　　　　　所有的运动都是在时间中发生的
　　　　　所有的运动都是被动引起的
在这里归纳性的前提是小前提"所有的运动都是在时间中发生的"。
② 在本段中概述的推理论证将会在后面的讨论中加以评判。
③ 所述的论证形式如下:
归纳性(大)前提: 大多数[即所有]属于 Y 的事物都属于 Z
已知的小前提: 所有属于 X 的都属于 Y
结论: 所有属于 X 的都属于 Z
在这里,是大前提而不是小前提是由归纳得来的。

间中发生的",然后依此来确定一些运动类别的真,如游泳以及一切与之相似的[在时间中发生的]运动[类别]。[但是此论证过程也是有问题的]。因为如果我们试图[通过归纳]确定"所有的运动都是在时间中发生的",而这一类别的[运动]又没有超出我们所必须考察的范围。我们以游泳为例,我们说[游泳本身要么是被"考察的"]要么是未被"考察的"。

(1) 如果它是未被"考察的"——或者说[实际上]它是被"考察的",但是我们仍然不知道 | 它是否是在时间中发生的——那么游泳作为一种运动就仍然处于未知状态——故此我们无法得出结论 ‖ "所有的运动都是在时间中发生的"。而且如果我们不能确定"所有的运动都是在时间中发生的",我们也就不可能[通过一个可疑的三段论]确定游泳——作为一种运动——是否是在时间中发生的,[因此]游泳[很可能] | 就不存在于在时间中发生的运动当中。

(2) 如果它[即游泳]是被"考察的",并且已知 | 它是在时间中发生的,那么很明显我们作出此"考察"是先于得知"所有的运动都是在时间中发生的"这一命题的。因此说我们也就没有 | 必要[通过三段论]来确定游泳是在时间中发生的。如果我们一定要如此做,那么很明显我们只是在通过"质料"来确定事物,而"质料"[本身]又是依靠事物才得以认识的。而且从另一方面来讲我们又是试图 | 通过较少的认识来确定对事物的较多的认识。①

---

① 阿尔法拉比的困难抉择略述如下,使用脚注[5]的形式:
(1) 从小前提我们得知所有属于 X 的都属于 Y。
(2) 由归纳得来的所有属于 Y 的事物建立大前提所有属于 Y 的事物都属于 Z,在这里所有属于 X 的事物要么是被考察过的,要么是未被考察过的。
(3) 如果它们是未被考察过的,那么我们就不能够完成我们的工作,即使得归纳性的前提所有属于 Y 的事物都属于 Z 有效。
(4) 但是如果它们是被考察过的,那么我们就会有一个直截了当的结论,这个三段论性质的论证要么是错误的,要么是多余的。

因此,归纳不能够确定作为三段论——这个三段论是试图用来证实或者证伪它的谓项属于它的主项的——的[全称]前提的事物的真值。鉴于这一种原因我们不能够通过论证"真主是代理,所有的代理都是人"来确定全能伟大的真主 | 是人,因为命题"所有的代理 | 是人"只是通过归纳[各种]类别的代理后得出的。

以上就是我们所讨论的就是归纳是如何回归到[化归为]三段论的,以及何处 | 它是有效的,何处是非有效的。①

第8部分 "转移的"推论(即类推)

8.1 "转移"的方法

(一) 导言

| 现在我们有必要讨论从对某本质的[直接]知觉的判断或者来自其他途径的关于本质 | 的[直接]知识向不属于[直接]知觉领域的其他本质的"转移"。当其他[非知觉的]本质 | 从属于第一种[即,知觉的]本质时,那么一个判断相对于来源于[知觉]而言其实更多地是来自于[其他方面]。这就是我们这个时代的人们②所谓的"从显在向未知者的推论"。 | 这种"转移"的方式是:通过知觉已知某条件下的某"质料",并且某"事物" | 存在于该"质料"中;然后明智的人就会将这一条件或事物从这一[已知]本质转移到与之相似的 | 其他[未知]本质,并依据这一[已知]根

---

① 《前分析篇》II, 33 (68b8—38;以及比较《论题篇》I, 12)中关于归纳的简述并没有成为阿尔法拉比关于归纳对于三段论前提来讲是(或者不是)合理的手段的条件的分析的理论基础。他处理归纳的方法比之《前分析篇》更加详细系统。

② "我们这个时代的人们",阿尔法拉比一般指称的是哲学神学家。

据来判断它[即其他的未知的"质料"]。①

这种情况出现在[例如]当我们通过知觉已知某些物质②,比如动物以及与之相类似的事物,|是被创造的,那么明智的人就会将此被创性从动物或植物那里转移,用以断定天空与星辰|它们同样[也是]被创造的。不过只有当我们假设动物与天空存在着相似性时,我们才能够将[被创性]从动物"转移"到天空,并将此通过|感知③在动物那里发现的被创性归之于它[即天空];同时这种相似性也不是任何一种相似性皆可担当的,‖它是那种与被创造的动物的特征在某种本质上有关联的相似性。④ 也就是说,|在动物与天空之间必须有一种在某本质上的相似性——|比如"是偶然的"——使得被创性属于这一全体本质的判断为真⑤。|假如我们通过知觉已知动物是被创造的,同时它与天空的相似之处在于二者都是"偶然的",|并且[如果]所有"偶然的"事物都具有被创性这一判断为真,那么将被创性从动物向天空的|"转移"就为真。如果所有"偶然的"事物都具有被创性这一判断[假定]不为真,|而天空又是"偶然的",那么在[断定]所有"偶然的"事物事实上都具有被创性是可能的之前,|我们不能够将被创性从动物转移到天空。["转移"]受制于从本质上与动

---

① "转移"的推论的术语以及特征如下。有两种"质料"(matter) A 与 B,它们之间存在相似性 S。(有关这种推理的重要性与相似性,可参见 *Topica*, 108b10–14。)已知在其中一个本质当中,即 A 中,有某"事物"(thing)存在。推理如下:
A 与 B 具有相似性 S,T 存在于 A 中,我们将会得出结论 T 存在于 B 中。由此可见这其实是类推。"转移"是亚里士多德的 *apagogē*,可参见 Anal. Pr. II, 25。

② 指物质实体。

③ 即感觉。

④ 上面的讨论,如同例证,表明"转移的"推论有以下形式:
前提1: 所有属于 X 的都属于 Y
前提2: 属于 Z 的事物与属于 X 的事物相似因为它们都与属于 Y 的事物有关联
结论: 所有属于 Z 的都属于 Y
接下来的讨论是第二种前提的相关子句的需求的建立。

⑤ 即,与偶然的创造物相关联。

物相关的相似性中得出关于天空 | 的结论的条件,并且这一本质与动物的被创性是相关联的;因为只有通过某种特殊的联接形式,通过"是偶然的"这一联接我们才能够发现 | 被创性存在于动物当中。然而我们并没有在天空[这一情况]中发现 | 这种联接形式。因此,如果情况如上所述,"转移"就不能够进行。

| 如果我们实际上不能够确定所有"偶然的"事物都是被创造的,同时我们只是通过 | 一个"移交"[结论]获得"偶然的"事物是被创造的,然后我们构建"转移",将对于动物的判断转移到对 | 天空[的判断]。我们只是把这个"转移"赋予那个可能与动物相似的事物,而非[真正地] | 发现"偶然性"的"事物"。那么这种"转移"就是不正确的。不过如果它只是被设想成为一个显明的推论的话, | [那么]它就是正确的。

如果试图实现正确的"转移",那么两个[被比较的]客体之间 | 的"质料"就必须是相似的。关于所有事物的被创性这一判断是正确的取决于任何一个"偶然的"事物都是 | 被创造的。[那么]如果天空与动物的相似之处在于二者都存在"偶然性",我们就会必然地得出结论 | 天空也是被创造的。这种[推论]的效力与三段论第一格的组合相同,即: | "天空是'偶然的',所有'偶然的'事物都是被创造的,因此天空也是被创造的"。①

(二) 分析与综合的方法

|"从显在向未知者转移的(推论)"有两种:(1) 综合的方法, | 以及(2)分析的方法。分析[方法]在以"未知者"作为基本出发点时使用。 | 综合[方法]则在以[事实有效]的显在作为基

---

① 只有当相关条件(前面脚注中的前提 2)具有最强形式"所有属于 Z 的都属于 X"时,"转移"才是严格有效的推论,然后我们就有三段论 AAA-1 (Barbara),阿尔法拉比对同意"从显在向未知者的'转移'的推论"的"我们时代人们"的回应是使他们处在两难的境地:如果"转移"是有效的,那么一个三段论推理可以做这一工作;如果三段论是不可行的,"转移"就是非有效的推论。

本出发点时使用。

如果我们希望通过分析的方法从显在得出关于"未知者"的 ‖ 结论，那么我们就必须首先获得 | 关于我们所寻求"未知者"的判断。接着我们考察能够"发现"此判断的感知真相。而后如果我们获知感知真相存在于 | 此判断中，我们找出存在于[所寻求的判断中的]"未知者"与感知真相中的作为众多相似"质料"中的一种。我们发现 | 对于这一本质而言我们给予感知真相以显在的判断对于它的全部[即对于"未知者"][也同样]为真。如果 | 我们"发现"这一本质，那么就必然能够将判断从感知显在向"未知者"转移。因此"从显在向未知者的推理"就可以通过这种方法、这种效用提供给我们所寻求的答案。| 此种得出结论的方式是三段论的第一格。①

| 如果我们希望[使用]综合的方法进行"从显在向未知的推论"，那么[首先]我们必须考察 | 能够提供给某一判断以显在的感知真相。我们从这一[给定的]感知真相中抽取出某些本质。| 然后我们考察使得对于所有具有它的事物的判断[皆]为真的那个本质。如此一来，如果我们得到这一本质 | 我们就已经

---

① 使用"分析的方法的转移"的赋值与推理如下：
  (a) A是"未知者"本质。
  (b) "所有属于A的都属于X"是所寻求的关于A的"判断"。
  (c) P是在判断中"发现"的"已知者"感知真相，所以所有属于P的都属于X。
  (d) S是A与P的"相似性"，所以"所有属于A的都属于S"以及"所有属于P的都属于S"。
现在推论如下：
  我们有所有属于A的事物，所有属于S的事物，以及所有属于X事物，我们假设"所有属于S的都属于X"，它与"所有属于A的都属于S"组合可以构成如下三段论：
所有属于S的都属于X
所有属于A的都属于S
　∴ 所有属于A的都属于X
阿尔法拉比评说，这种推论可以由相似性S作为中项的三段论第一格完成。

"发现"了存在于我们知识范围之外的知识,并且一个判断在这一本质之下是有效的。因此我们就必然 | 能够将已知为真的感知真相的判断转移给它[即未知者]。这种[推论]的方式也是三段论第一格的 | 组合方式。①

那么存在于整个[推论]中的"质料"[即在"未知者"与"显在"的感知真相中同时被"发现"的相似性]通常被我们这个时代②的人们称之为 | "原因";同时它也作为[三段论]的中项[存在]。③④

| 相似于[事实上有效的]显在的"未知者"中特殊"质料"的判断的正确性在多数 | 情况中可以通过自身获得已知,这种已知在"第一前提"中以一种相同的[直指]方式 | 通过四种⑤"方式"任意之一获得,而不需要借助于任何三段论、推断或者沉思。而那些正确性不是自知的[即不是自明的]则需要 | 借助其他事物来确定。这种确定可以在[三段论]的任一模式中完成。它的真可以由我们前面所讨论的 | 任一组合形式的三段论——无论直言的

---

① 使用"综合的方法的转移"的赋值与推理如下:
(a) P 是"已知者"感知真相。
(b) "所有属于 P 的都属于 X"是"发现" P 的判断。
(c) S 是 P 与"未知者"本质的"相似性"。
那么推论现在就会如下:
我们有所有属于 P 的事物,所有属于 S 的事物,以及所有属于 X 事物,假设"所有属于 S 的都属于 X",它与"所有属于 A 的都属于 S"组合可以构成如下三段论:
　　所有属于 S 的都属于 X
　　所有属于 A 的都属于 S
　　∴ 所有属于 A 的都属于 X
阿尔法拉比评论说,与前面脚注相同,这种推论也可以由相似性 S 作为中项的三段论第一格完成。
② 参见 266:15。
③ 注意在这段中,以及前面,都是赞同如果"转移"的推论是有效的,可以转化为三段论推理。
④ 关于"原因"这一概念,稍后还会有更进一步的信息,比较 273:11 以及以后。
⑤ 原阿拉伯语文本为"三种"。

或是条件的——来断定。

8.2 "考察"的方法

(一) 直接使用

我们继续"考察""质料" | 的类别。如果我们"发现"一个判断断定所有的事物[即所有的类别]都属于它[即,"质料"],那么这个关于这一"质料"全体的判断就可能为真。① | 如果我们在它们[即,类别]任何一个之中没有"发现"它[判断],那么它不会在那"质料"的任一类别中被发现就必定为真。如果 | 只在某些类别中关于它[即整个本质]为非真的判断是确定的,那么由此得出它的全部也非真则是错误的。② [因此]它[即判断]对于 ‖ 全体["质料"]而言是假的,然后[表述论证的三段论]的前提就变成为特称前提,[因此这样一个三段论就不可能具有一个全称结论。]

只有将对这一"质料"的全体为真的判断转移到它的部分类别并断定其部分类别为真时,事物才能够通过此[直指类别]方法确定为真。不过这种方法在"从显在向未知者的推论"中是无效的,因为如果我们将转移展开给"考察",那么我们可能会"发现"判断 | 本身,因此,在已知关于与感知[显在]相似的未知者的"质

---

① 情形如下:
"本质"M 有类别 $S_1, S_2, \ldots\ldots$,因此"所有属于 X 的就是(所有属于 S_1 的或者所有属于 S_1 的或者……)"现在假设一个(正确)的判断"发现"一事物 X 处在每一个类别当中。那么我们就有三段论:
　　　　　所有(属于 S_1 的或者属于 S_1 的或者……)都属于 X
　　　所有属于 M 的就是(属于 S_1 的或者属于 S_1 的或者……)
　　　　　∴ 所有属于 M 的都属于 X
这就是三段论第一格,被"考察"的类别(即属于 S_1 的或者属于 S_1 的以及等等)作为中项出现。

② 这就是说全称肯定判断可能非真。

料"之前,我们并不需要做任何形式的"转移"就会"发现"判断本身,获知判断｜本身,那么我们也就没有必要向它[即判断]做任何"转移"。如果它没有被展开给"考察",｜或者[假如它被]展开给了"考察",但是它并非未知的,那么无论这个判断被断定了与否,我们仍然不能够确定关于此全体｜本质的真。但是另一方面,如果它是非真的,[那么]向未知者的转移也非真,这与前面讲过的归纳[部分]相一致。① 现在我们已经证明了依照此种方法来确定建立在[仅与]原因有关的某一本质的全体的基础上的判断的真实性是不可能的。

(二) 反驳论证

｜关于[正被探求的]"质料"的全体的判断被假定为是事实的[情况],我们可以通过这种方法来否定一个全称判断。｜这种方法通常被我们时代的人②称之为"从结果中推导出｜关于原因的判断"。他们的意思是通过作为"结果"的那些事物,我们可以推导出被假定为原因的"质料"。使得原因获得必然性的判断｜要么是在"质料"的全体当中获得真值,要么是对于它的全体来讲是假定为事实的。对于关于原因的判断或其部分的研究存在于属于假定为原因的"质料"的｜每一个事物的"考察"中。

我们前面已经解释过｜通过"从结果中得来的判断"赋予原因必然性的研究对于确定｜关于假定为原因的判断的真是没有任何用处的。它仅在反驳中有效用。

比如说,假如有人｜希望证明"世界是从先在的物质中创造出来的",并且他将所看到的｜墙是从某物中创造的,动物是从某物中创造的,天(天空)与动物具有相似性｜即二者都是物质的。[假设]他希望依靠这种"从显在向未知者的[推论]"来做论证,

---

① 参见 265:15—266:7。
② 参见 266:15 以及 268:13。

并且希望 | 在这种相似性[与墙或动物]的基础上——即它们二者都是物质的——来断定关于它[即未知者,也就是天空]的判断为真。

‖ 那么我们首先必须证明天空与动物的物质性与从[先在的]物质中创造出的动物的状态 | 是相似的。现在他[需要]"所有有形的物体都是从先在于它的物质中创造的"为真,不过如果他试图断定这个判断为真,他还要[首先] | "考察"并穷尽物质的所有类别。[而且]如果没有他在其中的"考察",判断是不可能确定为真的, | 天空也是如此。如果这对他来讲是不可能的,那么他就不可能断定"所有的(物质)体都是从 | 物质中创造的"的真。如果这一判断不可能被断定为真,那么他也就不可能证明"如果天空是物质的,那么它就是 | 从[先在于它]的物质中创造的"。①

现在我们可以独立通过这种方法来完成在前所述的反驳。假如有人相信 | "所有的变化都是从一物到另一物的",然后他"考察"[各种不同]类别的变化;他发现[生]成是从无 | 到有的变化,而毁灭则是从有到无的变化。通过这一[发现], | "所有的变化都是从一物到另一物"就被反驳了,这是因为[生]成是一种变化,但不是从一物到 | 另一物。现在我们将上述论证用第三格的"组合"表示,即"所有的生成都是一种变化,没有任何一种生成 | 是从一物到

---

① 考虑下面的论证模式:
    前提1:某些(或者或许所有)属于 X 的都属于 Z
    前提2:所有属于 X 的都属于 Y
    结论:所有属于 Y 的都属于 Z
或者,在下面这个具体的示例中:
    G 中的某些对象(即,墙,动物)是从先在的物质中得来的
    G 中所有的对象(墙,动物,天空)都是物质
    所有的物质——因此天空——是从先在的物质中得来的
阿尔法拉比反对这一论证的理由完全是由于它是非有效的。

另一物,故此结论就是不是所有的变化都是从一物到另一物"。①

(三) 另一种运用

用其他方法｜断定某事物的真也是可能的,也就是说可以通过分析与"未知者"相类似的感知显在中的那些"质料",｜或者那些与我们所讨论的判断相区别的但标明感知显在特征的另一些"质料"。在这两种情况中,如果｜它["质料"]在某"事物"中被"发现",那么判断[因此]也同样会被"发现"。

例如,[假如]我们分析｜"偶然的"事物,[来了解是否]如果它["偶然性"]在某物中被发现,那么被创性也同时被"发现"。｜不过这种情况只有在"所有'偶然的'事物都是被创造的"为真时才成立。只有在言说｜"任何发现了'偶然的'事物的地方也同时'发现'了被创造的事物"与"任何｜以'偶然性'为特征的'事物'也同样以被创性为特征"无任何差异时,我们才可以合二为一判定,｜"所有'偶然的'事物都是被创造的"。

(四) 总结

如果这种["考察"推理]的方法是正确的,那么"从显在到未知者的‖推论"[也]应该是正确的,并且它[这种推论模式]的相反是不可能的。如果我们把它限制在｜只有在感知显在中"发现"的才能在判断[中]"发现",那么我们就不能够必然地得出｜如果某物在"未知者"中被发现,那么这个判断②就是真实的;因为｜只有发现判断存在于正被讨论的感知显在中,那么我们才能

---

① 这个三段论是 EAO-3, Felapton。阿尔法拉比的目的可能是这样:回到论证模式
   前提 1：某些属于 X 的都属于 Z
   前提 2：所有属于 X 的都属于 Y
   　　　　结论：所有属于 Y 的都属于 Z
   现在假设前提 1 说明一个否定的发现:"这个 X 不是 Z"或者"没有 X 是 Z",那么我们就会推论出否定的结论,即并不是所有属于 Y 的属于 Z (通过 OAO-3 或者 EAO-3)。
② 这个判断是基于感知先在的。

够断定它为真,此外别无它法可言。

[相似地]除了已知它来自于一个事实的判断之外,只有在当│我们"发现了"一个事实的判断时,["转移"]才是正确的。因为│如果情况如上所述,某一特称的事实属于感知显在,但是我们并不知道它是什么,或者它处在不与"未知者"相一致的"质料"这一特定的条件│当中,那么"转移"就是不正确的。

我们在上面分析的是通过这种["转移"]方法得出真的结论│如何是可能的,以及如何是不可能的。

8.3 用"增加"与"发现"的方法建立全称前提

(一)"增加"的方法

现在如果试图确定[通过"转移"推论得到的全称前提]的真,我们就必须考察是否如果它[即假定的某"质料"]是被"增加"的,│那么判断[也]是被"增加"的。但是如果一个事物是通过"增加"得到的,那么它就是一个非常弱的[结论]。│尽管有人依靠"增加"建立了一个判断,但这并不能必然地得出当有人"发现"此[被"增加的"]事物时,他将会"发现"该判断[为真];不过│它的相反则是必然的,即如果有人"发现"了判断,那么他[也就]"发现"了[欲求的]那个事物。①

---

① 把一个普通词汇用作技术用语使得我们对于"增加"(raising)的推论的讨论变得非常的麻烦。"增加"表示"假定为不存在"(在言及性质时)或者"假定为假"(在言及判断时)。"发现"正好相反,它表示"假定为存在"(在言及性质时)或"假定为假"(在言及判断时)。给定一个判断"所有的人都是动物",我们就可以说判断在一个"本质"(即人)中"发现"了一个"事物"(即动物性)。因此如果我们有"所有的人都是动物",当我们在处理另外的"本质"X 时,如果我们"增加"(在争论中作为"事物")动物性,那么我们因此必须"增加"是—人(being-a-man);并且如果我们"发现"是—人,我们必定也"发现"动物性。这种思想在随后的章节中被阿尔法拉比大大地发展了。

这里"增加"的方法似乎并没有多少亚里士多德的先例可循,我猜测它的基础是亚里士多德关于 aphairesis 的讨论。比较《后分析篇》74a33—74b2,以及《论题篇》119a25—28;但是似乎与《论题篇》120a13—15 以及其他地方的 anhairein 无关。

以动物为例，如果│有人在某物中"增加"了[它，即动物性]，那么他同样[也可以]在此物中"增加"它是人。但是如果某人"发现"了一个动物，│那么他就"发现"了一个人则并不是必然的。事实上它的相反才是必然的，也即是说如果有人"发现"了一个人，那么我们就必然地得出│有人"发现"了一个动物。

基于以上原因，通过"事物"的"增加"而"增加"的并使得此类│所有的"事物"为真的判断并不是必然的。

不过如果我们希望通过"增加"的方法│来确定某物的真，那么我们就必须要考察是否如果"增加"了判断，那么也就"增加"了"事物"。如果通过判断的"增加"，此"事物"│也被"增加"，那么我们就会必然地得出如果此"事物"被"发现"，那么判断[也]同样被"发现"。│当我们没有确定是否当一个判断被"增加"时，"事物"[也]同样被"增加"的真时，我们也不能够[因此]缩短[我们的]关于这些情况的[讨论]；│然后我们就能够必然地得出在"事物"被"发现"的地方，判断同样也被"发现"。① 我们可以通过前述的条件句三段论│来说明，在条件句三段论中，后件的接受是"被排除的"。一个判断的"增加"│就相当于对于关于"质料"的判断的否定，以及"事物"的"增加"。如果我们用判断的"增加"‖替换前件，事物的"增加"替换后件，并用对事物的"增加"的排除替换对后件的接受的排除，[那么]我们就会必然地得出替换前件部分的真，即判断的"发现"[事实上为真]。②

---

① 考虑(真)判断"所有的人都是动物"，有词项"本质"人以及"事物"动物性。如果判断被"增加"(即假定为假)，那么"事物"也被增加(即动物性否定人)。另一方面，如果"事物"动物性在"本质"人中被"发现"，那么判断"所有的人都是动物"同样会被"发现"。
② 继续考虑判断"所有的人都是动物"，有词项"本质"人以及"事物"动物性。二者的关系可以用条件句命题来重新建立：
　　由于"事物"要么存在于"本质"中要么不存在于"本质"中，那么判断要么为真要么为假，因此如果判断被"增加"(为假)，那么"事物"同样也被"增加"(假定为不存在)。

例如,如果我们希望确定"所有的代理都是人"为真,我们就需要考察是否｜如果"增加"了人,［同样也］"增加"了是—代理(being-an-agent)。如果上述为真,那么我们必然能够得到"所有的代理都是人",｜然后就可以断定"不是人的就不是代理"。｜如果我们"排除了"后件的接受,即它—是—代理(it-is-an-agent),那么我们就会必然地得出它—是—人(it-is-corporeal)。因此我们｜就可以得出所有是代理的都是人。①

我们同样可以使用这种方法｜确定关于假定为原因的"质料"的判断的真值。首先考察是否我们｜"增加"了一个判断,［也］"增加"了一个"事物"。如果人的"增加"为非真,那么代理商的"增加"也非真,｜那么我们就不能必然地得出"所有的代理都是人"。此外如果｜代理被"增加",那么人同样也被"增加",我们也不能够得出"所有的代理都是人";｜但是我们可以得出"所有的人都是代理"。如果上述二者皆非真,｜那么我们既不能得出"所有的代理都是人"也不能得出"所有的人都是代理"。

(二)"增加"与"发现"并用法

｜关于通过"增加"与"发现"并用的方法来确定[一个判断]的真,其实这是一个比前者更好的方法。[通过这种并用法],｜在一个"事物"被"增加"之前,我们必须先"增加"判断,并且在[它]被"发现"之前,判断必须先被"发现"。然后我们从第一点得出｜如果判断被"发现",那么"事物"[同样也]被"发现"。并且从第二点得出判断被"增加","事物"[同样也]被"增加"。｜"事物"以判断为特征,同样判断也以"事物"为特征。比如如果嘶鸣被"增加",｜那么马也被"增加",同时嘶鸣被"发现",那么马也被"发现"。在一个[即任一]有效论断中,它们两个是可以｜相互转

---

① 这一例示的作用是说明我们可以通过"增加"的方法来建立一个全称命题。建立命题"所有属于 X 的都属于 Y"有能力确定当 Y 被"增加"时,X 也被"增加"。

换的[即相互交换]。①

[但是]在三段论中并没有必要担保这种断定[即可转换性]。因此如果一个前提是全称的,并且是不可转换的,那么这个三段论就能够[得出结论],就如同它有一个可以相互转换的前提。②

[例如]如果我们试图确定"物质性的世界是被创造的",那么我们必须首先确定在所有的物质中都"发现"了被创性。在我们确定物质中的任何事物的被创性为真之前,我们必须[首先]确定任何被创造事物的物质性的"发现"为真。

[更进一步说]如果我们试图证明物质性属于被造物中的所有事物,那么我们必须首先确定"所有的物质都是被创造的"以及"所有被创造的事物都是物质的"皆为真;然后我们才能够试图确定被创性属于所有属于物质的事物,以及物质性属于所有属于被创造物的事物二者皆为真。

然而,如果我们的目的只是证明事物的被创性存在于物质中,并且只此而已[没有其他目的],那么我们只需要确定"所有的物质都是被创造的"为真。如果我们已经确定"所有的物质都是被创造的"为真,那么我们就会因此确定"所有被创造的事物都是物质的"[也]为真。但是我们不能够从它的矛盾命题的真值确定"所有的物质都是被创造的"。[这是]因为全称肯定不能够由它的真得出其全称矛盾命题的真,而只能得出其特称矛盾命题的真。

如果它的矛盾命题具有被创性,物质就不能够成为被创性的

---

① 当马有所断定时,嘶鸣同样也有所断定,同时反之亦然。在现代术语中,这两个词项是同延的。词项 X 与 Y 通过"增加"与"发现"并用法"具有关系,当其中一个存在或不存在时,另一个也会相应地存在或不存在。由此在存在 X 与存在 Y 之间就建立了一种特殊的固定的关系,因此"所有属于 X 的都属于 Y"与"所有属于 Y 的都属于 X"二者是同样有效的。

② 三段论全称前提只需要"所有属于 X 的都属于 Y"这种形式;不过所有属于 X 的事物与所有属于 Y 的事物这二者是不能够相互交换的。

"发现"(存在)的｜原因。因为这种情况需要物质作为原因，‖但是它为真又需要在所有的物质[领域]中被创性的"发现"(存在)。不过在这种情况下我们也是能够确定｜被创性属于所有的物质的。①

（三）总结

通过"增加"与"发现"并用法使得[‖"从显在向未知者转移"]确定全称前提的方法变得可行，并且这也是一种最好的方法。② 而且[有时候]我们也会满足于｜这种依照我们[前面]‖所论述的通过判断的"发现""发现"被假定为原因的"事物"的[方法]。

8.4 "转移"的类别

（一）导言

我们必须考察与分析感知显在能否给予一个"质料"以显在，③并确定存在于与未知者相似的感知显在中的"质料"中的这一[特殊]"质料"的真值。当一个"从已知感知显在的判断向未知者的｜转移"是可能的时候：(A)这是因为在真正地发现感知显在与被假定为原因的"质料"的相似之处，这一感知显在对于发现真知识是可行的‖并且是有用的？或者(B)只是因为关于被假定为｜原因的所有"质料"的判断的"发现"采取了其他的形式，并且在判断中没有感知显在中"质料"的支持，但能够可行地确定被假定为原因的判断的｜真为真？

这两种方式都是以演讲辩论为主题的[即上述两种原因都会被涉及到]。[但是]我们说如果它[即感知显在]是｜可行的，那么

---

① 参见 268：14 以及前面。
② 关于"增加"与"发现"的全部长篇幅的讨论其实完全是从属于"转移"的推论的讨论的。它的目的是说明"转移"是如何建立全称前提的。
③ 感知显在如果能够给我们以显在。

我们就有以下两种方式的第一种：

（二）第一种方式

要么，[即第一种方式]如果我们把感知显在作为中项，依照｜第三格建立[判断]。例如："这个建筑商是代理，并且他是人，故此从中我们就会得出代理是人"。尽管我们不能够必然地得出所有的代理都是人，但是我们可以确定某一类代理是人。

有时｜直言命题的构成是不严格的，它似乎具有一个全称特征量项，那么[从这样一些前提中]得出的直言结论的特征量项｜[也]应该是全称的。特别是当直言命题的构成中出现｜词项 THE [即定冠词]的时候。例如，当我们言说 the agent is corporeal 时，在这个[命题]中词项 THE 的意思就是｜"所有的代理都是人"，也就是说 THE 这个词项经常地用来指代｜"所有的"。

故此，在这种情况当中，感知显在就可以｜确定关于假定为原因的"质料"的判断的"发现"的真。也就是说，我们得出[一个结论]确定｜一个单称部分为真，但是由于构成的不严格，我们把它[当做]一个[全称形式]的直言结论。那么｜当这个词项 THE 用在它的命题中时，它给人的印象就是｜关于假定为原因的"质料"的全体的判断是全称的。①

（三）第二种方式

｜另一种[即第二种]方式是我们把感知显在作为中项，并依照[三段论]第一格建立判断。例如，｜如果我们希望确定"所有

---

① 这是一个"转移"推论的"可行性"的缺乏逻辑必然性的辩护，依照阿尔法拉比的解释，推论具有一下有效的形式基础：
所有属于 X 的都属于 Y
(有些或所有)属于 X 的都属于 Z
所以，(有些)属于 Y 的属于 Z
现在由于量的不确定我们得到一个不合适的结论，但是这个三段论第三格的特称结论实际上是全称的。

的代理都是人",我们分析│属于代理的所有的"事物",即裁缝以及建筑商[等等]。然后我们发现所有的这些都是人。由此我们就会必然地得出‖"所有的代理都是人";裁缝以及建筑商就成为│代理与人的中介[即中项],同样而言代理的类别在归纳中也成为中项。

│[论证]构成如下:"代理是建筑商,建筑商是人,故此代理是人"。建筑商处在代理的类别的位置,就像代理的所有类别或者大部分都已经被"考察"过。我们并没有必要穷尽│"考察"代理的所有类别,我们只需要[考察]其中的一两种,那么这[部分]就可以代指全部│或者是大部分。

总之全称以及[(全称形式)]的直言[命题]的构成都是不严格的。我们可以说:"代理是裁缝、建筑商、│鞋匠以及木匠等,所有的这些类别都是人,故此代理是人"。我们可以把这个结论│看做是[全称]直言结论。词项 THE [在这里也]被用来[标明]"所有的代理都是人"。│不过这种用法[在全称和单称结构中]是有歧义的。①

(四) 总结

在上述两种方式中感知显在被用来│断定关于假定为原因的"质料"的判断的真是可行的。② 以上就是我们惯常③│使用的断定通过"显在向未知者的推论"得到的全称前提的真值的两种方式。④

---

① "第二种方式"在担保全称结论时并不比第一种有效。
② 非常困难确定阿尔法拉比是如何声明——鉴于它们包含有谬误成分——这两种论证模式是"可行的"。需要注意的是他使用了一个非正式的词,而不是像"有效"这样的逻辑学技术性词汇。他看起来是试图说明这种论证在"平素的演讲论辩中是有用的",但是在"科学结论的论证性"推理中则是无用的。
③ 惯常地,但是并不是严格来说的正确地。
④ 这种"转移"方法(即类推)的最终基础来自于《前分析篇》II, 25;但是在细节与精确上阿尔法拉比都远远地超过了它的基础。

第9部分 建立命题的"四种规则"

导论

|现在我们来讨论担保命题|接受的[四种]特殊规则,这四种特殊规则皆属于[三段论]"技艺"。这些规则来自于亚里士多德所称的|"修辞三段论"所形成的命题,他曾经在《前分析篇》的末尾提及过它们。|他说它们可以追溯到①他在该书的第一部分中所列举的那些三段论。|他在文中论述道:"不仅辨证的证明的三段论是通过已经描述过的格产生,并且修辞三段论及一般而言的每种理智信念都是"。② 其规则有四种:(i)它们中的[第一种]是‖被规定为全称的全称,(ii)它们中的[第二种]是代指原来特称的全称,|(iii)它们中的[第三种]是代指原来全称的特称,(iv)它们中的[第四种]是例证[即代指特称的特称]。③

9.1 全称代指全称

|关于被规定为全称的全称,它的作为全称的前提来自一个被"转移"|到一个"事物"的判断,并且这个判断确定了它[即"事物"]属于这个前提的主项为真。例如[考虑这个命题],"你

---

① 或:化归为。
② 《前分析篇》68b10—13(以及参见《论题篇》,100a27)。希腊语称之为 hahaplos hetisoun pistis [产生信念的任何企图]。中文引自苗力田主编《亚里士多德全集》,中国人民大学出版社,页234。
③ 参见《前分析篇》69a14—19,它们导向与五种"三段论艺术"中后四种相适应的三段论推论:即科学的、辩证的、诡辩的,以及"例证的"(或诗)三段论。阿尔法拉比看起来将后四种三段论类型合称为"信念的"三段论,并与严格的"科学的三段论"相对照。

们将│戒除饮酒"。① 这个前提是全称的。因此当某物是│酒为真时,我们[就]可以用戒除来断定它。现在这个"转移"可以用如下三段论的格来[完成],即:│"你们将戒除饮酒,这种在水壶中的[液体]是酒,那么在水壶中的东西就是被戒除的"。②

│一些被作为[全称]的命题可以由实然命题构造而成,例如"所有让人醉的东西都是被戒除的"。而另一些│则可以由具有实然命题效力的其他[类型]的命题构造而成,例如允许,禁止,│要求,制止,命令,以及强制的命题。我们从《古兰经》③中[找出]一些命题来作为例示,"应当永离妄语"④,│以及《古兰经》中的命题⑤"你们当洗脸"⑥,"当你们说话的时候,应当公平"⑦以及"你们当履行│各种约言"⑧。如果我们得到的公认的[全称][前提]不是实然的命题,但是我们又希望│把它们作为三段论的前提来使用,那么我们就必须用实然命题来替换它们。例如,│如果我们被告知"你们将戒除饮酒",并且我们试图将这个命题用作三段论的一部分,那么我们就必须│用"所有的酒都是被禁止的"或"它[即酒]是必须被禁止的"来替换原命题。

---

① "Every wine is prohibited"。参见《古兰经·筵席》5:90—91,页 89。[译按]本书所采用《古兰经》中引文一律转自马坚译 1981 年中国社会科学出版社版本。由于所引文本英译与汉译不尽相同,为便于理解上下文,故将英文原文给出。以下皆是如此。
② 赋值与推理如下:我们"接受一个全称"命题"所有的 X(酒)都是 Y(被禁止的)"。给出包含在给定的前提的主项中的"事物"Z(这种液体)——因此"所有的 Z 是 X"——我们通过三段论 AAA-1(Barbara)将前提的谓项"转移"给这一"事物":
　　　　所有的 X 是 Y
　　　　所有的 Z 是 X
　　　　所有的 Z 是 Y
③ 即:全能的
④ "Avoid untruth"。参见《古兰经·朝觐》22:30,页 254。
⑤ 即:至高的陈述。
⑥ "Wash your face"。参见《古兰经·筵席》5:6,页 78。
⑦ "When you speak be just"。参见《古兰经·牲畜》6:152,页 110。
⑧ "Fulfil your commitments"。参见《古兰经·筵席》5:1,页 77。

|[前提]的主项与谓项可以由|单义名词来承担,也可以由多义名词来承担。单义名词|包含多个个体,并且对于它们而言只具有一个共同的内涵。多义名词也包含多个个体,但是对于它们而言则并不只具有一个共同的内涵。只有当全称前提‖的主项与谓项由单义名词来承担的时候,[全称的][命题]才能够成立。|而那些包含有多义名词的前提,它们仅可以被想象作是全称[命题],但并不是|事实上为真的全称[命题]。

9.2 全称代指特称

|至于代指一个原来是特称的全称,它是一个全称的[但]|代指一个特称前提的前提。它出现在当说话人试图指称特称,但在阐述这个特称时使用的却是普遍和全称的命题,|并且他[在全称命题中]的意图是特称的时候。一个人说:"在朋友|与小孩中没有善"。但是[事实上]他只是指称他们中的某些人。或者相似地[他说]:"人们拒绝先知",①|而他的意思只是他们中的某些人。

如果我们得到一个全称,并且我们|已知它指称的[仅]是某些特称部分。而且我们也[明确地]知道所指称的特称部分,那么我们就将这部分提取出来[然后构造关于它的命题,以替代让人误解的全称]。如果|这部分仍然是全称的,那么我们仍将之提取出来,并像使用前述全称一样使用它。|而且如果任何属于这个特殊的全称的事物被确定为真,我们都会[一般地]转移[在先]|关于它[即,更为一般的全称]的判断给这个更为特殊的[全称]②。

---

① "Pople deny the prophets"。参见《古兰经·雅辛》36:29;以及其他。[译按]在中文版本中未能找到对应文字。
② 如果有(不严格的)原初全称"所有的狗都很长",那么我们通过三段论 AAA-1 (Barbara)将这一原初命题从一般的狗转移到特称的猎獾狗:
  [所有的]狗都很长
  <u>所有的猎獾狗都是狗</u>
  所有的猎獾狗都很长

例如，在公认的全称中我们有："偷盗的男女，| 你们当割去他们俩的手"①。这个[全称]其实只是代指那些偷盗的男女的一部分，即那些[偷盗的价值至少超过]四分之一第纳尔的男女。| 由此当我们用砍掉一只手来判断它时，[词项]偷盗的男女只有在上述情况下才会被执行此种惩罚，而后我们就会得到一个全称前提。| 因此而言，如果扎伊德是偷盗的男女为真，那么我们就会必然地得出在上述情况中他的手要被砍掉，| 这同样也是三段论第一格所得出的[结论]。②

我们发现许多全称处在本应 | 属于特称的位置，并且这些特称大多都不是预先就已经 | [完全]明了的。它们中的大多数一开始就都是不明显的，人们并不知道它们是否代指特称，| 并且它们是否代指特称[也]不是已知的。通常情况下它们总是隐藏其特称部分，因而我们也就不知道它所指代的事物 | 究竟是什么。因此如果它是隐藏起来的，那么我们就需要通过利用 [前面] 所讨论的方式构建三段论来明确它。‖ 如果这个特称通过三段论获得[已知]，那么我们就得到一个全称前提。然后我们才能够 | 如同使用其他全称那样来使用它[即这个全称前提]。

9.3 特称代指全称

| 至于特称代指全称，它一般出现在命题[实际上]指谓的是"质料"的[全部]，| 但是却用该"质料"的特称[部分]来代指"质料"[本身]的时候。它导致的结果是任何归于[特称]部分的最终 | 都要归之于全称。比如[考虑]这个命题"人不做坏事，即使微小如一个谷粒"③，它的意思是无论 | 多小的事情。[在这里]

---

① "It is necessary to cut off the hand of the shief"。参见《古兰经·筵席》5:38，页 82。
② 这种推论同样也是三段论 AAA-1 (Barbara) 形式。
③ "A certain person does no wrong, not even to the weight of a single grain"。参见《古兰经·众先知》21:46。[译按] 未能在中文版本中找到对应文字。

我们用微小事物的某一[部分]，即微小如一个谷粒，来替代无限小的事物。

| 因此如果有一个关于运动的命题，我们将它改变为关于运动的某一特称类别的 | 命题。那么任何归于这个类别的"事物"，也[一般地]归于所有的运动。

依照 | 上述方式，有一种符合公认[命题]的"质料"，有一个关于它[即，"质料"]的判断，并且这个"质料"代指了 | 一个全称；[如果]已知这个全称，那么我们就会将这个[关于"质料"的]判断归之于全称。| 由此我们就会得到一个全称前提。然后我们使用这一全称前提，| 如同使用关于原初"质料"的前提；这与我们前面所提及的那两种情形相类似。

例如，在公认的[命题]中 | 我们有，"不要对父母说'呸'"①。这个[禁令]并不仅仅是 | 禁止说这个特称词而是禁止说所有这种类别的词，即对父母 | 的所有[执拗]。如果我们已知它意指的是这一全称，我们就会得到一个全称前提，| 即"对父母的[所有]执拗都是被禁止的"。因此如果我们确定某物是对父母的执拗，那么我们就会判断说 | 这是有罪的。此种形式是三段论的第一格②。

| 如果我们通过判断得到某"质料"，但是我们并不知道它[即"质料"]是否代指全称，| 或者它并没有做任何代指，——或者是因为它在判断中的所指并不是全称，或者是因为尽管我们已知它[即，"质料"] ‖ 替代了一个全称的位置，但是却有许多可能的全称，我们不知道哪个是"质料"所替代的对象。——| 那么我

---

① "It is prohibited to say 'fie' to one's parents"。参见《古兰经·夜行》17:22，页214。[译按]中文版在17:23，为"……应当孝敬父母。如果他们中的一人或两人在你的堂上达到老迈，那末你不要对他们说'呸'"，难于本文对应。本文为译者按英文直译。
② 这种推论同样也是三段论 AAA-1(Barbara) 形式。

们就不能够将对"质料"的判断"转移"给没有[明确地]包含这个"质料"的全称。相反,我们仅可以将判断转移给包含它[即,"质料"]的全称。[然而]如果我们已知它[即,"质料"]替代了一个全称,并且已知 | 这个全称,[那么]我们也可以将判断转移给这个全称中与第一种"质料"有关联的其他"质料"。

| 论及我们如何得知这个"质料"是否已经代指某个全称,以及如果它已经代指某个全称 |,那么谁是它所代指的全称,[情况如下]:它经常是从自身获得已知的[即,是自明的],而不是通过明晰的推论得到的。| 对于未能从自身获得已知的[情况],我们必须通过 | 我们前面所述的[组合]规则任意之一所构成的三段论,或者利用前面所讨论过的"从显在 | 向未知者的推论"的方法来寻求关于它的知识。我们在前面已经说明在"从显在 | 向未知者的推论"中①,只有当[关于特称]的判断已经确定全称中每一个属于这个特称的都为真时,一个特称才能够代指一个全称。

确定这一全称中的某一"质料"为真最为可靠的方法 | 就是通过我们[前面]所讨论的三段论的格来确定它的真。在这里通过"考察"的 | 方法②来确定事物的真的情形与"从显在向未知者的推论"③的情形非常相似。在我们谈及关于断定一个判断的"质料"时更是如此,我们找出这个具有这一"质料" | 的全称,然后"考察"这些全称中的所有特称,如果我们在 | 属于这个判断的所有的特称中"发现"了这个[欲知的]全称,那么这一"质料"所意指的就是这个全称就为真,并且这一"质料" | 只是取代了这个全称的位置。

如果我们做了这种[置换],我们就明确了真相所在,然后在我们[能够]知道 | 关于全称[自身]的判断的真值之前,我们[还

---

① 比较前面 266:7—9,以及 269:1—9。
② 即,通过归纳。参见 264:5—14。
③ 参见第 8 部分第二节。

必须]已知归之于这一全称的所有事物的判断的真值。

因此如果我们的目的只是|确定关于全称的判断的真值,并以此来确定属于全称的某一[特称]部分|的判断的真,那么我们就会很清楚的看到,如果依照前述步骤,我们并不能够必然地将对于全称的判断"转移"到属于它的事物;除非我们在知道全称[自身]的|真值之前,我们还[必须]已知全称中所有的项的判断的真值。因此如果‖我们一个一个地"考察"特称,然而通过这种考察,我们并不能够确定|全称中某些特称的判断的真,[并且]我们也不知道它们当中的哪个是被否定的,那么我们就不能够建立属于全称的某物的判断,无论它是如此这般|还是不是如此这般①。

如果,当我们"考察"它们的时候,我们发现全称的某些特称并不接纳|判断的"发现",那么很明显这一判断也就不能够断定这一全称的全体。|因此,如同我们前面已经论述过的,使用这种方法确定全称[判断]的真值是不可行的;[尽管]它在反驳中是可行的②。|[假如]有人认为,某一全称被某一特称"质料"所代指,并且他对关于它的判断进行了断定。|那么我们就考察属于这一全称的特称,然后发现其中某些特称并不接纳这一[关于它们]的判断的"发现"。|这一[推论]的组合形式是三段论第三格,它会必然地得出对于这一判断的全称的否定③。我们已经在"从显在

---

① 这里是说我们既不能得出全称肯定判断也不能得出全称否定判断。
② 参见 265:15—266:11 以及 268:19—270:7。
③ 我们有原初判断"所有属于 X 都属于 Y"。Z 是替代所有属于 X 的事物。因此"所有属于 X 都属于 Z"为真,并且"所有属于 Z 都属于 Y"是尚未断定的。进一步假设说所有属于 W 的事物对于"所有属于 W 都属于 Z"为真并且并非所有属于 W 的事物都属于 Y,那么我们就得到"有些属于 W 的事物不属于 Y",然后我们得到三段论:

有些属于 W 的事物不属于 Y
所有属于 W 都属于 Z
有些属于 Z 的事物不属于 Y

这一三段论第三格(OAO-1, Bokarado)能够确定需求命题的矛盾命题的真值。

向｜未知者的推论"中解释过这种情况①。这种方法与"从结果得来的判断赋予原因必然性"②的方法非常相似。

｜关于确定一个全称的"质料"为真的其他方法，比如"发现"，｜"增加"以及等等，我们已经在前面的章节中论述过。③

举例[如下]，在公认的[命题]中我们有｜"在卖小麦的时候缺斤短两是被禁止的"④。那么首先我们必须要确定的是｜这个判断只是单纯地指称小麦，还是某一个全称被代指——可食用的东西、｜可度量物或者其他的全称——并被放置到它的位置[即小麦的位置]。如果所意指的是[其他]事物｜——即可食用的东西、可度量物或者其他的全称，那么这个特称就是替换物，｜并且那个全称就是被替换者。然后我们必须首先已知它其实替换的只是一个全称，｜除非小麦可以属于许多全称——比如可食用的东西、可度量物——而且‖我们也并不知道小麦究竟替代的是哪一个全称。如果我们不能够确定小麦究竟替换的是哪一个全称，那么我们就不能够｜将禁止从小麦"转移"到其他事物，而只能够把它"转移"到小麦作为它的一个类别的事物。

｜但是我们如何确定小麦是否代指某一个全称，以及它究竟代指的是｜哪一个全称？

在很多情况中，它是自明的，并不需要｜推论确定通过它[即，特称]一个全称被代指。比如，我们从《古兰经》⑤中得到[这样]一句箴言"真主｜必不亏枉人一丝毫"⑥。

任何不能够自明的事物——比如例示中的小麦——我们必

---

① 即第 8 部分。
② 参见 269:10 以及以后。
③ 参见 271:8 以及以后。
④ 参见 Schacht, Origins of Muhammedan Jurisprudence, 页 67。
⑤ 全能的真主的。
⑥ "God does no injustice to the weight of a single grain"。参见《古兰经·妇女》4:39。中文版在 4:40, 页 62。

须 | 依靠已经讨论过的三段论获得[关于它的知识]。只有当禁止属于 | 它[即全称]的全体——比如可食用的东西的[全体]或者可度量物的[全体]——的某一全称的判断为真时,它[即三段论]才能够确定 | 被小麦替代的全称。由此如果"在卖所有可食用的东西时候缺斤短两是被禁止的" | 或者"在卖所有可度量物时候缺斤短两是被禁止的"被确定为真,那么我们就可以[分别地]确定小麦 | 所代指的全称是可食用的东西或者是可度量物。

如果这一[关于全称的判断]通过"考察"的方法①被断定为真,那么情况将会如下:

即, | 我们取更大的全称——比如可食用的东西,或者可度量物——然后我们"考察"可食用的东西的类别以及可度量物的 | 类别。现在如果禁止分别对于它们[所有的]类别而言皆为真,那么这个全称 | 就是被[小麦]替代的全称②。

假设我们发现对于可度量物的所有类别而言,关于禁止的判断皆为真。那么在我们知道可度量物[自身]是被禁止的之前,我们还必须明确 | 对于每一个类别可度量物而言的禁止的真值。因此通过所获得的所有的可度量物都是被禁止的,我们现在已知 | 稻米[也]是被禁止的。之所以如此[是因为]当我们"考察"它时,我们唯一的目的只是试图去确定关于可度量物的判断的真,然后用它来确定属于可度量物的某物的真值,比如稻米。尽管我们已知关于稻米的禁止为真,并且已知[包括稻米在内的]可度量物的禁止为真,但是这并不意味着我们能够必然地将禁止 ‖ 从可度量物"转移"给稻米。除非我们"考察"的稻米是我们正在"考察"

---

① 即,通过归纳,参见第 7 部分。
② 现在我们得到是三段论 AAA-1 (Barbara):
    所有(所谓的)可度量物都是被禁止的
    所有的小麦都是可度量的
    所有的小麦都是被禁止的

的可度量物的一类①。

[然而，如果]我们依然不能够获知稻米[关于禁止]的判断，如果在所有的可度量物中依然有某些事物[即，稻米]没有被"考察"到，那么我们也就不能够通过"转移"来[推论]"所有的｜可度量物都是被禁止的"。那么我们也就[不!]②能够确定它[即整个全称]是否是被禁止的。｜假如我们"考察"它，但是我们[依然]不能够确定全部类别究竟是不是被禁止的，那么我们｜也就不能够做关于它[即全部类别]的判断——无论所有的可度量物是被禁止的还是不是被禁止的。我们必须[在这个问题上]停止我们的工作，｜直到我们确定它[即所有类别都是被禁止的]为止。

但是如果有人坚持"所有可度量物都是被禁止的"，于是我们考察可度量物的所有类别｜，发现其中某些类别不是被禁止的，——比如，豌豆——那么我们就可以据此反驳｜"所有的可度量物都是被禁止的"。这种推论是三段论第三格；即[如下所示]："豌豆是｜可度量物，豌豆不是被禁止的，所以并非所有的可度量物都是被禁止的"。③

｜我们可以看到，这种方法[即"考察"]对于断定[一个关于全称的判断]的真值是不可行的，但是它在反驳中却是可行的。

然而｜[重点]是，正如亚里士多德所说的那样，我们不能够｜在同一尺度上寻求所有事物的确定性；而只能在事物本性所允许的范围内，去寻求每一种类事物的确定性。④ 我们必须在每一个[主体]事物的能力范围内去｜寻求这种[确定性]。而且我们也会看到不是所有的事物都能够获得完全的确定性。另外，在

---

① 结论可以通过三段论得到，并不需要任何"转移"。
② 依照上下文，这里有必要加上"不"。
③ 这一三段论是 EAO-3（Falapton）。
④ 见《尼各马可伦理学》1094b12 以及以后。

很多情况当中,我们把自己限制到 | 非[完全]确定的知识范围内则是非常有效的。亚里士多德自己也说在同一尺度上寻求所有 | 事物的确定性是一个人缺乏证明所有事物的经验的表现。①

‖ 在这一[主题]中证实事物自身很多情况当中[也]是在[人类]的行为, | 关系与合作中证实事物。并且我们也可以在格言中找到它的明证:"确定性就是分离"。因此在追求确定性的过程中我们可能 | 会[得到]与我们的意图所得的相反。在三段论中确定性也是如此。我们所得到的是 | 三段论意图所得的相反。三段论只是意图确定某物,并去除疑虑与不确定性。| 但是如果我们意图使三段论得出某些质料能力之外的确定性,那么我们将会一无所获。

如果在[一个主题]中 | 松弛②被用来[获得]知识,并且我们忽略[完全的]确定性,那么这种方法在"信念"[三段论]"技艺"③中,以及其他 | 很多[三段论]"技艺"中都将是可行的。在这里[三段论"技艺"]与使用宽容得出知识的方法非常相似。[至于确定性]我们没有必要 | 超越[三段论]技艺在这些质料中所具有的确定性,在它们中松弛才是行之有效的。如果[确定性]用在 | 其他[规则,即那些没有达到确定性的规则]中,那么要么我们不能得到我们试图得到的东西,要么它就会成为我们 | 先前所论述的那样④,[我们只能得到]我们的意图所得的相反。

基于这些原因,如果我们"考察"的只是大部分而不是[严格意义上所有] | 属于全称的事物,"考察"的方法在[三段论]"技艺"中确定某些事物的真将会是非常有用的。

---

① 见《尼各马可伦理学》1094b12 以及以后。1094b24—27。
② 我认为"松弛"可以很好地对应原文,或许更好一点,将之翻译为"宽容"。
③ 参见前揭 275:12—276:2,关于"三段论艺术",可参见 M. Steinschneider《阿尔法拉比》(*Al-Farabi*),页 17—18,以及 Rihard Walzer 的《希腊挺进阿拉伯》(*Greek into Arabic*),页 130—135。
④ 参见前揭 283:2—3。

不仅如此,如果全称中的事物被"考察"过,但是我们并没有 | "发现"判断,那么这一判断就对于全称中所有的事物都是不适用的,然后这种情况同样可以证明[合适的否定判断]的真值的有效性。| 这种情况一般出现在其中只有一小部分被"考察"过,[即使][仅仅]只有一两个的时候。

相似的,其他确定 | 一个全称[判断]的真的方法——比如"发现"的方法,"增加"的方法以及等等——如果它们属于[三段论的]"技艺",那么它们也是 | 极其有用的。并且如果任何不精确的[方法]是适用的,那么我们同样也可以使用他们[即使用这些不精确的方法]在任何一个具有不确定性的例示当中去 ‖ 证明必然性,这就如同我们在其他知识分支中所做的那样。

9.4 "例证"(即特称代指特称)

| 如果两个"质料"[通过某种方式]获得相似,并且其中一个被断定为结果,此结果又以与另一个"质料" | 相似的某"事物"为特征,但是同时,这一另一个"质料"又是不明确的,那么这个时候我们就会使用"例证"。① 其中已知的判断相对于未知的判断而言 | 就是例示。由此在["例示的推论中"],断定它[即,已知例示]的判断就可以"转移"给另一个相似的["质料"]。但是只有

---

① "例示"这一技术术语有一些复杂:我们有:
(i) 两种"质料",A 以及 B
(ii) "事物"T 构成 A 与 B 的相似点
(iii) 已知为关于两者其中之一的"判断",即 A,但是我们没有被告知另一个的适用范围,即 B。
给出上述条件,那么"例示"的推论构成如下,"质料"A 与 B 由于它们之间的相似点"事物"相似,B 由于肯定 A 的尚在讨论中的"判断"的适用范围因此也与 A 相似,A 在这里作为"其他质料"B 的"例示",推理的模式如下:

    这个 A 与这个 B 都属于 T
    这个 A 是 C
    ∴ 这个 B 是 C

当作为二者[即两个"质料"]相似[点]的"事物"的判断｜被断定为真时,我们才能够已知断定其中一个"质料"的｜判断同时也是[正确地]断定作为两种["质料"]的相似[点]的"事物"的判断。

　　如果这一"质料"在判断中被看做它好像已经被作为｜相似[点]的"事物"替代,那么"例示"就几乎等同于在全称位置上的｜特称"质料"的联结。[然后]我们就可以断定作为"相似点"的"事物"的判断的真值,使用[同样的]方法,我们也就已知被特称替代的全称。如果上述过程为真,那么我们就得到｜一个全称前提。如果某事物包含在这一[全称]前提的主项中,｜[那么]断定它[即,全称]的判断将会通过[推论]将"例示"转移给那一[特称]的事物。[这种推论]的三段论形式是第一格。①

　　｜我们在前面所提到的例示将在这里得到完全地[讨论]②。鉴于｜"事物"——即[比如]可食用性或可度量性——是稻米与小麦之间的相似[点],因此只有当它[即稻米]是被禁止的这一判断为真时,小麦｜才能够作为稻米的例示物。但是另一方面只有当在此例示中,所有的可食用物或｜可度量物皆是被禁止的[判断]为真时,"事物"｜才能够在上述例示中使用。它的真值｜可以用前述的全称代指特称的方法推导出③。

　　｜在这些[三段论的]技艺中,我们还必须在确定全称[判断]的真值时在某种程度上体验松弛。并且,｜我们可能达不到我们所预期的[目标]。与其他"质料"相似的存在于例示中的本质可

---

① 推理与前揭脚注中模式相比已经发生变化:
由于"这个 A 是 T"以及"这个 A 是 C",那么我们就有"所有属于 T 的都属于 C"
　　　　所有属于 T 的都属于 C
　　　　这个 B 是 T
　　　　这个 B 是 C
这一三段论是 AAA-1 (Barbara)。
② 参见 280:13—282:10。
③ 参见 278:3 以及以后。

能｜只存在于想象中，没有这一例示［事实上已知具有这种相似］，但是我们仍然能够从它当中，以及从断定例示的‖判断中得出一个全称前提。因此，如果我们确定某"事物"存在于｜［全称］前提的主项中，那么关于例示的判断就可以［立即］"转移"给这一"事物"①。由此，如果情况如上所述，我们就没有必要怀疑只是从例示到相似物的｜"转移"，同时［也］没有必要怀疑在［这一］向相似物的"转移"时例示的可有可无②。只有当全称前提是从一个判断"转移"而来的，并且在"质料"中构成相似［点］时，我们才可以｜忽略它［即，例示］。并且我们也不能这样认为，｜关于例示的判断的真值在确定与其他"事物"相似的例示中的"质料"的这一判断的真值是可有可无的。

　　我们可能发现［在某些情况中］我们所得到的关于［与例示］的相似物的"质料"［事实上］是｜与例示结合在一起的③，并且没有发生任何分离。但是［在其他情况中］我们［只是］想象它同例示有关联，因此｜关于"事物"的判断取决于［被接受的］相似物的真，它［即，"质料"］与例示［在想象中］相关联④。如果［情况］｜如上所述，我们事实上并不能得到一个全称前提，而只能是"例示"的［推论］的一个特称｜前提，除非这一前提的效力是一个全称前提的效力，那么这个特称前提作为全称前提才为真，｜基于这种原因，归之于"事物"的"质料"的"转移"就取决于｜［例示］的相似物。因此我们就可以认为这种"转移"是由例示到相似物，也可以由从特称到特称，｜但是不能够从全称到全称，这就如同符合三段论的事物那样。基于以上原因，我们认为"例示"的推论｜不

---

① 注意，在这段中语词"事物"与"质料"与前述讨论相比角色已经发生对换。
② 在这种事实的包含中，结论可以由三段论得出，并不需要"例示"的推理。
③ 即，未从中分离。
④ 有两种类型的"例示"的推论，即如同我们将会看到的，一个是严格"例示"的推论，另一个是普遍"例示"的推论。

能够用三段论来[置换]。①

最后[我们得到]亚里士多德所谓的"例证":"……,则一个例证所代表的不是部分 | 与整体,或整体与部分的联系,而是一个部分与另一个部分的联系。"②"例证"中的"转移" | [因此]不是没有任何全称的从特称中的"转移", | 也不是没有任何特称的只是在全称中的"转移",而是从与全称相关联的特称中或者与特称相关联的全称中的"转移"。有鉴于此, | 这一特称就如同一个全称,同样全称也类似于一个特称。在这一点上,我们可以理解亚里士多德 | 并不是坚持,一个全称,如果它仅仅来自于一个例证,那么我们就能够将判断从例示"转移"到在"例示"的一个"转移"中的 | 前提的主项中的事物。他只是坚持[严格意义上的]"例示"的推论与[普遍]"例示"的"转移"是 | 我们所论述的两类[推论]③。他说后者是严格的三段论,而前者 | 则不能够被三段论置换,但是它具有三段论的效力。前一种[推论,即严格意义上的"例示"的推论] | 不能够使用"转移",因为与例示或其他相似 | 的"质料"的判断的真值,是直接通过例示得到的。因此,这一"质料"就成为判断与"事物"之间的居中者[即中项],并且"事物"是例示与

---

① 有两种类型的"例示的推论",即,
(i)严格"例示"的推论模式(使用前揭脚注45的方式)如下:
　　这个 A 是 T
　　这个 B 是 T
　　∴ 这个 B 是 C
(ii)普遍"例示"的推论,或者"例示的转移"模式如下:
所有属于 T 的都属于 C(由于 A 是 T,那么 A 同样也是 C)
　　这个 B 是 T
　　这个 B 是 C
普遍"例示"的推论可以化归为 AAA-1(Barbara)三段论,但是严格"例示"的推论不是三段论。
② 《前分析篇》69a14—16。中文引自苗力田主编《亚里士多德全集》卷一,页236,中国人民大学出版社1992年第1版。
③ 参见前揭285:6ff,但是亚里士多德在何处描述的这一区别呢?

[其他"质料"]的相似[点]。①

｜但是在[确定]与[例示]的相似物中的"质料"的判断的真值时,"例证"如何是不必要的?这里有｜两种我们在"从显在向未知者的转移"[部分]中已经讨论过的方法;即要么｜通过[三段论]的第三格确定②,要么通过[三段论]的第一格确定③。很可能亚里士多德｜坚持认为松弛可以替代[三段论]第一格的组合方式。

许多从例示｜到与之相似的事物"转移"的[推论]被不具有[确定性]的相似物中介所代替,但是实际上只有例示与转移得到的对象才具有[确定性]。｜在其他情况中,所有三个[部分]都具有[确定性]。

第10部分　结论

｜关于归纳以及在它之后所论述的一切④,依据亚里士多德[关于本质]的说法,建立在[这种推论]基础上的全称是不可能达到完全确定的程度的。更为合理的是,在它所提供的知识的能力范围内我们能够[获得确定性]⑤。｜这是因为在这些命题中的[三段论]"技艺"⑥是被用来[作为推论的前提]处理那些不严格的情况的,｜并且依靠它得出知识。如果我们执意这些情况中的

---

① 这一原始的"判断"是"这个 A 是 T",参见前面脚注 53 的注解。"另一个质料",B,是这一判断与相似"事物"的联结,并且在"这个 B 是 T"中是判断的起决定性作用的前提。
② 参见前揭 274:5 以及以后。
③ 参见前揭 274:17 以及以后。
④ 这里所论述的是本论文的第 7—9 部分的全部,这部分处理的是三段论的应用而不是纯粹的理论。
⑤ 参见前面 282:12 以及以后。
⑥ 参见前面 283:6 以及以后。

完全确定,│那么这就会超出它们在它[即确定性]之上的能力,最后将会导致它们的无效。

│在这些[三段论]"技艺"中大多数推论性规则都是全称规则,│并且只有当其他的规则被返回至①全称规则,或者当它们的效用相当于一个全称的效用时②,它们才能够在│[得出]一个欲求的结论以及[确定]一个并非在先已知的判断时使用。

│现在我们已经能够非常清楚地认识到亚里士多德所谓的"'信念的'三段论"③的命题是如何化归为三段论实然的④格的。这一将要完成的目标在这里就是我们写作本书的意图。

│让我们把本书的最后部分奉献给我们的全能的,至高的,仁慈的真主。

│现在,这本书就已经完成了。感谢真主,感谢在我们的导师穆罕默德之上的真主的福祉,以及他正直的族人。

---

① 或者是:化归为。
② 很明显,阿尔法拉比希望留在读者心目中的要点都已经被强调过了,所有真正有用的、重要的推理,无论在特征上离三段论有多么的遥远,都被他找寻了回来,并从三段论推理中获得了可论证的效力。
③ 参见前面 275:17。
④ 实然的格包括直言的与条件的。

附录一

阿尔法拉比对亚里士多德逻辑学的贡献

法赫里 著

程志敏 梅杰吉 译

一

对于波爱修(Boethius,卒于525年)和阿伯拉尔(Abelard,卒于1142年)之间的这段时期,威廉·涅尔和玛莎·涅尔(William and Martha kneale)在他们的《逻辑学的发展》(*Development of Logic*)一书中,未曾谈到该时期内任何一位重要的逻辑学家。中世纪的历史学家和研究前中世纪的哲学史家倾向于理所当然的认为:哲学,包括亚里士多德逻辑学,随着这位罗马执政官和《哲学的慰藉》(*Consolation of Philosophy*)一书作者的去世(按:即波爱修),已经完全消失。今天,这种假说需要修改了,因为在近东和阿拉伯语西班牙世界(安达路斯,al-Andalus)的主要学术中心,希腊和希腊化学术得以繁荣并最终于12世纪传播到西欧各国,证明亚里士多德的学说于公元7世纪至12世纪要么在叙利亚语要么在阿拉伯语世界中有所传承。

把亚里士多德的逻辑学翻译成阿拉伯语大约始于8世纪,但是首位杰出的用阿拉伯语写作的逻辑学家却是阿尔法拉比(卒于950年),他是阿拉伯—伊斯兰的新柏拉图主义在东方的奠基人。对阿尔法拉比大量的逻辑论文和释义的发掘和出版始于50年代,这些发掘和出版无可争议地把他置于无论是古代的还是中世纪的亚里士多德学派逻辑学家的最前沿,并赋予他在亚里士多德哲学传统中一个特殊的位置。

在这些著作中,篇幅最巨和内容最广泛的要数他对亚里士多德《解释篇》(*De Interpretatione*)的评论,该著作于1960年由库奇(W. Kutsch)和马罗(S. Marrow)编辑,1981年由齐默尔曼(F. W. Zimmerman)译成英文。早些时候,《逻辑学的导论部分》(*Introductory Sections on Logic*)于1955年出版,并由邓禄普(D. M. Dunlop)译成英文,接下来,《导论》(*Eisagoge*)于1956年出版,1957年出版了《逻辑学导论》(*Introductory Risalah*),1958至1959年间出版了《范畴篇》(*Categories*)的释义著作。

1958年,提克尔(Mubahat Tuerker)出版了附有土耳其语和法语摘要或注释的《逻辑学的导论部分》和《逻辑学导论》(*Risalah*),同时还有《〈前分析篇〉短注》(*Kitab al-Qiyas al-saghir*),亦即对《前分析篇》(*Analytica Priora*)的简短释义。

1964年提克尔又出版了*Shara'it al-Yaqin*,《〈前分析篇〉短注》的第一部分也收录其中。1968年,一篇题名为《逻辑学术语》(*Terms Used in Logic*)的重要著作由马迪(Muhsin Mahdi)编辑出版。最近,阿贾姆(Rafiq al-Ajam)出版了一套由三部分组成的阿尔法拉比逻辑学著作选集,具体包括已经提及的《逻辑学导论》、《逻辑学的五个部分》(*Five Sections*)、《范畴篇》、《解释篇》、《前分析篇》、《短分析篇》(*Short Analytics*)、《分析论》(*Analytical Treatise, Kitab al-Tahlil*)、《诡辩篇》(*Sophistica*)以及《论题篇》(*Topica*)。尽管阿贾姆的版本以阿尔法拉比逻辑学"布拉迪斯拉发抄本"(第231号)为蓝本,他仍然由于莫名的原因删节了《修辞学》(*Rhetoric*)和《论诗术》(*Poetics*)的部分,前者的法文译本和注释已由 J.Langhade 和 M.Grignaschi 编辑出版(beirut, 1971),后者由萨立姆(M. Salim Salim)编辑作为一个附录收于伊本·鲁什德(Ibn Rushd,案即阿威罗伊)的《〈论诗术〉评注》(*Talkhis of Poetica*)中。1987 年,我本人出版了《〈后分析篇〉评注》(《*Kitab al-Burhan*, *Analytica Posteriora*》)全文以及 *Shara'it al-Yaqin* 和巴贾尔(Ibn Bajjah)的《〈后分析篇〉评注疏解》(*Glosses on Kitab al-Burhan*)。最近,佩约(Danish Pejoue)和马里什(M. Mar'ishi)出版了一个两卷本的阿尔法拉比逻辑学著作集,该著作没有任何校勘记(apparatus criticus),也没有任何新材料。

二

我在上文列出了阿尔法拉比逻辑著作的清单,这些著作要么是阿拉伯语原文,要么是外文译著。然而,这丝毫不意味着这个书单就穷尽了阿尔法拉比宏富的逻辑学著作,以至于古代的材料把其他著作叫作对《范畴篇》、《前分析篇》、《后分析篇》和《导论》的"评论"和"注疏",这些书迄今还没有找到。

现在转向这些逻辑学著作的意义,如前所述,它代表着从波爱修(Boethius,卒于 525 年)以降,对亚里士多德《工具论》各章节进行释义和评论的第一次严肃尝试。因此,它的主要历史价值在于它填补了 5 到 12 世纪亚里士多德哲学传统一个重要的空白。

其次,这些著作表明了阿拉伯哲学家和逻辑学家吸收和传达亚里士多德逻辑学主旨的方式。阿尔法拉比在大多数现存著作中所使用的释义的方法,就是这种方法的绝佳例证,尽管后来的亚里士多德的评论家把批评的矛头指向他,其中尤以伊本·鲁什德(阿威罗伊,卒于 1198 年)为甚,这些著作仍然展现了阿尔法拉比为避免对亚里士多德原文几近盲目的依赖所做的一次卓越努力,这种盲目的依赖恰以伊本·鲁什德本人的释义为代表。我将用已提及的《后分析篇》的释义为参考来说明这一点。

阿威罗伊在他的释义中,以引用亚里士多德的原文开始,然后完全沿着亚里士多德的路线扩展到即将探讨的问题,他很少在探讨中插入自己的评论和例证,或很少背离亚里士多德的文本。阅读阿威罗伊著作会给人这样的印象:他的目标是提供一种不同于翻译(可能是马塔[Abu Bishr Matta]的翻译)的解读来"释义"亚里士多德的文本,他公正地觉得这样的翻译并不总是可理解的。在某种意义上,它就是一种仅仅旨在澄清的连续评论。伊本·鲁什德在一篇作为例证而被选编在附录里的释义文章中,抛开了马塔译文中一长串阿拉伯化的希腊术语,而把他的探讨局限在相应的阿拉伯术语中。这些术语包括:辨证,证明,对立,假设,三段论,由于译者均从古叙利亚语译出,此人对希腊语一窍不通,我们可以毫不怀疑的说,译出的这些术语只是为了炫耀。

与此相反,阿尔法拉比在他的《后分析篇》释义中,为我们提供了一个针对亚里士多德著作基本主题而作出的真正的附补说明或详细探讨。他在探讨的开始便按照传统的阿拉伯思维方式,把所有的知识模式划分成大体同定义和判断相一致的概念(tasawwur)和赞同(assent, tasdiq)。然后,他继续讨论各种各样的赞同、证明、辩证和修辞。对证明性赞同的讨论,导致他对各种各样的 apodeixis(burhan)或证明以及一般科学知识的讨论。与亚里士多德一样,他强调事实的知识和原因的知识在有机联系,并认为"完全的证明"(ala'l-itlaq)连带地展示了事实以及事实的原因,尤其是本质上近似的和实在的原因。在他看来,要么直接通过感觉经验么通过证据(单数的 dalil)来了解事实。我们一旦知道了事实,就试图用上述三种方法去判定这个事实的原因。阿尔法拉比在这种联系中注意到,亚里士多德四因(质料因、形式因、动力因和目的因)中每一种原因的知识,会参与到对事物为何是其所是的判定中来。然而,在这些知识中,只有目的因和形式因的知识能够必然保证事物的存在。然而,在寻找一个实体的原因时,我们不应该满足于寻找它的终极因,而也应该寻找它的近似因。因此,在解释月蚀时,只看到处于月蚀中的月亮,那还不够,而我们还应该加上插在月球与太阳之间的地球,它因为挡住了太阳光,就是月蚀的近似因。

与亚里士多德一样,阿尔法拉比接下来认为证明性三段论的前提必须是必然的,在时间上和概念上先于结论。他写到,"这类前提就要求在本质上也是这类(即必然和在先)的结论,而且将从这类前提得出的这样的结论,因此也要求在各种科学及其诸如此类的东西中被看做是必然的命题"。

这就解释了阿尔法拉比为什么在《〈后分析篇〉评注》第四章中详述了不同科学的主题,因为如他所说,每一种科学或技艺(sina'ah)都包含一系列可知的材料(ma'lumat),这些材料要么直接导致行为或产物,就像在实践科学中一样,要么什么都产生,就像在理论科学中一样。证明方法只适用于后者。这些理论科学就包括对下列东西的研究:(a)普遍概念,比如物、存在、一和多(就像在形而上学中一样);(b)特殊概念,比如数和量(正如在数学中一样)。然而,在阿尔法拉比看来,讨论普遍原则的科学也包含辩证法和诡辩术。这三种科学的区别在于,形而上学(hikmah)以某些前提为基础,目的是研究客体的任何方面,旨在"判定所有事物的终极因",而辩证法的前提是"众所周知的"意见,目的是要展示说话者的"论点"('inad)的基础。最后,诡辩术以那些被错误地信以为真而实在不真的前提为基础,目的是要揭示说话者所持的虚谬意见的基础。阿尔法拉比在这一章的结论部分讨论了各种科学采用同样的形式程序的方式。然而,这些科学——他指的是物理学、数学及其分支学科——构成了一种等级秩序,顶端是第一哲学或形而上学,如前所述,它寻求"事物的终极因"。尽管这些标志也用于理论科学,阿尔法拉比并没有把那些共享同样方法论的实践科学排除在外,这两种科学都有各自的目标,那就是行动和产物,或都依赖于经验。然而,理论科学对阿尔法拉比来说,的确拥有一种逻辑上和本体论上毋庸置疑的优越性。

三

尽管对这门科学的方法论的探讨会被认为背离了亚里士多德纯形式化的《后分析篇》的目标,但它依然表明了阿尔法拉比逻辑学的开阔视野以及他对"综合"的关注。(他的另一本重要著作《各科举隅》[Enumeration of the Sciences]已经给出了他对实践科学和理论科学相互关系的一些论述。)

回到这种探讨的纯形式部分,《〈后分析篇〉评注》大部分内容事实上是在探讨《后分析篇》的第二个主题,也就是"定义",如前所述,这与阿尔法拉比和其他阿拉伯人所认为的逻辑的第二个主要分支相对应,也就是"概念"。他认为,定义作为一种导言可以由一个词语或短语组成,但不能包含判断,因为判断跟定义不同,它必须由主词和谓词构成。

例如,在"圆是一个由其每一点到中心的距离都相等的线围成的图形"这个定义中,我们可以断言圆是一个图形,而不能断言圆是一条线,线只是差异部分,即"由一条线围成"。阿尔法拉比在此的观点仿佛是:属(亦即:线)太笼统而不适合定义;而种(亦即:图形)借助于差异(亦即:由一条线围成)才是恰当的谓词。在这种情况下,判断和定义无论如何都是不同的。

阿尔法拉比接下来探讨了证明和定义之间的关系,这也是研究亚里士多德《后分析篇》第二卷的主旨。定义可以是证明的结论或前提。例如,我们把雷定义为一种由云引起的声音,再加上"包含云中的涟动(tamawwuj)"这一中间项,我们就得到了如下的三段论：

> 云伴随着涟动的风
> 而这风又产生了声音
> 所以，云就产生了声音

这种三段论得出了一个定义性的结论。如果从另一个角度看，我们就得从新组织语词并表达如下：

> 雷是云里的声音
> 由涟动的风产生

这个三段论最先给出的部分，后来就成了定义的一个部分。结果就是，定义在其逻辑顺序上，乃是可变的。

当定义的部分外在于被定义的对象(definiendum)，这些部分就会分为三个范畴：目的因、动因，或被定义对象本身固有的某种东西。在目的因和对象固有东西相联合的情况中，表示目的因的部分就会构成证明的原则，而其余部分就会构成结论。比如，在把灵魂定义为自然有机体的完成(istikmal: entelecheia)时，从这种完成中，认知(idrak)以及以认知为基础的行为，就产生了定义的两个部分，而这两个部分是外在于灵魂的。然而，我们的表述"自然的，有机体"表示灵魂中所固有的东西，而第二个部分表示目标或目的因。在这个例子中，第二部分起着前提的作用，第一个部分就是结论。(如果我理解不错，阿尔法拉比在引用亚里士多德《灵魂论》第二卷关于灵魂之为 entelecheia [隐德莱希] 的定义时，似乎是在重申柏拉图相对立的看法，即，灵魂是实体。)

和亚里士多德一样，阿尔法拉比并不否认，柏拉图的划分方法(或二分法)在寻找事物的定义上是有用的。只是这种方法并不总是有效,因为划分的过程必须首先从被定义者的属,然后是最基本的种差开始,也还要从这样的事实开始,即,属和种差事实上属于被定义的对象。在阿尔法拉比看来,这不能通过划分而得知,因此划分方法唯一的好处在于它能使我们按照正确的(下降的)顺序安排定义的各个部分。

四

阿尔法拉比独创性的第三个例子,是他在分析逻辑术语上的关注和耐心。除了内容上有点因循的《导论》和《范畴篇》之外,他还写了题为《逻辑学的五个部分》的专题著作,他在该书中讨论了诸如演绎、先行词、动词和冠词、存在等一系列逻辑学家常用的技术性用语。在《解释篇》(*Peri Hermenias*)一书中,在进展到对命题的探讨之前,他远比亚里士多德更详细地探讨了单一术语。

尽管如此,他对逻辑术语或专门术语的兴趣却最好的体现在名为《逻辑学术语》和《问学录》(*Book of Letters*)的两部专著上。在前一本书中,他声称要列出各种"我们从那些精通希腊语语法的人那里所获得的"术语。据他看来,这也包括与逻辑修辞相关的词语,例如,代词、定冠词、系词、否定虚词和肯定虚词。现在,由于逻辑学家的目的在于确定一个实体或行为的存在、数量、时间或性质,他就可能从语法学家那里借来适当的词汇。当逻辑学家的目的是决定客体的存在的时候,他不需要进一步附加什么东西,而只需把疑问词"什么"连结到单一名称上(例如,什么是静止,什么是运动,什么是日食/月食);然而,问题的答案则可以包含一个复合语句,表示对象的"何所是"(whatness, mahiyah)或实质。其他的术语"怎样"、"哪个"、"为何",分别决定事物的形式、种类及原因。

在探讨复合语句时,他对语法陈述句和逻辑命题二者之间的密切的相似性作了评论。他说,词语在句子中的连结方式和概念在思想中的连结方式有一种一致性。在语法上我们称第一部分为实词,第二部分为定语或形容词,而在逻辑上第一部分被称为主词,第二部分被称为谓词。

对谓项的讨论导致了阿尔法拉比对共相的探讨,这包括属、种、普通共相、次级共相、终极共相、偶性等,而这种探讨又进一步导致了他对定义、划分、综合、演绎、证明、谬误等专名的探讨。逻辑是否如廊下派认为的是哲学学科的一部分,或仅仅是一种工具(organon),在这个问题上,他倾向于第二种亦即逍遥学派的看法,因为逻辑不把实体当成如其所是,而只是为这种实体的知识服务的方法或工具,这就像语法仅仅为指示概念和概念间的关系服务一样。

五

我在上面已经提到,《问学录》是另一部在方法上讨论如何分析逻辑术语的著作。其第一部分主要讨论哲学一般问题中常用的专有名词和逻辑学中尤其是范畴中使用的术语。这些引起作者特别兴趣的词语包括"那个"(inna)、存在、概念、关系、实体(jawhar)、自我(dhat)和物体。他在第一个例子中似乎寻找阿拉伯语中 inna 和希腊语中 on (按指存在)的相似之处,但我发现这种相似性是牵强附会的。他对"是"或"存在"(mawjud)的探讨是有些有历史意义的,因为翻译家和早期的哲学家并不用这个词语来指示存在,而只把它用作系动词或发现的行为。阿尔法拉比涉及到了这两种用法,并把阿拉伯语和诸如希腊语、波斯语、粟特语以及古叙利亚语等其他语言相比较,据说他以前就对这些语言有所了解(而这在我看来,至少在说他懂希腊语这一点,是值得怀疑的)。

与亚里士多德的基本路线一致,他注意到"存在"是十范畴所共有的,在十范畴中的使用也相类似。它大致在以下三种意义上使用:(a)作为每个范畴的谓词,(b)作为与"真"的同义词,(c)表示存在于灵魂之外的本质外部的实体(明显具有柏拉图的意味)。对于(c),他注意到,刚才所说的本质与可理解物的总数相一致,这些可理解物可以按照一种升序来排列,这种升序在什么是整个序列的原因这一概念中达到顶峰。

另一方面,如果把"存在"当作表示存在于灵魂之外的本质来使用,那么它的两个分支就是:潜能中的存在和实在中的存在。潜能中的存在与"可能"(实词:imkan)同义,而"可能"是能够存在或一般性地不存在。实在中的存在要么指那些总是存在着的东西,也就是必然性,要么指那些过去不存在、但现在存在的事物,也就是现实性。第二种含义就是潜在事物真正的关联词,必然性不可能不存在。

阿尔法拉比在《问学录》第二和第三部分,描绘了哲学研究和逻辑研究的发展轮廓。在他看来,从时间上说,辩证法和诡辩术的诞生早于"证明性的哲学";他认为,"从人的角度来说",宗教的兴起出现在哲学的兴起之后,宗教性的科学、法学和神学也都如此。其结果就是,语言学、修辞学和诗学先于逻辑学的兴起,而且精通这些技艺(尤其是修辞学和诗学)的人,在更早以前被视为圣人(hukama)和国家的统治者,雄辩规则和诗韵规则的编纂和记载正是靠这些人才得以可能。在这之后依次诞生的是语法和语言学学科以及写作技艺。"当这些实践的和相关的公共技艺(sanai)臻于完美时,灵魂便渴望获得地球及其周边甚至天上可感和可见实体原因的知识。"(正如亚里士多德在《形而上学》第一卷里所主张的,这就与数学[包括天文学]和物理学首先诞生,接着哲学顺次兴起一样)。阿尔法拉比补充道,这种状况延续了一个时期直到"科学的探索达到了它的顶点,不同的方法被抽离出来,理论哲学和实践哲学的普遍方面臻于完美……由此,仅仅靠证明的方法来进行私人教导,而公共教导则用辩证法、修辞学以及诗学的方法"。

应该注意的是,上述方法完全是逻辑性的,私人方法和公共方法的区分,正如在阿拉伯传统中习惯的那样,是阿尔法拉比为把修辞学和诗学纳入逻辑课程中辩护的方法。在希腊传统中,应该想到,亚里士多德的《工具论》包括了六个逻辑范畴,而在叙利亚和阿拉伯传统中,后来在此基础上增添了波菲利的《导论》《修辞学》和《论诗术》。

《问学录》的第三部分,似乎主要由讲座笔记组成,讨论了他称之为"疑问词"的大量术语,诸如为何、怎样、多少、哪里、何时。这包括某些在《范畴篇》中已讨论过的术语(例如,哪里、何时、怎样、多少)以及《后分析篇》第二卷开篇的术语;(1)主语和定语之间的联系是否是事实,(2)这种联系的原因,(3)事物是否存在,(4)该事物的本质是什么。尽管对亚里士多德而言,这四个问题构成"分析"的组成部分,但阿尔法拉比并没有把它们的应用限定在逻辑学或哲学一般而言的证明部分,而是把它们的范围扩展到辩证法、诡辩术、修辞学以及诗学的应用上。这是他的"阿拉伯化"逻辑课程的又一个组成部分,而这样的逻辑课程为阿拉伯世界几个世纪的逻辑分析和评论设置了舞台。在这个以及其他一些方面,阿尔法阿比都应受到赞誉,因为他为阿拉伯逻辑传统奠定了基础,并以同样的方式在形而上学中为阿拉伯世界的新柏拉图主义奠定了基础。

附录二

《亚里士多德〈前分析篇〉短注》术语对照表

A

A-proposition A-命题
action 作用
active intellect 主动理性
active power 作用力
affection 情感
affirm 肯定
affirmative mode 肯定式
affirmative particular 特称肯定
affirmative universal 全称肯定
alternative 选言支
analogy 类推
analysis 分析
animate principle 生命原则
antecedent 前件
antilogisms 反三段论
apodasis 条件句的结论句
assertoric syllogism 实然三段论
argument 论证
argument of refutation 反驳论证
attribute 属性

B

blending 融合
body 实体
bodily substance 实体性物质

C

categorical premises 直言前提
categorical proposition 直言命题
categorical syllogism 直言三段论
certainty 确定性
choice 选择
combination 联合
complete(exhaustive) alternative 完全的(即穷尽的)析取支
complete induction 完全归纳
compound syllogism 复合三段论
comprehensive natural theory 综合自然理论
conclusion 结论
conditional statement 条件句陈述(命题)
conditional proposition 条件句命题

conditional syllogism 条件句三段论
confirm 断定,确证
conjunctive conditional syllogism 联言条件句三段论
consequence 结果,结论
consequent 后件
contingency 偶然性
contingent 偶然的
continuity 连续性
contradictory 矛盾关系
contrary 反对关系
converse proposition 逆命题
conversion 换位法
convincing syllogisms 信念三段论
corruption 消灭
course 原因

D

demonstration 论证
deny 否定
dialectic 辩证,辩证的
direct knowledge 直接知识
disjunctive conditional syllogism 选言条件句三段论
dream-version 梦境
dyadic premises 二元前提

E

ecthesis 显示法
effect 结果
element 元素
empirical generalization 经验归纳
end 目的
enthymeme 省略三段论,三段论省略式
epistemic status 认知状态

equivocal noun 多义名词
exactness 确定性
example 例证
exclusive 排除的
existential proposition 存在命题
extension 广延
extreme term 端项

F

factual 事实的
figure 格
find 发现
first figure 第一格
force 效力
forgetting 遗忘
form 形式
framework 构架
generalized opposites 普遍对当
generosity 宽容

G

generation 生成

H

heterogeneous body 异质实体
homogeneous body 同质实体
human and voluntary science 属人的和自主的科学

I

immediate sensation 直接知觉
imperfect (non-exhaustive) alternative 非完全的(非穷尽的)析取支
incomplete induction 不完全归纳
indeterminate 不确定对当
indicate 指称

induction 归纳
inductive reasoning 归纳推理
inference 推论
inference by "transfer" "转移的"推论
innate cognition 先天认识
intellectual by nature 生来具有的理性
intelligible 可感知性
intermediary 居中者
intermediate 中间物
internal heat 内热
interval 间隔
investigate, investigation 考察

J
judgment 判断

L
laxity 松弛
locality 位置

M
major premises 大前提
major term 大项
material 质料
matter 质料
meaning 内涵
memory 回忆
middle term 中项
minor premises 小前提
minor term 小项
mixture 混合
modus ponens 肯定前件式
modus tollens 否定后件式

N
natural attribute 自然属性

natural substance 自然物质
negative mode 否定式
negative universal 全称否定
negative particular 特称否定
necessary proposition 必然命题

O
object 对象,客体
"objecting" syllogism "反对的"三段论
opposition 对当

P
particle 连接词
passion 情感,即被作用
perfect syllogism 完全三段论
perfection 完美性
position 位置
possible proposition 可能命题
practical science 实践科学
practical intellect 实践理性
premises 前提
predicate 谓项
primary simple body 第一单一实体
principles 规则
principle of being 存在原则
principle of instruction 教导原则
proposition 命题
prosyllosim 居前三段论
protasis 条件从句
proximity 接近
psychical principle 生命原则

Q
quantity-indicator 特征量项
question 问题

R
raise 增加
received 被普遍接受的
recollection 追忆
reduce 化归
relative substance 限定性质
remembering 记忆
ruling part 支配部分

S
self-evident 自明的
sense 感觉
sense-perception 感性知觉
sensible 可感知物
sensible quality 可感知性
sensory-evidence 感知显在
sensory 感知的
simple syllogism 简单三段论
sophism 诡辩
sophistry 诡辩术
sorites 三段论
soul 灵魂
sound assertoric syllogism 完全实然三段论
soundness 健全性
sound syllogism 完全三段论
speech 言谈，言语
statement 陈述，命题
stipulation 规定
stony body 石质实体
subject 主项
subclass 子集
subcontrary 下反对关系
subspecies 亚种类
subsequent thing 后继事物
subservient part 从属部分
syllogism 三段论
syllogistic arts 三段论技艺
synthesis 综合

T
the absent 未知者
the beginning 源初
the definite article 定冠词
the extended 广延物
the senses 感官
the sensible 可感知物
the training art 训练技艺
tactile quality 可触知性
theoretical intellect 理论理性
theoretical methodology 理论方法论
theoretical science 理论科学
thing 事物
transformation 转变
triadic premises 三元前提

U
univocal noun 单义名词
universal premises 全称前提

V
visible thing 可见物
void 虚空
volition 意志
voluntary science 自主科学

W
well-known 众所周知的
whatness 何所是
wisdom 智慧

图书在版编目(CIP)数据

亚里士多德的哲学/(阿拉伯)法拉比著;程志敏,王建鲁译.
--上海:华东师范大学出版社,2016
(经典与解释·阿尔法拉比集)

ISBN 978-7-5675-5621-8

I.①亚… II.①法… ②程… ③王… III.①亚里士多德(Aristotle前384-前322)-哲学思想-研究 IV.①B502.233

中国版本图书馆CIP数据核字(2016)第198893号

华东师范大学出版社六点分社
企划人 倪为国

本书著作权、版式和装帧设计受世界版权公约和中华人民共和国著作权法保护

经典与解释·阿尔法拉比集

亚里士多德的哲学

著　　者　法拉比
译　　者　程志敏　王建鲁
审读编辑　吴　彦
责任编辑　彭文曼
封面设计　吴元瑛

出版发行　华东师范大学出版社
社　　址　上海市中山北路3663号　邮编　200062
网　　址　www.ecnupress.com.cn
电　　话　021-60821666　行政传真　021-62572105
客服电话　021-62865537　门市(邮购)电话　021-62869887
地　　址　上海市中山北路3663号华东师范大学校内先锋路口
网　　店　http://hdsdcbs.tmall.com

印　刷　者　上海景条印刷有限公司
开　　本　890×1240　1/32
插　　页　2
印　　张　9.25
字　　数　200千字
版　　次　2016年10月第1版
印　　次　2016年10月第1次
书　　号　ISBN 978-7-5675-5621-8/B.1039
定　　价　54.00元

出版人　王　焰

(如发现本版图书有印订质量问题,请寄回本社客服中心调换或电话021-62865537联系)